ECUPL 1952-2022

高校教育惩戒制度研究

陈赛金　孙帅梅　刘　亮　著

法律出版社
LAW PRESS · CHINA
北京

图书在版编目(CIP)数据

高校教育惩戒制度研究 / 陈赛金，孙帅梅，刘亮著
. -- 北京 : 法律出版社，2023
ISBN 978 -7 -5197 -7796 -8

Ⅰ. ①高… Ⅱ. ①陈… ②孙… ③刘… Ⅲ. ①高等学校－学生－学校管理－处罚－教育法－研究－中国 Ⅳ. ①D922.164

中国国家版本馆 CIP 数据核字(2023)第 062523 号

高校教育惩戒制度研究
GAOXIAO JIAOYU CHENGJIE ZHIDU YANJIU

陈赛金
孙帅梅 著
刘 亮

责任编辑 冯雨春 李 军
装帧设计 鲍龙卉

出版发行 法律出版社
编辑统筹 法律应用出版分社
责任校对 晁明慧
责任印制 刘晓伟
经 销 新华书店

开本 A5
印张 10.5 **字数** 300 千
版本 2023 年 5 月第 1 版
印次 2023 年 5 月第 1 次印刷
印刷 唐山玺诚印务有限公司

地址:北京市丰台区莲花池西里 7 号(100073)
网址:www.lawpress.com.cn
投稿邮箱:info@lawpress.com.cn
举报盗版邮箱:jbwq@lawpress.com.cn

销售电话:010 - 83938349
客服电话:010 - 83938350
咨询电话:010 - 63939796

书号:ISBN 978 -7 -5197 -7796 -8
定价:68.00 元
凡购买本社图书，如有印装错误，我社负责退换。电话:010 - 83938349

以心血和智慧服务法治中国建设

——华东政法大学70周年校庆丛书总序

华东政法大学成立70周年了！70年来，我国社会主义法治建设取得一系列伟大成就；华政70年，缘法而行、尚法而为，秉承着“笃行致知，明德崇法”的校训精神，与共和国法治同频共振、与改革开放辉煌同行，用心血和智慧服务共和国法治建设。

执政兴国，离不开法治支撑；社会发展，离不开法治护航。习近平总书记强调，没有正确的法治理论引领，就不可能有正确的法治实践。高校作为法治人才培养的第一阵地，要充分利用学科齐全、人才密集的优势，加强法治及其相关领域基础性问题的研究，对复杂现实进行深入分析、作出科学总结，提炼规律性认识，为完善中国特色社会主义法治体系、建设社会主义法治国家提供理论支撑。

厚积薄发七十载，华政坚定承担起培养法治人才、创新学术价值、服务经济社会发展的重要职责，为构建具有中国特色的法学学科体系、学术体系、话语体系，推进国家治理体系和治理能力现代化提供学理支撑、智力支持和人才保障。砥砺前行新时代，华政坚定扎根中国大地，发挥学科专业独特优势，向世界讲好“中国之治”背后的法治故事，推进中国特色法治文明与世界优秀法治文明成果交流互鉴。

“宛如初升的太阳，闪耀着绮丽的光芒”——1952 年 11 月 15 日，华东政法学院成立之日，魏文伯院长深情赋诗，“在这美好的园地上，让我们做一个善良的园工，勤劳地耕作培养，用美满的收获来酬答人民的期望”。1956 年 6 月，以“创造性地提出我们的政治和法律科学上的成就”为创刊词，第一本法学专业理论性刊物——《华东政法学报》创刊，并以独到的思想观点和理论功力，成为当时中国法学研究领域最重要的刊物之一。1957 年 2 月，更名为《法学》，坚持“解放思想、不断进步”的治学宗旨，紧贴时代发展脉搏，跟踪社会发展前沿，及时回应热点难点问题，不断提升法学研究在我国政治体制改革中的贡献度，发表了一大批高水平的作品。对我国立法、执法和司法实践形成了重要理论支持，在学术界乃至全社会产生了巨大影响。

1978 年 12 月，党的十一届三中全会确定了社会主义法制建设基本方针，法学教育、法学研究重新启航。1979 年 3 月，华东政法学院复校。华政人勇立改革开放的潮头，积极投身社会主义法制建设的伟大实践中。围绕“八二宪法”制定修订、土地出租问题等积极建言献策；为确立社会主义市场经济体制、加入 WTO 世界贸易组织等提供重要理论支撑；第一位走入中南海讲课的法学家，第一位 WTO 争端解决机构专家组中国成员，联合国预防犯罪和控制犯罪委员会委员等，都闪耀着华政人的身影。

进入 21 世纪，在老一辈华政学人奠定的深厚基础上，新一代华政人砥砺深耕，传承中华优秀传统法律文化，积极借鉴国外法治有益成果，为中国特色社会主义法治建设贡献智慧。16 卷本《法律文明史》陆续问世，推动了中华优秀传统法律文化在新时代的创造性转化和创新性发展，在中国人民代表大会制度、互联网法治理论、社会治理法治化、自贸区法治建设以及公共管理、新闻传播学等领域持续发力,华政的学术影响力、社会影响力持续提升。

党的十八大以来,学校坚持以习近平新时代中国特色社会主义思想为指导,全面贯彻党的教育方针,落实立德树人根本任务,推进习近平法治思想的学习研究宣传阐释,抓住上海市高水平地方高校建设契机,强化"法科一流、多科融合"办学格局,提升对国家和上海发展战略的服务能级和贡献水平。在理论法学和实践法学等方面形成了一批"立足中国经验,构建中国理论,形成中国学派"的原创性、引领性成果,为全面推进依法治国、建设社会主义法治国家贡献华政智慧。

建校70周年,是华政在"十四五"时期全面推进一流政法大学建设、对接国家重大战略、助力经济社会高质量发展的历史新起点。2022年,学校将以"勇担时代使命、繁荣法治文化"为主题举办"学术校庆"系列活动,出版"校庆丛书"即是其重要组成部分。学校将携手商务印书馆、法律出版社、上海人民出版社、北京大学出版社等,出版70余部著作。这些著作包括法学、政治学、经济学、新闻学、管理学、文学等多学科的高质量科研成果,有的深入发掘中国传统法治文化、当代法学基础理论,有的创新开拓国家安全法学、人工智能法学、教育法治等前沿交叉领域,有的全面关注"人类命运共同体",有的重点聚焦青少年、老年人、城市外来人口等特殊群体。

这些著作记录了几代华政人的心路历程,既是总结华政70年来的学术成就,展示华政"创新、务实、开放"的学术文化;也是激励更多后学以更高政治站位、更强政治自觉、更大实务作为,服务国家发展大局;更是展现华政这所大学应有的胸怀、气度、眼界和格局。我们串珠成链,把一颗颗学术成果,汇编成一部华政70年的学术鸿篇巨作,讲述华政自己的"一千零一夜学术故事",更富特色地打造社会主义法治文化引领、传承、发展的思想智库、育人平台和传播高地，更高水准地持续服务国家治理体系和治理能力现代化进程，更加鲜明地展现一流政法大学在服务国际一流大都市发展、服务长三角一体化、服务法治中国建设过程中的新作为、新担当、新气象，向学校70年筚路蓝缕的风雨征程献礼，向所有关心支持华政发展的广大师生、校友和关心学校发展的社会贤达致敬！

七秩薪传，续谱新篇。70年来，华政人矢志不渝地捍卫法治精神，无怨无悔地厚植家国情怀，在共和国法治历史长卷中留下了浓墨重彩。值此校庆之际，诚祝华政在建设一流政法大学的进程中，在建设法治中国、实现中华民族伟大复兴中国梦的征途中，乘风而上，再谱新章！

郭为禄

叶　青

2022年5月4日

目录

CONTENTS

第一章 绪　论 / 001

第一节 选题背景及研究意义 / 001

一、选题背景 / 001

二、研究意义 / 003

第二节 国内外研究现状 / 005

一、国内研究现状 / 005

二、国外研究现状 / 015

三、国内外研究评价 / 017

第三节 研究内容和方法 / 018

一、研究内容 / 018

二、研究方法 / 019

第四节 要解决的问题及创新点 / 020

一、要解决的问题 / 020

二、创新点 / 021

第二章 高校教育惩戒概述 / 023

第一节 何为高校教育惩戒 / 023

一、所谓“惩戒” / 024
二、教育惩戒的解读 / 025
三、高校教育惩戒的概念 / 027
四、高校教育惩戒与相关概念的辨析 / 031
第二节 高校教育惩戒的理论依据 / 037
一、高校教育惩戒的哲学依据 / 037
二、高校教育惩戒的教育学依据 / 039
三、高校教育惩戒的法理依据 / 041
第三节 高校教育惩戒的性质 / 042
一、高校教育惩戒权的理论学说 / 043
二、对高校教育惩戒权性质的再认识 / 046
三、高校教育惩戒权的法律控制 / 050

第三章 高校教育惩戒制度比较研究 / 051

第一节 域外高校教育惩戒制度 / 051
一、英国高校教育惩戒制度 / 051
二、美国高校教育惩戒制度 / 056
三、德国高校教育惩戒制度 / 059
第二节 我国高校教育惩戒制度的实践 / 063
一、我国高校教育惩戒制度的历史演变 / 063
二、我国高校教育惩戒的法律规范体系 / 075
第三节 我国高校教育惩戒制度的反思 / 084
一、教育惩戒的价值取向 / 084
二、教育惩戒的权力界限 / 085

三、教育惩戒的适用选择 / 086
四、教育惩戒的司法实践 / 089

第四章 高校教育惩戒的基本原则 / 094

第一节 法律保留原则 / 094
一、法律保留原则的含义 / 095
二、法律保留原则在我国的适用 / 096
三、法律保留原则在教育惩戒中的具体适用 / 097
第二节 教育与惩戒相结合的原则 / 099
一、正确认识惩戒的教育意义 / 100
二、我国教育与惩戒相结合原则的适用现状 / 101
三、教育与惩戒相结合原则在教育惩戒中的具体适用 / 102
第三节 过罚相当原则 / 103
一、过罚相当原则的含义 / 103
二、我国过罚相当原则的适用现状 / 104
三、过罚相当原则在教育惩戒中的具体适用 / 104
第四节 正当程序原则 / 105
一、正当程序原则的含义 / 106
二、我国正当程序原则的适用现状 / 107
三、正当程序原则在教育惩戒中的具体适用 / 107

第五章 高校教育惩戒的种类和设定 / 110

第一节 高校教育惩戒的种类 / 110

一、取消入学资格 / 110
二、取消学籍 / 113
三、不予注册 / 114
四、课程考核成绩记为无效、成绩作零分处理、
取消课程考核资格 / 116
五、补考、重修 / 116
六、留级、降级 / 117
七、学术称号、荣誉称号、奖助学金限制 / 118
八、退学 / 121
九、拒不授予或撤销学历证书、学位证书 / 123
十、批评教育 / 125
十一、警告、严重警告、记过、留校察看、开除学籍 / 126
十二、其他惩戒 / 129
第二节 高校教育惩戒的分类 / 131
一、纪律处分与事实惩戒 / 131
二、学术性教育惩戒与纪律性教育惩戒 / 131
三、身份性惩戒与非身份性惩戒 / 132
四、教师惩戒与学校惩戒 / 133
五、法定惩戒与校定惩戒 / 134
第三节 高校教育惩戒的设定 / 135
一、教育惩戒的设定主体 / 135
二、教育惩戒的设定权限 / 136
三、教育惩戒的设定程序 / 139

第六章 高校教育惩戒的管辖与适用 / 141

第一节 高校教育惩戒的管辖规则 / 141

一、属人管辖 / 141

二、职能管辖 / 142

三、共同管辖 / 144

四、管辖移送 / 144

第二节 高校教育惩戒的自由裁量权及其控制 / 145

一、高校教育惩戒的自由裁量权 / 145

二、从轻、减轻惩戒 / 147

三、从重、加重惩戒 / 149

四、不予惩戒 / 150

第三节 高校教育惩戒适用的若干规则 / 151

一、与行政处罚、刑事处罚的衔接 / 151

二、追责时效 / 152

三、从旧兼从轻 / 153

四、一事不二罚 / 156

五、无效惩戒 / 159

六、应急惩戒 / 161

第七章 高校教育惩戒的立案与调查 / 164

第一节 高校教育惩戒的立案 / 164

一、依职权立案 / 165

二、依举报立案 / 166

三、立案后告知 / 167
第二节 高校教育惩戒的调查主体 / 168
一、校长办公会或校务会议 / 168
二、学位评定委员会与学位论文答辩委员会 / 169
三、学术委员会 / 170
四、职能部门 / 171
五、相关院系 / 172
六、教师与辅导员 / 173
七、学生会、研究生会 / 174
第三节 高校教育惩戒的调查方式 / 175
一、走访与询问 / 175
二、调取监控 / 176
三、现场勘验、检查 / 177
四、技术鉴定 / 177
第四节 高校教育惩戒的调查结论 / 178
一、事实清楚 / 178
二、证据确实、充分 / 180
三、依据正确 / 183
四、定性准确 / 184
五、程序正当 / 184
六、处理适当 / 185

第八章 高校教育惩戒的决定与解除 / 187

第一节 一般程序 / 187
一、惩戒前的告知 / 187

二、听取陈述和申辩 / 192
三、作出决定的期限 / 194
四、决定书的制作与送达 / 194
五、决定的公开 / 197
第二节 特别程序 / 198
一、适用范围 / 198
二、重大利益的认定 / 200
三、合法性审查 / 206
第三节 听证程序 / 208
一、程序价值 / 208
二、适用范围 / 209
三、听证组织与人员 / 210
四、听证准备 / 211
五、听证回避 / 211
六、听证流程 / 212
七、听证评议 / 213
第四节 惩戒解除 / 214
一、解除规则 / 214
二、解除程序 / 217
三、解除效果 / 218

第九章 高校教育惩戒的监督与救济 / 222

第一节 校内申诉 / 222
一、学生申诉的权利 / 222
二、学生申诉处理机构 / 223

三、学生申诉处理原则 / 226
四、学生申诉申请受理 / 227
五、学生申诉处理程序 / 230
六、学生申诉处理决定 / 231
第二节 行政申诉 / 233
一、行政申诉适用范围 / 233
二、行政申诉处理程序 / 234
三、行政申诉处理决定 / 235
第三节 行政投诉 / 235
一、适用范围 / 236
二、投诉处理结果 / 236
第四节 行政复议和行政诉讼 / 237
一、行政复议的适用范围 / 237
二、行政诉讼的适用范围 / 238
三、教育惩戒的司法审查 / 241
第五节 学生权益的救济 / 247
一、学生名誉恢复 / 247
二、学生权利恢复 / 248
三、学生损害赔偿 / 248

附录 高校教育惩戒相关部门规章 / 250

普通高等学校学生管理规定(1990)(国家教育委员会令第7号) / 250
普通高等学校学生管理规定(2005)(教育部令第21号) / 261
普通高等学校学生管理规定(2017)(教育部令第41号) / 272

国家教育考试违规处理办法(教育部令第 18 号) / 288
国家教育考试违规处理办法(教育部令第 33 号) / 298
学位论文作假行为处理办法(教育部令第 34 号) / 309
高等学校预防与处理学术不端行为办法(教育部令第 40 号) / 312

第一章 绪论

教育惩戒是高等教育领域的重要议题。随着依法治国的深入推进,依法治校成为题中应有之义,高校教育惩戒的制度化、规范化成为一项迫切任务。近20年来,学术界关于高校教育惩戒的理论研究,以及高校教育惩戒的相关实践,为其制度化、规范化的实现提供了充分的理论基础和实践依据。

第一节 选题背景及研究意义

一、选题背景

20世纪末,在"田某诉北京科技大学案"①中,高校首尝败诉,宣告司法的阳光照进"象牙塔"内,拉开了高校与学生围绕教育惩戒对

---

① 北京市海淀区人民法院于1999年2月14日判决:(1)被告北京科技大学在该判决生效之日起30日内向原告田某颁发大学本科毕业证书;(2)被告北京科技大学在该判决生效之日起60日内召集本校的学位评定委员会对原告田某的学士学位资格进行审核;(3)被告北京科技大学于该判决生效之日起30日内履行向当地教育行政部门上报原告田某毕业派遣的有关手续的职责;(4)驳回原告田某的其他诉讼请求。北京市第一中级人民法院于1999年4月26日判决:驳回上诉,维持原判。参见北京市海淀区人民法院行政判决书,(1998)海行初字第00142号;北京市第一中级人民法院行政判决书,(1999)一中行终字第73号。

簿公堂的序幕。“田某诉北京科技大学案”在我国行政法学与行政诉讼法学理论发展脉络中同样具有划时代的意义，该案确认高校的行政诉讼被告资格，并且触及了正当程序原则，在之后的“刘某文诉北京大学不授予博士学位案”[①]中，“程序”问题被正式提及，为我国行政法上正当程序原则的研究提供重要素材。

教育惩戒行为是一系列教育行政诉讼案件争议的焦点，从最初的不授予学位案件，到开除学籍案件，再到其他教育惩戒纠纷，法院对高校教育惩戒行为的审查范围不断扩大，审查标准不断明晰，高校教育惩戒行为逐步被纳入法治的轨道内。

教育惩戒作为一个学术名词，被理论界广泛使用，而在制度层面，立法者对“教育惩戒”的使用显得颇为谨慎。2017 年，青岛市颁布《青岛市中小学校管理办法》，其中，第 11 条第 3 款规定："中小学校对影响教育教学秩序的学生，应当进行批评教育或者适当惩戒；情节严重的，视情节给予处分。学校的惩戒规定应当向学生公开。”这是在地方政府规章层面首提学生“惩戒”。在中央层面，2020 年 9 月审议通过的《中小学教育惩戒规则（试行）》[②]，首次在部门规章中使用“教育惩戒”，并围绕“教育惩戒”形成规则体系。当然，该部规章仅适用于中小学校对学生的惩戒规则，在高等教育领域立法中，教育惩戒可谓“犹抱琵琶半遮面”，至今没有正式登场。从理论探讨到地方立法的确认，再到中央的专门立法，“教育惩戒”在中小学教育领域由理论术语转变为制度术语，让“教育惩戒”在高等教育领域

① 在“刘某文诉北京大学不授予博士学位案”中，北京市海淀区人民法院认为，该决定未经校学位委员会全体成员过半数通过，违反了《学位条例》第 10 条第 2 款规定的法定程序。参见北京市海淀区人民法院行政判决书，(1999)海行初字第 103 号。

② 《中小学教育惩戒规则（试行）》（教育部令第 49 号），经 2020 年 9 月 23 日教育部第 3 次部务会议审议通过，2020 年 12 月 23 日公布，自 2021 年 3 月 1 日起施行。

入法这一方面具备了可期待性,也为相关理论研究指明方向和提出要求。一系列基本概念和基本制度亟待形成共识,包括教育惩戒的概念、种类和适用等。

尽管在全国人大及其常委会制定的法律中至今未正式使用“教育惩戒”的概念,却不宜因此认为我国高等教育领域不存在教育惩戒制度。《教育法》《高等教育法》《学位条例》均授予高校一定的教育惩戒权力。《普通高等学校学生管理规定》作为高校学生管理的主要依据,包含大量的教育惩戒权实施规则,《普通高等学校学生管理规定》自 1990 年制定实施以来,经历 2005 年、2017 年两次修改,不断推进高校管理权力的控制和学生权益的保障,构建了高校教育惩戒制度框架。[①]《国家教育考试违规处理办法》[②]、《学位论文作假行为处理办法》[③]、《高等学校预防与处理学术不端行为办法》[④]等部门规章的制定和修改,明确了具体领域的教育惩戒规则,丰富了教育惩戒制度体系。

“推进教育法典化立法研究”是当前教育法学领域的重点课题,为此,有必要加快厘清教育法学领域的诸多环节,教育惩戒作为其中不可或缺的一环,也是最需要体系化、规范化的环节,亟待展开充分研究,为推进教育法典化做好准备。

二、研究意义

新时代推进依法治校的核心要义之一便是推进教育惩戒的法治

---

① 本书分别以《普通高等学校学生管理规定(1990)》(已失效,下文不再赘述)、《普通高等学校学生管理规定(2005)》(已失效,下文不再赘述)、《普通高等学校学生管理规定(2017)》表示。

② 《国家教育考试违规处理办法》(教育部令第 33 号)。

③ 《学位论文作假行为处理办法》(教育部令第 34 号)。

④ 《高等学校预防与处理学术不端行为办法》(教育部令第 40 号)。

化，本书围绕高校教育惩戒进行研究，具备理论与实践两方面的意义。

（一）理论意义

第一，为高校实施教育惩戒权提供理论依据。教育惩戒是高校教育管理的重要组成部分，是对学生不良行为和思想进行引导的有效措施，本书发掘高校教育惩戒的法律渊源，厘清高校教育惩戒权的法律性质。同时通过明确基本原则对高校教育惩戒权的适用加以限定，为高校教育惩戒的救济制度提供详细的解决路径，弱化高校教育惩戒权在实践过程中出现的冲突等方面，使得高校处理相关问题有具体的理论成果可依。

第二，丰富教育学、法学方面的相关理论。有关高校教育惩戒权的理论长期以来都比较空白，重视和研究教育惩戒权，有助于教育法学的学科内容进一步丰富和发展，促进法学、教育学等学科的融合，为完善高校教育惩戒的理论体系贡献力量。

（二）实践意义

第一，完善高校教育惩戒权的实施操作程序，为高校落实教育惩戒权提供帮助。当前我国高校在有关教育惩戒权方面的程序紊乱，缺乏系统的实施程序，本书通过探究高校惩戒制度程序性内容有助于推动高校教育惩戒权的落实。

第二，有助于提高教育质量，推进依法治教的进程。依法治教的进一步开展，势必要构建完善的体系。其有助于明晰学校与学生双方的责任与义务，规范教学秩序，使教育工作逐步走上法制化、规范化轨道，促进教育事业的健康快速发展。

第三，为健全相关法律法规提供理论参考。关于高校教育惩戒权，我国法律法规尚未明确具体的规定，本项目通过研究当前高校教育惩戒权在实体与程序等方面的现状及其困境，再结合不同地区成功经验，为高校教育惩戒权提出科学完善的法治建议。

第二节 国内外研究现状

教育惩戒是中西方高校在实施教育和管理过程中无法回避的话题。在法学界,包括宪法学、行政法学、教育法学等部门法学者,围绕教育惩戒的概念与性质、设定与实施、监督与救济,展开了持续研究。在教育惩戒的背后,蕴含着关于大学自治、公民基本权利等复杂的理论命题。

一、国内研究现状

我国关于高校教育惩戒的研究,兴起于20世纪末,以“田某诉北京科技大学案”为起点,随着2017年《普通高等学校学生管理规定》的修订和2020年《中小学教育惩戒规则(试行)》的制定,经历两次研究的热潮。综观学界关于高校教育惩戒的研究,主要围绕教育惩戒的概念与性质、教育惩戒的设定与实施、教育惩戒的监督与救济展开。

(一)高校教育惩戒的概念与性质

沈岿于2005年发表的《析论高校惩戒学生行为的司法审查》一文,系统论述了高校惩戒行为的内涵、外延、性质以及司法审查规则,是行政法学界关于教育惩戒研究的代表性成果,也是之后关于教育惩戒研究无法绕开的一篇文献。沈岿(2005)在文中提出,高校惩戒学生行为当是高等院校为教育或管理之目的,依国家立法和学校规范,对违反特定义务或未达到规定要求的在学学生,所采取的致使学生承受不利负担并作成书面决定的非难性或惩罚性措施。[①] 关于教育惩戒的定义,沈岿提出教育惩戒的目的是实现“教育或管理之目的”,对象是“在学学生”,动因是“违反特定义务或未达到规定要求”,特征是“不利负担”,表现形式是“非难性或惩罚性措施”,成立要件之一是“书面决定”。之后,任海涛、晋涛、左崇良、陈晓宇等学者在此基础上继续深入研究,形成一系列新观点,但这些观点也有值得商榷之处。如任海涛(2019)认为,“教育惩戒”是学校或教师为了达到教育目的、避免失范行为再次发生,依法对学生违法违规的失范行为进行否定性评价的一种辅助教育手段。[②] “违法违规的失范行为”与“违反特定义务或未达到规定要求”显然不同。任海涛(2019)认为教育惩戒的主体包括学校和教师,而在陈晓宇(2021)看来,高校教育惩戒应当只能以学校或学校职能部门的名义作出,教师个人的惩戒不应属于高校教育惩戒。[③] 显然,这些学者对高校教育惩戒的内涵存在明显分歧。

关于高校教育惩戒的内容,学界初步共识是包含纪律性惩戒与学术性惩戒。韩兵(2014)提出其包括传统的由立法所明确规定的纪律处分和学生因学业不合格而受到的学校惩戒。[④] 实际上这并不全面,狭义的“纪律处分”仅包含 5 种类型,无法涵盖所有针对违反纪律规定的惩戒类型。依据《普通高等学校学生管理规定(1990)》,沈岿(2005)认为高校惩戒学生的行为主要有 8 种法定类型,而依据《普通高等学校学生管理规定(2017)》,刘旭东(2020)同样认为其

---

① 参见沈岿:《析论高校惩戒学生行为的司法审查》,载《华东政法学院学报》2005 年第 6 期。

② 参见任海涛:《“教育惩戒”的概念界定》,载《华东师范大学学报(教育科学版)》2019 年第 4 期。

③ 参见陈晓宇:《高校教育惩戒校内申诉程序的建构研究》,载《高教探索》2021 年第 1 期。

④ 参见韩兵:《高等学校的惩戒权研究》,法律出版社 2014 年版,第 4 页。

包括8种类型，但是，两位学者所述8种类型并不一致。[①]

关于高校教育惩戒的性质，也是高校教育惩戒研究的焦点。张胜先、杨雪宾(2004)认为，法律已将部分行政权力授予高校行使，高校作为被授权的行政主体，其纪律处分权就是行政处罚权；[②]尹晓敏(2005)认为，高校处分权是高校对学生给予校内惩戒和制裁的权力，[③]其指出处分权更类似于一种行政处分。沈岿(2005)认为，高校惩戒学生行为不宜一概定为公法性质，[④]言下之意，此类行为既具有公法性质，在一定情况下，又表现为私法性质行为。任海涛(2019)则认为，高校教育惩戒显然应当归类于公权力行为，是一种特殊的"行政惩戒"。[⑤] 刘旭东(2020)将高校教育惩戒的性质定位于"准行政处罚"。[⑥] 徐键(2020)认为，高校教育惩戒宜定性为社会罚。[⑦] 张远照、熊勇先(2021)认为，教育惩戒权是一种兼具行政性、处罚性、

---

① 沈岿将"休学"和"退学"分别作为一种单独的惩戒类型，刘旭东则将"撤回学位"作为一种单独的惩戒类型。对于"开除学籍"，沈岿将其与"警告、严重警告、记过、留校察看"归为一类，刘旭东则将其与"退学"归为一类。参见沈岿：《析论高校惩戒学生行为的司法审查》，载《华东政法学院学报》2005年第6期；刘旭东：《"高校教育惩戒"范畴论辩及司法规制——基于司法案例的研究》，载《教育发展研究》2020年第1期。

② 参见张胜先、杨雪宾：《如何构建二元化的高校学生权利救济制度》，载《中国高等教育》2004年第22期。

③ 参见尹晓敏：《高校处分权的行使与比例原则的适用》，载《高教探索》2005年第3期。

④ 参见沈岿：《析论高校惩戒学生行为的司法审查》，载《华东政法学院学报》2005第6期。

⑤ 参见任海涛：《"教育惩戒"的性质及其法律体系构建——以〈教育法〉〈教师法〉为核心》，载《湖南师范大学教育科学学报》2019年第5期。

⑥ 参见刘旭东：《"高校教育惩戒"范畴论辩及司法规制——基于司法案例的研究》，载《教育发展研究》2020年第1期。

⑦ 参见徐键：《论高校教育惩戒的法律性质》，载《华东师范大学学报(教育科学版)》2020年第3期。

特殊性的行政处罚权。[①] 秦涛、张旭东(2019)认为,在行政处罚、行政处分理论二分下,教育惩戒权属于行政处分,应当依据行政处分的基本法理来行使。[②] 林莉红、滕甜甜(2022)认为,高校教育惩戒是一种行政行为,可视为行政处罚在高等教育领域的“特别类型”。[③] 由此可见,关于高校教育惩戒的性质,学界远未能形成共识。

(二)高校教育惩戒的设定与实施

关于高校教育惩戒的设定主体即国家与高校,并没有太多争议,学界的主要争议在于国家与高校各自关于教育惩戒的设定权限、高校惩戒规则与国家法律规范之间的关系。刘旭东(2020)在《“高校教育惩戒”范畴论辩及司法规制——基于司法案例的研究》中提出,高校仅在部分不关涉学生基本权利的惩戒事由上享有设定权。[④] 刘旭东、张玉涛(2019)在《我国高校教育惩戒制度的运行现状及其完善路径》中提出,除了改变学生身份的惩戒以外,立法应当明确赋予高校自主创设其他惩戒事由的权利。[⑤] 关于高校惩戒规则与国家法律规范之间的关系,实务界和理论界有3种主张:一是认为学校设定(教育惩戒)规则,不得有比国家法律规范更严格或更不利于学生的规定或条件;二是认为学校设置学业方面的要求,不得比国

① 参见张远照、熊勇先:《多维视域下教育惩戒权的行政处罚权属性证成》,载《学术探索》2021年第9期。

② 参见秦涛、张旭东:《高校教育惩戒权法理依据之反思与修正》,载《复旦教育论坛》2019年第4期。

③ 参见林莉红、滕甜甜:《比例原则视野下高校教育惩戒的规范运行》,载《现代教育管理》2022年第5期。

④ 参见刘旭东:《“高校教育惩戒”范畴论辩及司法规制——基于司法案例的研究》,载《教育发展研究》2020年第1期。

⑤ 参见刘旭东、张玉涛:《我国高校教育惩戒制度的运行现状及其完善路径》,载《思想理论教育》2019年第8期。

家设置的最高标准要求更高，但可以在最低标准的基础上作出特殊的规定；[①]三是马怀德(2000)借鉴德国特别权力关系修正理论，将在学关系区分为基础关系与管理关系或重要性关系与非重要性关系，对基础关系或重要性关系要求适用法律保留原则，学校不得自行决定，而对管理关系或非重要性关系，可由学校自主规范。[②] 沈岿(2005)将学校设定的惩戒规则区分为执行性规则和非执行性规则，如果是执行性规则，则不得越出国家法律规范所定惩戒对象、情形、种类、幅度的规则，如果是非执行性规则，也应当在国家法律规范明确或暗示的授权范围内。[③] 综上所言，尽管关于教育惩戒的设定主体没有太多争议，但不同主体的设定权限以及不同主体间惩戒规则间关系有待进一步厘清。

秦涛、张旭东(2019)全面地论述了教育惩戒实施的规则，即严格按照学校制定的相关办法执行，做到事实清楚、证据确凿、定性准确、处理恰当、程序合法等。另外，对于一些轻微的瑕疵处分，高校可按照行政处分、行政程序的基本法理，进行补正。[④] 戴国立(2020)分析了1999～2016年78个高校教育惩戒诉讼案例，发现高校败诉的原因主要包括以下4种：一是惩戒依据无效或适用错误；二是高校惩戒学生时未查清有关事实；三是采用的惩戒手段与学生的行为失

---

① 此两种主张，参见天津市高级人民法院行政审判庭：《关于审理教育行政案件的调查报告》，载中华人民共和国最高人民法院行政审判庭编：《行政执法与行政审判》，法律出版社2005年版，第136～137页。

② 参见马怀德：《学校、公务法人与行政诉讼》，载罗豪才主编：《行政法论丛》(第3卷)，法律出版社2000年版，第430～431页。

③ 参见沈岿：《析论高校惩戒学生行为的司法审查》，载《华东政法学院学报》2005年第6期。

④ 参见秦涛、张旭东：《高校教育惩戒权法理依据之反思与修正》，载《复旦教育论坛》2019年第4期。

范程度不相适应,对学生过度惩戒;四是高校违反法定程序实施惩戒。[①] 高校教育惩戒的实施应当遵循的原则是学术界关注的焦点,并且主要包含两项原则,即刘旭东、张玉涛(2019)所述,高校教育惩戒实施中的两种不规范现象,一是程序层面上没有制定出具有可操作性与合理性的惩戒方针,部分惩戒决定违反了正当程序原则,二是实体层面上没有就证据进行严格的关联性调查,没有恪守比例原则的法治理念。[②] 换言之,高校教育惩戒应遵循程序正当和比例原则。申素平、史三军(2018)认为,当前学生处分中应当关注程序问题,一方面,以事实调查代替听取处分前的陈述与申辩;另一方面,学生的申辩意见没有得到应有的尊重。[③] 雷槟硕(2019)主张,注意惩戒程序的正当性,保证受惩学生听证、陈述、申辩与申诉等程序正当的权利。[④] 晋涛(2021)提出,学校惩戒必须严格按照程序进行,特别是过重惩戒违反法定程序应被撤销。[⑤] 戴国立(2020)关于高校教育惩戒中的学生参与权研究,[⑥]同样是对高校教育惩戒实施中正当程序的主张。韩兵、谢佳(2008)在《论比例原则在高校行使惩戒权时的适用》中提出,比例原则要求学生所受惩戒必须与其违规行为

① 参见戴国立:《高校教育惩戒诉讼的现状考察与制度反思——基于 78 个高校教育惩戒诉讼案例的实证分析》,载《教育发展研究》2020 年第 1 期。

② 参见刘旭东、张玉涛:《我国高校教育惩戒制度的运行现状及其完善路径》,载《思想理论教育》2019 年第 8 期。

③ 参见申素平、史三军:《我国高校学生惩戒制度的历史发展与实践反思》,载《教育发展研究》2018 年第 21 期。

④ 参见雷槟硕:《教育惩戒权行使的目标:培育规则意识》,载《复旦教育论坛》2019 年第 4 期。

⑤ 参见晋涛:《教育惩戒规范理解的推进——以〈中小学教育惩戒规则(试行)〉为重心》,载《教育发展研究》2021 年第 20 期。

⑥ 参见戴国立:《高校教育惩戒中的学生参与权探析》,载《复旦教育论坛》2020 年第 1 期。

的性质、动机、目的及一贯表现相适应,不能畸轻畸重。[①] 雷槟硕(2019)、林莉红与滕甜甜(2022)等学者同样主张"惩戒权的行使需要在不同目的之间以及惩戒权行使与学生权利保护之间进行平衡"[②]。除上述两项原则外,申素平、史三军(2018)认为,违反校纪并非一定要给予处分,学生惩戒的实施应围绕有利于学生成长发展这一根本目的展开,[③]即高校教育惩戒应当按照有利于学生成长的原则实施。关于教育惩戒时效,申素平、史三军(2018)认为,2017 年修订的《普通高等学校学生管理规定》增加处分解除期的规定,也体现出对教育与惩戒这一关系的辩证认识,充分彰显了以人为本的教育理念,有利于教育目的的实现。[④]

(三)高校教育惩戒的监督与救济

监督与救济本质上是一个硬币的正反面,对教育惩戒对象的权利救济需依赖对于教育惩戒设定与监督行为的监督。学术界关于教育惩戒的监督与救济研究,主要通过申诉制度和司法审查具体展开。

从性质上,陈久奎、阮李全(2007)认为,学生申诉权是《宪法》赋予受教育者的基本性权利,主要是一项程序性救济权利。[⑤] 申诉一般分为校内申诉与行政申诉,目前,学界对于教育惩戒的校内申诉多持批判态度。刘璞、贾萌萌(2017)认为,我国高校校内申诉制

---

① 参见韩兵、谢佳:《论比例原则在高校行使惩戒权时的适用》,载《黑龙江高教研究》2008 年第 12 期。

② 雷槟硕:《教育惩戒权行使的目标:培育规则意识》,载《复旦教育论坛》2019 年第 4 期。

③ 参见申素平、史三军:《我国高校学生惩戒制度的历史发展与实践反思》,载《教育发展研究》2018 年第 21 期。

④ 参见申素平、史三军:《我国高校学生惩戒制度的历史发展与实践反思》,载《教育发展研究》2018 年第 21 期。

⑤ 参见陈久奎、阮李全:《学生申诉权研究》,载《教育研究》2007 年第 6 期。

度存在申诉委员会行政色彩浓厚、地位不中立，评议程序不健全等问题。[①] 陆优优（2018）认为，高校学生申诉制度在实施中也存在一些问题：第一，规定较为陈旧，且多年未修订；第二，学生申诉处理委员会案件受理范围比较狭窄；第三，学生申诉委员会的定位和具体设置不够明确，人员产生机制规定模糊。[②] 申素平、史三军（2018）认为，目前高校的申诉组织缺乏保障其独立性的外部环境，裁决能力有待进一步完善。[③] 针对 2017 年修订的《普通高等学校学生管理规定》，任海涛、孙冠豪（2017）依然认为，其在学生申诉委员会的组成与功能、学生申诉制度的程序、充分保障学生申诉权等方面仍有改进的空间。[④] 针对当前申诉组织、申诉程序存在的问题，车骋（2021）提出，申诉处理委员会的成员构成及选择的标准应秉持广泛性、独立性的原则。[⑤] 陈晓宇（2021）提出，高校教育惩戒校内申诉程序的建构应当符合合法性、科学性与可操作性 3 项原则。[⑥]

高校教育惩戒行为应受司法审查这一点已经成为基本共识，关键在于司法审查的范围和强度。沈岿（2005）认为，对于高校惩戒行

---

① 参见刘璞、贾萌萌：《高校学生内部申诉制度的重构方向与完善路径——以新〈普通高等学校学生管理规定〉为视角》，载《法学教育研究》2017 年第 4 期。

② 参见陆优优：《高校学生申诉制度的现状与创新路径——以新修订的〈普通高等学校学生管理规定〉为视角》，载《思想理论教育》2018 年第 1 期。

③ 参见申素平、史三军：《我国高校学生惩戒制度的历史发展与实践反思》，载《教育发展研究》2018 年第 21 期。

④ 参见任海涛、孙冠豪：《完善高校学生权益保障机制研究——基于新修订的〈普通高等学校学生管理规定〉》，载《思想理论教育》2017 年第 5 期。

⑤ 参见车骋：《高校惩戒学生行为救济制度之建构》，载《高教探索》2021 年第 4 期。

⑥ 参见陈晓宇：《高校教育惩戒校内申诉程序的建构研究》，载《高教探索》2021 年第 1 期。

为,除那些被认定为私法性质的惩戒可求诸民事诉讼之外,当普遍承认其可审查性,先行迎入司法审查的平台。只要法院在审查强度问题上拿捏适度,并作出若干颇具影响力之判决,料来不会引发学生滥诉和高校自治的“地震”。[①] 对此,车骋(2021)认为,现在学生起诉高校已经是被人们广泛接受的观念,若仍将所有惩戒行为纳入行政诉讼,则会导致司法权力过分干预高校自治权;并且法院不具有教育职能,不能替代高校和教育行政机关审查所有惩戒行为,否则会对法院造成一些不必要的负担。[②] 耿宝建(2013)认为,学生对高等学校的下列经法律法规授权的行为不服的,可以提起行政诉讼:(1)高等学校不颁发学历证书、不授予证书的行为。(2)高等学校违反国家规定不依法发放奖学金、贷学金、助学金等行为。(3)取消入学资格、作退学处理、开除学籍等直接导致学生身份丧失的行为。对于学生起诉高校录取行为,是否应一律纳入受案范围,目前仍然存有不小争议。除此以外,受教育者认为申诉决定不是依照法定程序作出的(如申诉决定未进行调查取证、未听取受教育者意见、遗漏主要证据),可以以不履行法定职责为由提起诉讼,但也只能以此作为诉讼请求和理由提起诉讼。[③] 实际上,高校教育惩戒的司法审查实践存在一定混乱,如陈晓宇(2021)所言,尽管高校属于授权行政主体或准行政主体,但究竟高校的哪些教育惩戒行为属于可诉行政行为,相关法律及规范性文件始终未给出明确答案,甚至司法机关

---

① 参见沈岿:《析论高校惩戒学生行为的司法审查》,载《华东政法学院学报》2005 年第 6 期。

② 参见车骋:《高校惩戒学生行为救济制度之建构》,载《高教探索》2021 年第 4 期。

③ 参见耿宝建:《高校行政案件中的司法谦抑与自制》,载《行政法学研究》2013 年第 1 期。

内部的观点都不统一。[①] 根据刘旭东、张玉涛(2019)的观察,部分法院认为只有那些侵犯了学生的基本权利或改变了学生身份的教育惩戒纠纷才具有可诉性。[②]

在审查强度方面,周佑勇(2019)认为,法院在处理高校教育惩戒纠纷时有两种典型论证逻辑,即处理"品行标准"的严格司法审查逻辑与处理"学术标准"的有限司法审查逻辑。[③] 刘旭东(2020)认为,纪律性惩戒纠纷应当适用严格司法审查,学术性惩戒纠纷则适用有限司法审查。[④] 车骋(2021)主张,法院应积极行使高校惩戒行为的审查职能,在合法性审查标准之外纳入正当性标准。[⑤]

在21世纪初,两岸学者围绕"高校教育惩戒"展开一系列学术交流,2005年召开的"海峡两岸高等教育法学术研讨会"是一次具有代表性的学术交锋,会议成果集中见于《大学自治、自律与他律》一书。我国台湾地区学者对教育惩戒的关注始于因"二一退学制"引发的退学处分纠纷,相关司法部门作出解释,打开了"学生救济管道之门"。我国台湾地区学者对教育惩戒的关注和探讨同样围绕教育惩戒的概念、性质展开。学者李建良对教育惩戒的界定颇为值得关注,李建良(2005)认为,高校教育惩戒仅指高校对学生作出的纪律

---

① 参见陈晓宇:《高校教育惩戒校内申诉程序的建构研究》,载《高教探索》2021年第1期。

② 参见刘旭东、张玉涛:《我国高校教育惩戒制度的运行现状及其完善路径》,载《思想理论教育》2019年第8期。

③ 参见周佑勇:《高校惩戒学生行为的司法审查——基于最高人民法院相关指导性案例的观察》,载《南京师大学报(社会科学版)》2019年第3期。

④ 参见刘旭东:《"高校教育惩戒"范畴论辩及司法规制——基于司法案例的研究》,载《教育发展研究》2020年第1期。

⑤ 参见车骋:《高校惩戒学生行为的司法控制——从"合法性"走向"合法性"与"正当性"》,载《东方法学》2021年第5期。

处分，因学业不合格而给予学生的惩戒，是对学生之学习能力的负面评价，而并非对其学习不力的制裁，因此不属于惩戒的范畴，[①]与我国大陆学者普遍认为的教育惩戒分为纪律性惩戒和学业性惩戒存在一定冲突。我国台湾地区学者周志宏（2003）认为，高校及教师都是高校教育惩戒的适格实施主体，[②]与我国大陆学者关于高校教育惩戒主体仅限于学校同样存在冲突。在司法审查范围方面，我国台湾地区的审查范围明显更宽，如相关司法部门认为，在我国台湾地区，大学学生基本权利遭受学校公权力措施之侵害，不论侵害之大小，以及该项侵害对学生有无重大影响，例如，不准选课或修课、成绩不及格、学分抵免、惩处（记过或申诫）、不准借书、不准张贴海报或学校其他管理措施，只要符合我国台湾地区有关规定之要件，均得提起行政争讼。[③]

二、国外研究现状

历史地看，中西方高校的起源和发展存在显著差异，而在教育惩戒方面却有共通之处，尤其体现司法权对高校教育惩戒的介入。国外一般认为高校具有公法人地位，其做出的惩戒行为一般具有公法属性，需要受到宪法的正当程序、行政法的自然正义原则等基本原则的严格约束。

现代大学制度源自近代欧洲，最初的大学规模小、目的单一，依靠成员的自我管理以及对学术权威的尊重而运行。大学自治"作为

---

① 参见李建良：《学生惩戒与行政救济——兼论"开除学籍"制度的合宪性问题》，载湛中乐主编：《大学自治、自律与他律》，北京大学出版社 2006 年版，第 25 页。

② 参见周志宏：《教育法与教育改革》，台北，高等教育文化事业有限公司 2003 年版，第 277 页。

③ 参见我国台湾地区相关司法部门的协同意见书。

西方一种古老的高等教育管理思想和理念始终支配着高等教育”[①]，高校在办学自主、校内管理以及学术自由方面享有广泛的自治权。晚近以来，尽管高校仍享有高度的自治权，但已经不可避免地受到国家权力的介入。“国家有关教育政策、法律法规的贯彻与执行都是通过大学组织内部的行政权力对政府意志的服从和对其内部成员的管制来实现的。”[②]高校权力从单一来源转为两方面来源，即一方面源于大学自治，另一方面源于国家权力的授权或委托，作为高校权力之一的教育惩戒权，同样具备这两项权源。在不同国家、不同历史时期，大学自治与国家权力对教育惩戒权供给并不均衡。

德国国家法学者拉班德于 19 世纪建立君主立宪国家官吏关系理论雏形，由行政法鼻祖奥托 · 迈耶体系化形成特别权力关系理论，这一理论与大学自治有着天然的亲和力，大学借此排除“国家渗透”，[③]深刻影响德国以及继受其法治传统的国家或地区教育法治理论与实践的发展。巧合的是，20 世纪 60 年代以前，美国联邦法院中关于高校与学生关系，占据统治地位的是“特权理论”，“高校可以设定各种规范，对违反这些规范的学生施以包括开除在内的各种处分”[④]。两种理论“不谋而合”，按照特别权力关系理论和特权理论，高校教育惩戒权是大学自治的自然延伸，对外抵抗国家的渗透，对内具有绝对权威。

---

① 程雁雷：《论司法审查对大学自治的有限介入》，载《行政法学研究》2000 年第 2 期。

② 夏民：《法学视野中的大学自治——以大学权力为中心的分析》，江苏大学出版社 2009 年版，第 141 ~ 142 页。

③ 参见蔡震荣：《行政法理论与基本人权之保障》，台北，五南图书出版公司 1999 年版，第 8 页。

④ 韩兵：《美国公立高校的学生纪律处分程序》，载湛中乐主编：《学生权利及其法律保障》，中国法制出版社 2017 年版，第 168 页。

随着人权保障理念的发展,德国以及受其影响的国家和地区从基本权利中寻找保护的依据,美国则依据宪法正当程序原则,保障学生依据宪法所享有的基本权利。大学自治的传统并未改变,只是从保障学生基本权利的角度对大学自治范围有所限缩。

三、国内外研究评价

目前,国内学术界对于高校教育惩戒的研究已有一定积累,然而,之所以迟迟未能入法,或如学者所呼吁的制定"教育惩戒法",归根结底在于理论研究的不充分。综观高校教育惩戒的理论研究,至少存在三方面的问题。

一是高校教育惩戒研究缺乏共识性。关于高校教育惩戒的性质、内涵和外延等聚讼纷纭,目前学界关于高校教育惩戒的性质,至少存在行政处罚说、类似行政处分说、兼具公私权力(权利)性质说、特殊行政惩戒说、准行政处罚说、社会罚说、特殊的行政处罚说、行政处分说8 种观点,明显缺乏共识。因此,有必要系统地检讨现有理论学说,科学地界定高校教育惩戒的概念。

二是高校教育惩戒研究缺乏体系性。高校教育惩戒的研究应由宪法学、行政法学、教育法学等多个部门法学者合力开展,然而,目前行政法学者的研究旨趣集中在教育行政诉讼、大学章程和高校规定,其中教育行政诉讼主要围绕学位问题和学籍问题展开。宪法学者以学术自由、教学自由为理论旨趣,落脚点在于大学自治的空间和教师权益的保障;教育学者则侧重于阐释高校教育惩戒的基本概念以及申诉制度的研究。总体而言,缺乏对于既有研究的体系化整合,未能建构以教育惩戒为中心的理论体系。

三是高校教育惩戒研究缺乏实践性。高校教育惩戒是一门实践性的学问,其最终落脚点在于指导高校规范开展教育惩戒,然而,目前关于高校教育惩戒的理论研究很难满足实践需求。如果说有一点现实关照,那就是教育行政诉讼的研究基本围绕具体案例展开。然而,对于高校以及实施教育惩戒的高校行政部门而言,现有理论研究很难转化为现实操作的指引。因此,有必要更多的关照现实,深入了解各高校的教育惩戒相关制度规范,结合各高校教育惩戒案例,展开更具实践性的教育惩戒理论研究。

第三节　研究内容和方法

一、研究内容

(一)研究对象

本书的研究对象是高校教育惩戒制度,通过对理论基础和制度内容的梳理,形成关于高校教育惩戒制度的系统性研究成果。

(二)总体框架

1. 理论基础。高校教育惩戒作为一个理论命题,概念、权力(利)性质与分类、理论依据、制度比较、基本原则等问题亟待厘清,同时这些内容也是高校教育惩戒制度构建的理论基础。

2. 制度内容。高校教育惩戒制度由一系列实体性和程序性规则共同构成,实体性规则包括高校教育惩戒的种类、设定、管辖、适用等。程序性规则包括高校惩戒的设定程序、立案程序、调查程序、决定程序、解除程序、监督程序和救济程序等。同时,涉及与外部程序的衔接关系,主要是高校教育惩戒与行政处罚、刑事处罚的衔接问题。

(三)重点难点

1. 重点内容

(1)基于我国国情,并结合英美等国家高校惩戒制度的实施经验,探讨我国设立高校惩戒制度的可行性、必要性。

(2)如何设计吻合我国国情的实体性和程序性内容,如何合理借鉴英美等国家高校惩戒制度并将之吸收内化为符合我国国情的制度设计。

(3)高校惩戒制度的基本原则包括了实体原则和程序原则,须确保实体原则、程序原则内部以及实体原则与程序原则间的协调性、一体性,并考察基本原则的实效性。

2. 难点内容

(1)制度内程序间的协调。程序性内容是本书研究的重要部分,程序性内容所包括的4类程序设计既需要在其独立阶段发挥其作用,也需要兼顾4类程序间的协调统一。

(2)与制度外部程序衔接问题。“高校惩戒—行政处罚—刑罚”的衔接问题较为复杂,涉及各主体的组织协调问题、衔接途径的设计以及监督途径的保障。

(3)救济程序的设计。为防止高校惩戒权滥用的同时保护被惩戒人的合法权益,救济程序的设计不仅是重点,也是难点。中国当下的行政救济制度建立和形成时间较晚,又有诸多主客观因素的限制,所以救济制度不够体系化、也存在不合理之处。同时高校惩戒的救济程序还需要考虑学生这一特殊主体。在这种背景下,设计合理的高校惩戒的救济程序难度更大,但也更凸显其意义重大。

二、研究方法

(一)综合研究法

本书研究内容涉及教育学与法学的交叉,需要运用学科的相关原理与方法为高校实施教育惩戒提供合理的理论基础,交叉融合拓宽学科视角与内容,以寻找实现高校教育惩戒德育功能的具体路径。

(二)文献分析法

本书主要以书籍等文献资料作为研究基础,利用图书馆数据库、互联网等信息资源收集与高校教育惩戒相关的文献并作认真阅读、分析比较、延伸思考,使本书的理论性更加充分。同时通过梳理国家教育法律法规相关文件,了解教育惩戒权的法律依据,为本书问题研究提供一定的法律依据。

(三)案例分析法

案例分析法对于本书的写作也必不可少,相关问题的开展、论述都是围绕收集的案例资料展开。通对在北大法宝和中国裁判文书网中检索到的案例进行分析,总结高校教育惩戒目前存在的主要问题,加之作者在高校的工作的经历也可以让本研究具有说服力和实证价值。

(四)比较研究法

本书拟通过研究不同国家地区的高校教育惩戒制度的历史与运行现状。通过对其实施策略、实施背景、实施效果等方面的研究,借鉴其中的成功经验,为完善我国高校教育惩戒制度提供经验。

第四节　要解决的问题及创新点

一、要解决的问题

高等教育的正常稳定发展,离不开高校教育惩戒权的落实。随着我国教育质量的提高,落实高校教育惩戒权成为全面推进依法治教重要内容之一。正确行使高校教育惩戒权,必须构建完善的高校惩戒制度以确保权力行使的合法性以及合理性。而我国现有的法律法规，并未明确提出“高校教育惩戒权”的概念，仅能依靠相关法律条文进行延伸。

在这一背景下，有关高校所出台的教育惩戒的制度性规范不够明确，甚至有超越法律的相关规定，侵犯学生的合法权利。因此，在当前我国高等教育立法落后与现实需要迫切的情境下，形成完善的高校惩戒制度显得尤为重要。本书旨在通过构建兼顾实体与程序的高校教育惩戒制度体系，以教育学与法学为理论基础，实现高校内部管理规定的科学系统化，在教育惩戒中彰显公法价值、体现公法原则，有效减少教育纷争，使高校实现依法治校的优化进路。

同时要注重惩戒与教育相结合，有效的德育效果也需要合理的制度基础，让惩戒制度从“德育”出发，又回归德育。教育惩戒的实施，要注意“度”的把握，本书通过明确实施高校教育惩戒权的基本原则、建立健全教育惩戒权的调查制度、救济措施，克服主观性和随意性，避免过度惩戒和惩戒权的滥用，从而保护学生的合法权益。这不仅是教育惩戒的价值内涵，也是促进高校治理能力和治理体系现代化的应有之义。

二、创新点

1. 视角的创新。整体性、体系性的研究视角。当下学界对于高校惩戒制度的研究多从一方面或者几个方面切入，缺乏整体性的制度设计。而本书中，作者提出了较为完善的高校惩戒制度的建构体系，包括实体性和程序性内容。实体内容主要包括高校惩戒权的法律渊源、法律性质、基本原则、裁量规则、时效问题（溯及力问题与追责时效）；程序内容主要包括设定程序、调查程序、处罚程序、救济程序的设计以及与行罚、刑罚的衔接适用问题。以期为我国高校惩戒制度的完善建言献策。

2. 内容的创新。本书的研究内容体现出实体与程序、理论与实务并重的特点。为了构建符合我国国情的、完善的高校惩戒制度体系,本书整体性地提出了高校惩戒制度的实体内容与程序内容,且书中不仅包含对于高校惩戒制度的实证研究,还包括了对于高校惩戒权的理论探索,力争做到理论联系实践,理论考察实践,实践验证理论。

3. 方法的创新。本书在方法上充分做到法学与教育学原理交叉,文献归纳与案例实证呼应。高校学生惩戒行为不仅是一个法学问题更是一个极受关注的教育学问题,涉及法学与教育学的交叉,故笔者在文中讨论相关问题时会运用到公法学原理与教育学原理相互借鉴的综合研究方法。此外,本书主要以书籍等文献资料作为研究基础,通过图书馆数据库、互联网等信息资源收集文献,在对收集文献作认真阅读、分析比较、延伸思考的基础上,力争对高校学生惩戒这一主题作有新意的研究。同时,案例分析法对于本书的写作也必不可少,相关问题的开展、论述都是围绕收集到的案例资料展开。

第二章　高校教育惩戒概述

作为教育过程中无法回避且常见的一种教育手段，将教育惩戒全面纳入法治轨道，对于学校和教师，“既是确权、也是限权”，“关系到学校全面贯彻党的教育方针、落实立德树人根本任务的大战略，关系到营造良好教育生态的大问题”①。想要将教育惩戒从学术构建层面导入法治轨道，将学校和教师的教育权进一步细化，对法律法规禁止的不当教育管理行为划出红线，首先要从概念上厘清高校教育惩戒的内涵与外延。

第一节　何为高校教育惩戒

既然把“高校教育惩戒”作为研究对象，“高校教育惩戒”作为一个基本概念就需要有相应的界定。我们注意到，对高校教育惩戒，日常话语有常识性的理解，理论层面有学术性的界定，教育实践领域也有相对约定俗成的解释，但是因角度不同、关注的问题不同，这

① 《让教育惩戒有尺度、有温度——教育部政策法规司负责人就〈中小学教育惩戒规则（试行）〉答记者问》，载中央人民政府网，http://www.gov.cn/zhengce/2020-12/29/content_5574652.htm。

些理解、解释、定义等远未达成一致。因此,需要对高校教育惩戒的概念进行界定与厘清,虽然未必全面准确,但有助于明确研究的范围与解决核心问题,对推动学术研究、促进教育实践、完善教育立法具有重要意义。

一、所谓"惩戒"

所谓"惩戒",在不同词典中,其核心内涵基本可以概括为"惩罚、戒止"。例如,《辞海》对"惩"的解释是"戒止""惩罚""惩戒""苦于",对"戒"的解释是"防备;准备""谨慎""命令;告请""斋戒""禁制"等,把"惩戒"视为"惩罚"的同义词,意即"惩治过错,警戒将来"。[①]《新华词典》的解释是"通过惩罚使人警戒"[②]。《现代汉语词典》(汉英双语)把"惩戒"解释为"publish sb. to teach them a lesson; discipline sb. as a warning",意即"通过处罚来警戒"[③]。

《教育大辞典》中并未出现"惩戒"一词,相近的词汇为"惩罚",解释为"对个人或集体所进行的戒责,旨在控制某种行为。学校德育的辅助方法之一。可以使学生分清是非、善恶,对受惩行为做出回避、退缩、改变的反应,削弱受惩行为的动机,达到改正的目的,也有助于学校维护校规、校纪。惩罚的方式有:表示否定的语气与表情,口头指责,施以某种强制性措施,给予警告、记过、留校察看、开

---

① 参见夏征农主编,辞海编辑委员会编纂:《辞海(下)》,上海辞书出版社 1999 年版,第 4546 页。

② 商务印书馆辞书研究中心修订:《新华词典》,商务印书馆 2013 年版,第 127 页。

③ 中国社会科学院语言研究所词典编辑室编:《现代汉语词典(汉英双语):2002 年增补本》,外语教学与研究出版社 2002 年版,第 253 页。

除学籍处分"[1]。

中国的教育法学研究中，对"惩戒"的认识往往是借鉴国外，并多集中在对中小学学生行为规范的研究中。"在英语国家中，在各级学校、各种组织、军队里用 discipline（惩戒），在法院则用 sentence（惩罚、判处）……在其他大部分地方则用 publish（惩罚）。不管是惩罚，还是惩戒，它们与违反规则总是逻辑地联系在一起。违反规则是惩戒的前提。"[2]

从对学生失范行为的规制来讲，近年来学界更趋向于选择"惩戒"而非"惩罚""处分"等作为研究对象，这一研究现象，除却对国外实践的学习借鉴外，更在于"惩戒"与现代教育的价值取向契合度更高。"惩"指的是惩处、惩罚，体现的是一种行为方式，是对违规行为的否定性的处置；"戒"指的是戒除、防止，表达的是一种目的取向，是对违规行为的防备、禁制；因之，惩罚只是手段，戒除才是目的。相较于"惩罚"而言，"惩戒"的内涵和外延可能更为广泛，能够涵盖当前我国教育立法中关于学校对学生失范行为所可以采取的包含"批评教育""处分"在内的否定性制裁措施。毕竟，"惩戒"所内含的价值取向，既是对违规者的报应性惩罚，更是对违规者或其他人可能再犯的预防性警戒，更符合学校教育的价值取向即"惩治过错、警戒将来"。

二、教育惩戒的解读

随着社会各界对教育问题的关注，教育惩戒逐渐从学术用语走

① 教育大辞典编纂委员会编:《教育大辞典》(第 1 卷)，上海教育出版社 1990 年版，第 135 页。

② 蒋一之等:《惩戒教育的理论与实践》，浙江大学出版社 2016 年版，第 2 页。

进立法文件，成为制度用语。从教育惩戒构词来看，“惩戒”作为中心词，通过“教育”的修饰，既将惩戒界定在教育领域以区别于其他的如行政管理、刑事处罚等领域，也进一步将“惩戒”的属性界定为教育的方式和手段之一。

从立法实践来看，《普通高等学校学生管理规定(2017)》《中小学教育惩戒规则(试行)》虽然还有待进一步完善，但已经在法律规范层面确认了教育惩戒。一如教育部政策法规司负责人所言，“教育惩戒问题是一个小切口，却关系到学校全面贯彻党的教育方针、落实立德树人根本任务的大战略，关系到营造良好教育生态的大问题”，“法律虽然没有直接使用教育惩戒的概念，但这一概念已经约定俗成，被社会和教育界普遍认同，符合我们的文化传统和教育实践，也是教育权的题中应有之义”，因此，《中小学教育惩戒规则(试行)》的出台，“有利于将教育惩戒全面纳入法治轨道”①。

学界对于教育惩戒的认识存在明显分歧。有学者认为，教育立法与实践及学界对教育惩戒的界定并“没有实质性差异，两者具有同等性”，“从概念发展史可以看出，我国教育惩戒概念经过了由‘处分’到‘教育惩戒’的演变，两者是不同阶段、不同规范对同一事物采取的不同称谓”。② 有学者从“教育惩戒实施的范围”切入，认为教育惩戒涉及的“应该是教育领域内的所有人员，包括学生、教育管理者(教师和教育行政官员)，他们既可以是惩戒行为的施者，也可以是惩戒行为的受者”③。该种观点将教育惩戒做了广义的解释，即所有

① 《让教育惩戒有尺度、有温度——教育部政策法规司负责人就〈中小学教育惩戒规则(试行)〉答记者问》，载中央人民政府网，http://www.gov.cn/zhengce/2020-12/29/content_5574652.htm。

② 参见任海涛等:《教育法学导论》，法律出版社2022年版，第234页。

③ 陈刚、廖其发:《我国古代教育惩戒及其启示》，载《重庆社会科学》2006年第7期。

教育过程中的主体,不管是教育者还是受教育者乃至教育行政管理者,都可能既是教育惩戒的实施主体,也可能是被惩戒的对象。也有学者认为,“教育惩戒是学校或教师为了达到教育目的、避免失范行为再次发生,依法对学生违法违规的失范行为进行否定性评价的一种辅助教育手段”①。我们更倾向于后一种,即教育惩戒是指学校或教师对学生实施的以教育为目的的惩戒行为,惩戒对象不包括学校或教师。在此前提下,不同学者对这一概念的定义也不完全相同,如有学者称为“学生惩戒”②。当然,不管是叫“学生惩戒”还是“教育惩戒”,相关学者以“教育”和“惩戒”为共同关键词进行文献检索,经过对相关“概念的要素分析”,发现不同代表性文献对“教育惩戒”概念核心要素的认识相对一致,即核心内涵是“对学生偏差行为进行的一种否定性评价”,目标是“通过强制力和教育手段促进学生合范行为的产生”,其性质是一种重要的教育手段。③

综上,可以简要概括教育惩戒的核心要素为:(1)主体是学校和教师;(2)对象是违规违纪的学生;(3)内容是否定性评价;(4)后果是承担不利益性责任;(5)目的是教育引导,终极目标是育人。

三、高校教育惩戒的概念

高校教育惩戒尚未作为立法概念出现,故学界对其内涵与外延的界定不一。

---

① 任海涛:《“教育惩戒”的概念界定》,载《华东师范大学学报(教育科学版)》2019 年第 4 期。

② 董立山:《自治与法治之间:高校行使学生纪律处分权问题研究》,湖南大学出版社 2007 年版,第 15 页。

③ 参见任海涛:《“教育惩戒”的概念界定》,载《华东师范大学学报(教育科学版)》2019 年第 4 期。

(一)高校教育惩戒的主体

关于高校教育惩戒的主体,主要分歧在于是否包含教师。有学者认为,学生惩戒,是指学校或教师基于教育目的或管理目的,依国家立法和学校规章,对违反特定义务或未达到规定要求的在校学生所采取的致使学生承担不利后果的管教措施。[①]

更多的学者则认为高校教育惩戒的主体只是学校。有学者认为,"高校惩戒学生行为,是指高等院校为教育或管理之目的,依国家立法和学校规范,对违反特定义务或未达到规定要求的在学学生,所采取的致使学生承受不利负担、并作成书面决定的非难性或惩罚性措施"[②]。另有学者认为,"高校教育惩戒是高校为实现教育及管理目的,依据法律法规授权和学校内部管理规则,对违纪或无法达到学校规定要求的学生所采取的否定性的、并做成书面决定的惩罚性措施"[③]。

从教育实践来看,高校教育惩戒的属性,是在教育过程中发生的,是学校和教师行使教育权的一种具体方式,并不是独立于教育权之外的一种权力。根据《教育法》第 29 条规定,学校有权"对受教育者进行学籍管理,实施奖励或者处分";同时,根据《教师法》第 7 条规定,教师"有权指导学生的学习和发展,评定学生的品行和学业成绩"。虽然,《教师法》对教师"惩戒"学生权的规定极其概括,但是结合教育的特性来看,对学生实施教育惩戒,不只是学校的权力,也应当是教师的权力。当然,鉴于高校学术自治的特殊性,在不同类

① 参见董立山:《自治与法治之间:高校行使学生纪律处分权问题研究》,湖南大学出版社 2007 年版,第 15 页。

② 饶亚东、石磊:《〈田永诉北京科技大学拒绝颁发毕业证、学位证案〉的理解与参照——受教育者因学校拒发毕业证、学位证可提起行政诉讼》,载《人民司法(案例)》2016 年第 20 期。

③ 耿宗程:《高校教育惩戒概念界定及规范路径》,载《高教探索》2020 年第 4 期。

型的惩戒中，学校和教师具有的权力及承担的责任不能相提并论，前者的权重要大于后者。

由此，高校教育惩戒的表现形式亦不局限于“书面”，毕竟，基于日常教育教学管理所需，教师平时对学生的诸如口头批评教育等，虽然一般不涉及对学生权利的剥夺或限制，但也是一种教育惩戒手段，应当受到法律法规和校规校纪的约束。

（二）高校教育惩戒的目的

实施教育惩戒的目的是多元的，首先是为维持教学与管理秩序，但是其所有对教学秩序、生活秩序抑或管理秩序的维护，最终的指向都是为了实现一个根本目的，即“立德树人、促进学生的健康成长发展”①，这也是学校教育与其他国家机关、企事业单位的不同之处。学生到学校的主要目的是接受教育，学校一切行为的目的是且只能是出发于并服务于立德树人的根本任务，即一切的惩戒行为是要使学生认识和改正错误，不能为了便于管理而惩戒，更不能为了惩戒而惩戒，否则将本末倒置。

当然，高校教育惩戒的教育目的具有双重性，一方面通过对学生在校期间的失范行为施与否定性的制裁措施，强制性矫正学生的偏差行为，其实施的目的不在于惩罚，而在于通过惩罚来预防学生再犯过错；另一方面也防止其他学生将来发生过错，以此来促进学生合范行为的巩固。

（三）高校教育惩戒的范围

高校教育惩戒的范围有“广义说”与“狭义说”之分。② “广义

① 申素平、史三军：《我国高校学生惩戒制度的历史发展与实践反思》，载《教育发展研究》2018 年第 21 期。

② 参见刘旭东、张玉涛：《我国高校教育惩戒制度的运行现状及其完善路径》，载《思想理论教育》2019 年第 8 期。

说”认为,高校教育惩戒既包括传统的纪律处分,也包括学生因学业不合格而受到的学校惩戒,基本包括:取消入学资格、学籍,课程考核成绩记为无效,重修或补考,留级或降级,休学,退学,不予学历证书或学位证,以及警告、严重警告、记过、留校察看或开除学籍等。[①] “狭义说”则认为,高校教育惩戒仅指纪律处分,因学业不合格而给予学生的惩戒,是对学生之学习能力的负面评价,而并非对其学习不力的制裁。[②]

理论上来讲,无论是纪律处分还是因学业不合格而受到的惩戒,因其具有一定的强制性,都可能对学生权利造成侵犯,应当将高校教育惩戒权控制在法律规范之内。结合司法实践,“从近20年来的高校教育讼争类型及其占比来看,学生与高校关于教育惩戒的争议内容远不止传统的纪律处分”[③]。因此,高校教育惩戒的范围应当包含纪律性惩戒与学业性惩戒。需要指出的是,纪律性惩戒不等于传统的“纪律处分”,后者仅仅指《普通高等学校学生管理规定(2017)》所规定的警告、严重警告、记过、留校察看、开除学籍5种惩戒形式。而纪律性惩戒通常指因学生违反纪律性规定而实施的惩戒类型。

综上所述,高校教育惩戒是高等学校和教师为实现教育目的,依据法律法规授权和学校内部管理规则,对违反规定的学生施与否

---

① 参见饶亚东、石磊:《〈田永诉北京科技大学拒绝颁发毕业证、学位证案〉的理解与参照——受教育者因学校拒发毕业证、学位证可提起行政诉讼》,载《人民司法(案例)》2016年第20期。

② 参见李建良:《学生惩戒与行政救济——兼论“开除学籍”制度的合宪性问题》,载湛中乐主编:《大学自治、自律与他律》,北京大学出版社2005年版,第25页。

③ 王工厂:《基于司法大数据的高校纪律处分实证研究——兼论教育法学研究范式的拓展》,载《复旦教育论坛》2018年第6期。

定性制裁的行为。

四、高校教育惩戒与相关概念的辨析

高校教育惩戒尚未成为我国教育立法中正式的法律概念，为避免与其他概念混淆，有必要对此概念与相关概念进行逻辑上的辨析。

（一）高校教育惩戒与中小学教育惩戒的比较

鉴于高等教育与基础教育之差别，在高校教育惩戒概念获得立法界定之前，有必要先从理论上加以区分。

一是教育惩戒权设置主体的区别。国家立法机关享有对所有学校教育惩戒的设定权，即关于学校教育惩戒的权限、种类、条件等都可以由立法机关予以规定。在这个层面上，不同阶段的学校教育惩戒权的设置主体都是相同的。相较于基础教育学校，高校基于大学学术自治的特性，具有相应的办学自主性，因此高校在教育实践中，有权在不涉及学生受教育权等基本权利的“惩戒事由”上享有设定权。正如有的学者所讲，我国高校在教育惩戒方面有自治权，直到“田某诉北京科技大学案”之后，高校在教育惩戒方面的自治权逐步限缩，但大学自治仍是教育惩戒权的主要权源。[①]

二是教育惩戒实施主体的区别。不同教育阶段的学生在心智与体能等方面有较大的差异，其可能发生的失范行为及其危害程度也有较大差异，故而教师与学校在实施教育惩戒时所扮演的角色也有所区别。从当前教育实践来看，基础教育中教育惩戒大多是由学校教师实施的即时性惩罚，如教师在教育教学活动中对违反规则的

---

① 参见刘亮：《论高校教育惩戒权的构造与限制——兼评高校疫情防控中教育惩戒权的运行》，载《青少年犯罪问题》2020 年第 6 期。

学生实施言语批评、罚站、罚做额外作业、课后留校等,虽然也有以学校名义作出的教育惩戒决定,但是相对谨慎、少见。相比较而言,高等教育中教育惩戒的实施主体主要是学校,教师在教育惩戒中虽然也发挥着重要作用,但往往因其惩戒措施的有限性(如多为在教育教学过程中的口头批评教育)、轻缓性(如惩戒的不利益性影响较轻)等被忽视。高等教育阶段教师在惩戒中的重要性虽然不如基础教育阶段,但同样是不可或缺的教育惩戒主体,不容忽视,应当正确对待。

三是教育惩戒措施的区别。教育惩戒措施的设置根据学校的层次高低而有所不同,概括来讲,即惩戒措施要与责任主体的责任承担能力相适应。惩戒是一种不利益性的行为,必然需要受惩戒的主体具备相应的责任能力,尤其是法律责任能力。值得肯定的是,相关法律规范已经充分考虑到这一区别。就《普通高等学校学生管理规定(2017)》的规定来看,高等学校的教育惩戒措施不仅包括警告、严重警告、记过、留校察看、开除学籍 5 种类型的纪律处分,还包括学籍管理处分如取消入学资格、取消学籍等。而《中小学教育惩戒规则(试行)》对"开除学籍的纪律处分",仅规定"可以给予""高中阶段学生",不适用于义务教育阶段的学生;同样,根据《义务教育法》规定,"对违反学校管理制度的学生,学校应当予以批评教育,不得开除。"

(二)高校教育惩戒与相关概念的比较

1. 教育惩戒与批评教育

批评教育是教育立法与教育实践中常见的惩戒类型。《普通高等学校学生管理规定(2017)》第 51 条规定,对有违反法律法规、本规定以及学校纪律行为的学生,学校应当给予批评教育,但遗憾的是并没有对批评教育的实施方式加以规范。实践中则常见两种实施方式，一种是非正式的惩戒，系由教师实施的即时性行为，如任课教师对违反课堂纪律的学生进行的口头批评教育；另一种是正式的惩戒，由学校作为主体，并通过相应的调查、取证、审议程序后作出，往往采取书面形式并在一定范围内通报批评。教师的口头批评教育、学校或院系的通报批评，本质上来讲，都是以教育为目的，是对学生施与否定性评价的教育措施，属于高校教育惩戒的具体形式之一，应当对其具体实施要求加以明确。

2. 教育惩戒与纪律处分

纪律处分是一种正式的教育惩戒类型。根据《普通高等学校学生管理规定（2017）》第 51 条的规定，对有违反法律法规、本规定以及学校纪律行为的学生，学校应当给予批评教育，并可视情节轻重，给予如下纪律处分，处分形式包括警告、严重警告、记过、留校察看、开除学籍 5 种。结合《普通高等学校学生管理规定（2017）》的文本内容，可以推导出高校学生纪律处分具有如下特征：(1)处分主体是普通高校；(2)对象是在高校中接受学历教育的学生；(3)原因是学生违反了法律、法规和学校规则；(4)处分形式限定为警告、严重警告、记过、留校察看、开除学籍；(5)处分本质上是一种惩罚行为，是对学生做出的一种不利行为；(6)目的在于通过对违纪学生进行惩罚，维护学校教育教学秩序，防止学生再发生类似的违纪行为。因此，纪律处分属于学校教育惩戒内容，是高校教育惩戒学生的手段之一。

3. 教育惩戒与学籍管理

《普通高等学校学生管理规定（2017）》第三章“学籍管理”部分，规定了取消入学资格、取消学籍、留级、降级、休学、退学、不授予学位等处理方式。以上处理方式，结合规定和实践，细究其具体事因，并非完全符合教育惩戒的非难性或惩罚性之要义，也有别于纪律处分。

在此以退学为例加以示范区分。退学是我国学籍管理中的一种常见管理措施,因其与开除学籍处分一样都会导致学生学籍消灭而常被误认为是一种纪律处分。实际上,两者虽有相似之处,但严格来讲,在现行法律规范体系下,退学并不是一种纪律处分,也不都属于教育惩戒。《普通高等学校学生管理规定(2017)》列举了六种可予退学的情形,包括学业成绩未达到学校要求或者在学校规定的学习年限内未完成学业的;休学、保留学籍期满,在学校规定期限内未提出复学申请或者申请复学经复查不合格的;根据学校指定医院诊断,患有疾病或者意外伤残不能继续在校学习的;未经批准连续两周未参加学校规定的教学活动的;超过学校规定期限未注册而又未履行暂缓注册手续的;学校规定的不能完成学业、应予退学的其他情形。结合以上相关规定,可知纪律处分与退学至少有两点区别:一是起因不同。纪律处分的起因是学生实施了违纪行为,处分是对学生违纪行为所作出的负面或否定性评价,没有违纪行为,就没有纪律处分。退学的原因则比较复杂,既有可能是因智力、健康等客观原因无法继续学习,也有主观上的原因如自愿申请退学等,不能将退学完全视为负面或否定性评价。二是后果承担的强制性不同。纪律处分是学生违反学校规定而必须承担的具有强制性的法律后果,学生一旦实施了违纪行为,不管其是否愿意,必须受到纪律处分,不能逃避相应责任;同样,如果学生没有实施违纪行为,学校不能擅自给予其纪律处分,学生也不能无理由地申请学校给予其纪律处分。退学则分为强制退学和自愿退学,除自愿申请退学外,其他的强制性退学必须符合明确规定的退学条件。虽然强制性退学与纪律处分从结果上来看无差别,但是不能因此而互相代替。

同理可推,其他学籍管理处理行为,也多存在与退学类似的主客观原因，如休学，实践中多因学生身心健康问题，且其中往往还涉及对学生的学术评价问题，对其处理应当有别于对学生违法、违规、违纪行为的纪律处分，不能一概而论，都视为教育惩戒行为。

4. 教育惩戒与教师惩戒

教师惩戒暂未成为立法上的概念，学界对其定义也不完全一致。如有学者认为教师惩戒"是指当教师出现违反法律或学校纪律的情形时，由教育行政部门或学校对教师给予不利处分的措施"[①]。比较教师惩戒与教育惩戒（或称学生惩戒），其共同之处在于高校都是惩戒实施主体，受惩戒的事由概括来讲都是实施了违反法律法规或校规校纪的行为。不同之处，首先在于惩戒对象的差别，一个是取得教师资格的教师，另一个是在学的学生。其次在于惩戒主体，高校在教师惩戒中占据了唯一的地位，有别于对学生惩戒的双主体（学校、教师）。再次为惩戒手段的不同，基于身份的不同，教师惩戒"可以是行政处分，也可以是薪资或职称提升上予以限制。广义上还包括对教师聘约的暂时或正式解除，如低聘、停聘、解聘、不续聘等"[②]。最后，基于教育者与受教育者权利义务的不同，教师与学生受惩戒的具体事由，不管是法定事由还是校定事由，相差都极大。

5. 教育惩戒与管教

从词义上来看，《现代汉语词典》中"管教"做动词时，解释为"约束教导""管制并教育"，做名词时解释为"负责管制、教育的人员"。立法实践少见管教，使用时往往带有"惩罚"之意，如《监狱法》第 74 条规定，"对未成年犯应当在未成年犯管教所执行刑罚"，同时第 75 条第 1 款规定"对未成年犯执行刑罚应当以教育改造为主。未成年

---

① 苗正达、孙芳主编：《教育法学论纲》，法律出版社 2017 年版，第 217 页。

② 苗正达、孙芳主编：《教育法学论纲》，法律出版社 2017 年版，第 217 页。

犯的劳动,应当符合未成年人的特点,以学习文化和生产技能为主”。实践中对“管教”的理解也多为“惩罚”性教育。

教育立法中未见“管教”一词,但确有“管理教育”一词。如《预防未成年人犯罪法》中第31条规定,“学校对有不良行为的未成年学生,应当加强管理教育,不得歧视;对拒不改正或者情节严重的,学校可以根据情况予以处分或者采取以下管理教育措施:(一)予以训导;(二)要求遵守特定的行为规范;(三)要求参加特定的专题教育;(四)要求参加校内服务活动;(五)要求接受社会工作者或者其他专业人员的心理辅导和行为干预;(六)其他适当的管理教育措施”。据此,有学者认为“法律上的管教既包括对学生的正向对待,也包括对学生的负面对待”①。

学术界对于管教内涵的认识还是有较大差异的,②如有学者认为,管教有时“被用作‘打骂’‘惩罚’‘收拾’等词的同义语,往往指向对学生肉体的伤害,与强调从否定性惩罚导出良好教育效果的‘惩戒’也不是一个意思”③。

结合管教的词义与立法精神,或可以理解为,管教除了“惩罚”之外,还有一般的“教育”(不是惩罚,也不都是奖励),在立法界定之前,不宜一概而论;而“惩戒”毫无疑问只具有惩罚这一含义,因此,管教的范围要大于惩戒。

---

① 郭凯:《教师“管教”学生权的法学分析》,载《教育发展研究》2009年第22期。

② 参见任海涛:《“教育惩戒”的概念界定》,载《华东师范大学学报(教育科学版)》2019年第4期。

③ 劳凯声主编:《变革社会中的教育权与受教育权:教育法学基本问题研究》,教育科学出版社2003年版,第378页。

第二节　高校教育惩戒的理论依据

英国著名的法理学家、哲学家边沁曾经说过“所有惩罚都是损害,所有惩罚本身就是恶”①。惩罚是一种恶,因为惩罚会给被惩罚人乃至相关人等产生痛苦或者是某种不利后果,而这种痛苦或不利后果是由施罚者故意加诸受罚者的,既然被认为是一种“恶”,那么惩罚的正当性何在?人类为什么要通过理性建构法律规范,从而合法地作“恶”?显然,研究高校教育惩戒制度,不能仅仅关注实然层面的法律规范或高校规章制度,还要追根溯源探究其存在的正当性以及必要性、合理性问题,这是制定、实施与完善高校教育惩戒制度的前提和基础。

一、高校教育惩戒的哲学依据

教育惩戒的正当性、必要性根据何在,或者说,学校为什么要对学生实施惩戒,这个问题多年来一直是哲学家们冥思苦想而困惑不解的问题。1955 年,罗尔斯在《两种规则概念》中写道:“惩罚问题一直是一个令人困惑的道德问题。关于惩罚的困惑不在于人们在惩罚是否具有正当性上持有不同意见……很少有人完全拒绝惩罚……困难在于如何证明惩罚的正当性:道德哲学家们为此进行了各种各样的争论,提出了各种各样的理论,但没有一种理论获得普

---

① [英]杰里米·边沁:《道德与立法原理导论》,时殷弘译,商务印书馆 2005 年版,第 216 页。

遍的接受,没有一种理论能够远离嫌恶"[①]。而 13 年之后,哈特在 1968 年也再次表达了对惩罚的正当性的困惑:"现在,很多人被一种怀疑所困惑,这种怀疑来自一种观点,就是在关于惩罚正当性的所有问题的回答上,只有一个合适的最高价值或目的(如威慑、报复、改造),而不知怎么,这个观点是错误的……这些不同的价值或目的是什么,或者,在惩罚的正当性证明上,这些不同的价值或目的如何协调一致,没有一个理论能够说清楚"[②]。即便如此,哲学家们一直以来的困惑乃至争论,恰恰为教育惩罚提供了哲学依据。

众所周知,马克思主义坚持从现实的人出发来考察人性问题。在人性的善恶问题上,同样是坚持辩证唯物主义的世界观和方法论,从实践过程中来考察人性善恶的生成性、变动性及发展性,反对人具有普遍、绝对之先验善恶之人性,否定抽象静止的人性善恶观,强调人性之善恶问题是通过科学认识而有效实践的问题,可以通过对伦理行为的道德善恶评价来推动人的自觉行为。概括来讲,可以说人性是有善恶两面性的,也是在实践中不断发展变化的,即人性虽然有缺陷,但是人的本质即人区别于动物的属性——融入社会关系的物质生产——能让人努力用意志支配自己的本能,实现对人的自然属性的超越,使人完成对人性缺陷的克服。当然,这种超越不只是个体的人的自我努力,还需要一定的外在的力量帮助,即"教育",也就是康德所说的"规训和训诫"。这恰恰是我们这里所说的教育惩戒,通过某种所谓"恶"的行为来对人进行改造,这种恶能够使得违法者和其他社会成员在行为时不可避免地要权衡行为结果

---

① John Rawls, *Two Concepts of Rules*, The Philosophical Review, Vol. 64, p. 3 – 32(1955).

② H. I. A. Hart, *Punishment and Responsibility*: *Essays in the Philosophy of Law*, Clarendon Press, 1995, p. 2.

的快乐与痛苦的分量，当一个人觉察到一个行为可能产生的痛苦大于可能产生的快乐时，他会放弃这个行为，因为人都有趋乐避苦的本能。

据此，惩罚的目的在于预防，一是特殊预防，适用于违法者本人；二是一般预防，适用于社会共同体中的所有人，且一般预防不仅是惩罚的首要和主要目的，也可以说是惩罚真正的正当性之所在。

二、高校教育惩戒的教育学依据

教育惩戒的合理性何在？惩戒作为教育的构成部分，对其合理性的追问，必须要回溯到教育的本质和意义上。毫无疑问，教育的本质是对人的培养，教育的目的是实现人的全面而自由的发展。教育惩戒作为教育的一种策略、手段，其最终目的必然是也只能是为了实现人的全面而自由的发展。

每个人的自由发展是一切人自由发展的条件，不受规则约束的自由并非真正的自由。康德认为，“人天生对自由有一种如此强烈的趋向，以至于他只要有一段时间习惯于自由，就将为它牺牲一切”[①]。人的个体天性中首先是人的自然属性即天生的动物性，是任性的、不受拘束的；但是人之所以为人的本质是其社会属性，即在社会关系中通过实践而发展或培养出来的自律的能力与禀赋。“野性”与“理性”的博弈，恰恰是人在追求自由发展过程中的必然。人类发展的实践证明，人的动物性屈从于人的意志，理性得到培养和发展，即人类通过教育养成按照准则行动的能力。

可以说，教育常带有强制性，如受教育既是公民的权利，也是公

---

① 李秋零主编：《康德著作全集：逻辑学、自然地理学、教育学》（第9卷），中国人民大学出版社2010年版，第442页。

民的义务。惩戒是教育强制性的有力表现,这种强制性并非来自哪个人的主观意志,而是来自人类理性下的法则,是个体发展理性,成为真正的理性人、自由人的必要手段。当然“对学校法则的任何触犯都不得不受惩罚,尽管惩罚必须总是与触犯相当”①,毕竟惩戒的对象是正在成长、发展中的学生,而且惩戒也只不过是教育的辅助手段,这也正是学校教育惩戒对受教育者个体发展的关切。“惩戒作为个人对违反规范、规则的责任的承担,并不是对个人自由的约束,也不是对追求自由的放弃,这只是个人对天然自由的放弃,这种放弃恰恰是为了追求更大的自由活动空间”②。因此,教育惩戒通过强制性的外在约束的方式,引导个体对自我行为进行修正、完善,知道如何合乎理性地去行动、去履行个体的义务,这完全符合教育的本质要求,它的存在是正当而合理的。

不容否认,对受惩戒学生施加的否定性评价、不利益性措施,会在不同程度上让学生产生一定的羞愧、焦虑、恐惧、痛苦等感受,并基于个体承受度、成长环境等的差异而可能导致学生丧失学习兴趣,乃至自暴自弃等。“社会行为或现象的正当化并非意味着该行为或现象是完美无缺的,事物基于其性质不可避免存在局限性。此种社会行为或社会现象的正当化,通常是价值判断以及利益衡量的产物,并不代表该社会行为或社会现象不产生任何消极效应。”③教育本身就是通过对学生身心产生影响从而达成教育目的,不产生影响的教育是无效教育。惩戒作为教育手段之一,以促进教育向善发展为出发点和落脚点,其内在正当性不因为其所具有的一定局限性

---

① 李秋零主编:《康德著作全集:逻辑学、自然地理学、教育学》(第9卷),中国人民大学出版社2010年版,第472页。

② 李妮娜:《论学校教育中的惩戒》,山东师范大学2007年硕士学位论文。

③ 曹水清:《教育惩戒合法性困境论析》,载《当代教育科学》2019年第9期。

而被否认,可以通过一定的规范来规制或避免其局限性。

三、高校教育惩戒的法理依据

探寻高校教育惩戒的法理依据,要解决的主要问题是高校教育惩戒权的合法性,高校为何会拥有教育惩戒权?对这个问题的探寻,绕不开高校与学生间法律关系的认定。

中外学界及司法实务界有关高校与学生间法律关系的理论学说不少,比较有代表性和影响力的如“特别权力关系理论”“代替父母理论和特权理论”“宪法理论”“契约理论”“法律授权说”“大学自治理论”等,其中法律授权说是我国近年来随着高校诉讼产生的理论,这一理论认为高校教育惩戒权源于法律授权。其具体依据是《教育法》第 29 条第 1 款的规定:“学校及其他教育机构行使下列权利:……(四)对受教育者进行学籍管理,实施奖励或者处分……”,以及《高等教育法》第 41 条的规定,“高等学校的校长全面负责本学校的教学、科学研究和其他行政管理工作,行使下列职权:……(四)……对学生进行学籍管理并实施奖励或者处分……”

高校教育惩戒权源于“法律授权”,不仅成为一种学术观点,也被司法界所采纳。在“田某诉北京科技大学案”“刘某文诉北京大学案”等代表性高校诉讼案件中,法院通过法律文本分析,将高校定位为法律、法规授权的组织,高校根据法律、法规授权行使一定的行政管理职权时,其与学生间的法律关系不再是平等的民事关系,而是特殊的行政管理关系,因此而发生的争议是行政诉讼,这在一定程度上有利于保护学生的合法利益免受高校教育惩戒权滥用的侵害。

“法律授权说”并未指出法律为什么要授权,在何种情况下授权等基本理论问题。何种理论属于合适?考虑的标准主要应有两个:一是该理论对实践的解释力;二是该理论对高等教育理想图景的诉求的契合度。[1] 依据该二维坐标，一个合适的理论，将至少能很好地解释高校与学生之间事实上存在的以下关系：高校与学生之间在学业评定与证书发放、奖励与处分等方面发生的并不对等的关系；高校自主管理权的保障与学生基本权利的保护之间的关系，并有助于达成该项美好愿景。依据理论对实践的解释力及理论对高等教育理想图景的诉求的契合度这个二维坐标，法律授权说对高校与学生间复杂的法律关系作了较好的解释，解决了高校学生司法救济途径不通畅的问题，对于学生权利的保护适应动态发展的高等教育理想图景的诉求。

当然，从教育法治发展的长远来看，排除立法本身固有的缺陷，加大高等教育立法，尤其是对开除、退学等足以改变学生身份或者对学生权利造成重大影响的教育惩戒，在法律保留的范围内加以规范，势在必行。

第三节　高校教育惩戒的性质

自 1999 年“田某诉北京科技大学案”起，因对学校作出的不利于学生之处理决定（包括但不限于惩戒）不满而提起行政诉讼的案件，如雨后春笋般涌向法院，也在学术界引发热烈讨论。时至今日，教育惩戒依然存在立法上的不足、司法上的不统一、理论上的分歧等。有学者做过统计，在 78 个教育惩戒诉讼案例中，涉及高校败诉的案件有 33 个，高校败诉率高达 42%，这意味着高校行使教育惩戒权存在瑕疵。究其原因，既有“惩戒行为不规范”的“表层原因”，又

---

① 参见湛中乐等：《公立高等学校法律问题研究》，法律出版社 2009 年版，第 362 页。

有"惩戒关系定位不清"的"深层原因",[①]归根结底还是在于对高校教育惩戒权的认识存在较大分歧。立法与司法的"困顿",往往源于理论筹备的不足,而理论研究也无法完全脱离当下。故本部分将首先结合实定法,对公立高校教育惩戒权进行再认识。

一、高校教育惩戒权的理论学说

(一)公权力说

在我国,多数学者主张高校教育惩戒权在性质上属于公权力。持该种学说观点的,主要是受"特别权力关系理论"的影响,尤其是发展了的特别权力关系理论,其认为高校与学生之间的关系属于特别权力关系,而非一般法律关系,因为"其所调整的社会关系与一般的行政关系相比毕竟有着特殊之处,该领域中权利主体与相对人之间的紧密程度比较高,双方之间存在的'紧密型持续关系'是客观事实"[②]。也有学者认为,"国家举办的学校所涉及的教育法律关系从内容上讲主要包括相对于国家的教育法律关系和相对于受教育者及其简化人的教育法律关系。这两个方面的教育法律关系从性质上讲,都属于行政法律关系,都具有非自治性的特点"。因为"这两方面的法律关系的设立及其要素(包括主体、客体和内容)都不取决于当事人的意思表示,而是取决于法律的直接规定。政府和国家举办的学校之间的关系是领导与被领导、管理与被管理的行政关系……国家举办的学校和受教育者及其监护人之间的关系也是

① 参见戴国立:《高校教育惩戒诉讼的现状考察与制度反思——基于78个高校教育惩戒诉讼案例的实证分析》,载《教育发展研究》2020年第1期。

② 王成栋、刘雪梅:《特别权力关系理论与中国行政法》,载罗豪才主编:《行政法论丛》(第6卷),法律出版社2003年版,第118页。

行政法律关系"[①]。

该种观点在司法界也得到了较为一致的认同。在"田某诉北京科技大学拒绝颁发毕业证书、学位证书案"[②]判决书中,法院指出"在我国目前的情况下,某些事业单位、社会团体虽然不具有行政机关的资格,但是法律赋予它行使一定的行政管理权。这些单位、团体与管理相对人之间不存在平等民事关系,而是特殊的行政法律关系。他们之间因管理行为发生争议,不是民事诉讼而是行政诉讼"。

总体上讲,主张公权力说的学者虽然依据的理论不完全相同,但对高校教育惩戒权在本质上属于公权力的认定是相对一致的。

(二)私权利说

主张高校教育惩戒权在本质上属于私权利的,在公立高校与学生之间的关系上多坚持民事法律关系说。该说认为"学校这一组织存在的目的,不是或不主要是为承担或完成一定的行政职能或行使行政职权……不能将学校'行政管理'与行政机关的'行政管理'相比,不能将包括学校在内的数量甚巨的社会组织视为行政主体"[③]。按照该学说的论证逻辑,学校既然不是行政主体,学校与学生间的法律关系就不可能是行政法律关系,而只能是民事法律关系。但究竟属于何种具体的民事法律关系,表述则不尽一致,有的认为是学校与受教育者在平等自愿基础上达成的知识教育合同关系,[④]有的

① 蒋少荣:《略论我国学校的法律地位》,载《教育理论与实践》1999年第8期。

② 田某诉北京科技大学拒绝颁发毕业证书、学位证行政诉讼案,载《最高人民法院公报》1999年第4期。

③ 石旭斋、李胜利:《高等教育法律关系透析》,吉林大学出版社2007年版,第177页。

④ 参见苏万寿:《学校对受教育者实施处分的性质与法律救济》,载《华北水利水电学院学报(社科版)》1999年第3期。

则认为是提供高等教育服务与购买此服务的契约关系。[①]

“民事法律关系说”不管其具体论述存在何种差异,共同之处在于将高校与学生的所有关系都定位于民事法律关系,很明显地忽略了在很多方面高校和学生之间实际上关系不平等的事实,如招生、处分等,而且,若按照该观点,在民事法律关系中难以找到高校对学生的惩戒权及高校惩戒学生时应遵守的正当程序的依据。目前来看,国内学者在高校与学生之间关系上持彻底的“民事法律关系说”的已极少见,故而,将高校教育惩戒权认定为“私权利”的较少。

另有学者从法律语义上对高校教育惩戒权进行分析,认为其非行政“权力”,而是私“权利”。该说的主要理由是某权是不是行政权,只能根据法律的规定来确定。无论学校的处分权在本质上是否应当作为一种行政权,法律是否应当作为行政权来加以规定,但就现行法律规定而言,它并不是一种行政权。[②]

(三)混合说

持该种学说的,认为对高校教育惩戒权性质的认识不能简单地划定“非此即彼”。有学者认为“高校惩戒学生行为不宜一概定为公法性质的”,惩戒“可大致分为公法性质和私法性质两类”。[③] 诸如基于学籍管理作出的惩戒行为,可视为公法性质的;基于奖(贷、助)学金管理所作的惩戒,如未达到捐资人(包括国家)之要求而停发奖(助、贷)学金,应该可以根据契约学说被解释为私法性质的;而利用

① 参见石磊:《对大学生与高校之间法律关系的思考》,载《山东省青年管理干部学院学报》2003 年第 6 期。

② 参见叶必丰、徐晨主编:《行政法与行政诉讼案例》,中国人民大学出版社 2004 年版,第 72 页。

③ 参见沈岿:《析论高校惩戒学生行为的司法审查》,载《华东政法学院学报》2005 年第 6 期。

物管理方面的惩戒较为复杂,有待探讨。

高校教育惩戒权作为高校学生管理权的重要内容之一,对其性质的认识,不能脱离高校学生管理权范畴,更不能脱离高校与学生之间的关系。有学者将高校学生管理权置于“特别行政关系”的视角下进行探讨,认为在目前我国教育体制下,学籍管理、奖励与处分、学业评价和颁发毕业证书及学位证书等属于公立高校具有的“与学生相关的权力”,是“我国法律规定的高校的权力”,高校行使这些权力时是“居于优越地位,其意志凌驾于学生之上”,这时高校与学生之间并不是平等协商关系,不是“平等民事主体之间的法律关系,即使不是传统意义上的行政管理关系,也与其类似”,如再考虑到高校“适度的自治权(大学自治)”,则“这种管理关系又不是一般意义上国家与公民之间的行政管理关系”。[①] 由此可推知,在“特别行政关系”理论下,高校教育惩戒权的性质具有复杂性。

二、对高校教育惩戒权性质的再认识

对高校教育惩戒权的性质认识,虽然未达成一致意见,但总体上是认为高校教育惩戒权至少具有公权力属性,不过,其是否以及如何区别于一般行政机关的权力,以上学说似乎都难以解释清楚。高校教育惩戒权性质界定之难,不能不说是源于学术自由与大学自治的特殊性。

(一)高校教育惩戒权是否区别于一般行政权力

高校教育惩戒权是以尊重学术自由为前提的一种特殊权力。有别于其他组织的权力结构,“在高等学校组织内部,既有以校长为

① 参见湛中乐等:《公立高等学校法律问题研究》,法律出版社 2009 年版,第 363 ~ 366 页。

首的行政权力，又有以著名学者或专业教师群体为代表的学术权力"[①]，两者"共同构成大学自治权的内容"。高校教育惩戒权作为"大学自治权的重要组成部分"，根据其实施原因不同，可以分为"基于学术原因的惩戒与基于非学术原因的惩戒"，前者主要是"学术权力的行使"，后者主要是"行政权力的行使"，虽然两者"在笼统上属于'权力'"，但"学术权力在性质上是一种完全不同于行政权力的'权力'"，且"两者均不同于一般行政机关的权力，他们都必须以尊重与维护学术自由为前提"，在"法律规制以及司法介入上都有差异"。[②]

大学自治的初衷是保障学术自由，学术自由是大学自治的核心，故而，大学自治的合理性在于保障学术自由，但是在现代法治下，大学自治并不能脱离法治而恣意妄为，只要"不是实质性干涉学术自由的国家监督措施，从法律上说都不具有非正当性（当然在现实中还要看是否有实定法的依据）"[③]。因此，高校教育惩戒权既有区别一般行政权力之处，也有与一般行政权力相通之处，是否以及如何接受国家监督措施，应以"学术事项或学术自由"为界限，对实质性涉及学术事项或学术自由的，应充分尊重高校自主权，其他的应遵守法律保留与司法审查原则，允许法律规制及司法介入。

（二）高校教育惩戒是否属于行政处罚

行政处罚是指具有法定权限的行政主体，对违反行政法规范的

① 秦惠民：《学术管理活动中的权力关系与权力冲突》，载劳凯声主编：《中国教育法制评论》（第1辑），教育科学出版社2002年版，第171页。

② 参见韩兵：《高等学校的惩戒权研究》，法律出版社2014年版，第46~47页。

③ 湛中乐等：《公立高等学校法律问题研究》，法律出版社2009年版，第367页。

公民、法人或其他组织实施的一种行政制裁。[1] 从制定法来讲,《行政处罚法》第 2 条规定,“行政处罚是指行政机关依法对违反行政管理秩序的公民、法人或者其他组织,以减损权益或者增加义务的方式予以惩戒的行为”,同时在第 9 条中规定了 13 种处罚类型,并以兜底的方式认可法律、行政法规规定的其他行政处罚。[2] 显然,教育惩戒并不属于行政处罚的法定类型,而《教育行政处罚暂行实施办法》也未将诸如开除学籍等行为纳入教育行政处罚类型之中。[3] 在《行政处罚法》修改过程中,开除学籍是否属于行政处罚再次引发争论,如司法部行政执法协调监督局袁雪石在专著中坦言,“学校在学籍、学位、学历等‘三学’方面是否是法律法规授权的主体,开除学籍是否是行政处罚,还存在一定争议”[4]。对于争议,袁雪石也只是模糊地说“司法实践将开除学籍比照行政处罚的规定予以保护”[5],并未明确开除学籍的法律性质。

从行政法理上来讲,判断一种行为是否属于行政处罚,要看其是否满足行政处罚的主要特性,即是否具备“行政性、具体性、外部

---

① 参见叶必丰主编:《行政法与行政诉讼法》(第 3 版),中国人民大学出版社 2011 年版,第 122 页。

② 参见《行政处罚法》第 9 条规定:“行政处罚的种类:(一)警告、通报批评;(二)罚款、没收违法所得、没收非法财物;(三)暂扣许可证件、降低资质等级、吊销许可证件;(四)限制开展生产经营活动、责令停产停业、责令关闭、限制从业;(五)行政拘留;(六)法律、行政法规规定的其他行政处罚。”

③ 参见《教育行政处罚暂行实施办法》第 9 条第 1 款规定:“教育行政处罚的种类包括:(一)警告;(二)罚款;(三)没收违法所得,没收违法颁发、印制的学历证书、学位证书及其他学业证书;(四)撤销违法举办的学校和其他教育机构;(五)取消颁发学历、学位和其他学业证书的资格;(六)撤销教师资格;(七)停考,停止申请认定资格;(八)责令停止招生;(九)吊销办学许可证;(十)法律、法规规定的其他教育行政处罚。”

④ 袁雪石:《中华人民共和国行政处罚法释义》,中国法制出版社 2021 年版,第 97 页。

⑤ 袁雪石:《中华人民共和国行政处罚法释义》,中国法制出版社 2021 年版,第 98 页。

性、最终性、制裁性、一次性”①。以纪律处分为例,其中开除学籍实质符合行政处罚的主要特性,其他处分种类如警告、严重警告、记过和留校察看等不能完全满足行政处罚的实质标准。对照行政处罚的主要特性,开除学籍一是高校行使法律授予的教育行政权力,具有行政性;二是高校针对违法、违规、违纪的特定学生的行为而实施的行政行为,是具体行政行为而非抽象行政行为;三是高校在此是代表国家行使教育行政管理职能,已然超出学校内部管理权,具有外部性;四是该行为一旦做出,即剥夺了学生的受教育权、终止了高校与学生之间的法律关系,具有最终性,不同于警告、严重警告、记过和留校察看等,后者明显属于教育管理过程中的中间行为;五是具有制裁性,开除学籍是在学生过错行为发生之后作出的;六是开除学籍不具有反复性,只能是一次性的行为。

如前所述,警告、严重警告、记过和留校察看等惩戒作为学校教育教学过程的中间行为,不具备行政处罚的“最终性”,不属于行政处罚,其他的惩戒种类,是否能完全符合行政处罚的主要特性?也不尽然。比如,从“制裁性”来看,一种行为之所以受到制裁,前提是有过错,对某学生作退学的处理决定,其事因可能是学生“根据学校指定医院诊断,患有疾病或者意外伤残不能继续在校学习”,也可能是学生“未经批准连续两周未参加学校规定的教学活动”,对后者的退学决定可以说是“制裁性”的,但对前者的退学决定恐难一概视为“制裁”。教育实践中,退学要么是学生主动提出退学申请,要么是学校根据校纪校规,对不适宜继续在校学习的学生,单方面、强制性地要求其退学。如果学生因病主动申请退学,学校据此做出同意退学决定,实难视为“制裁性”行为。故而,高校教育惩戒是否都属于

---

① 胡建淼:《“其他行政处罚”若干问题研究》,载《法学研究》2005 年第 1 期。

行政处罚,不能一概而论。

当然,也有学者依据行政法学理论,将高校“作为被授权的具有行政管理职责的主体”,认为高校“与学生在管理的层面上并不是平等的民事法律关系,而是行政法律关系。高校教育惩戒显然应当归类于公权力行为”,并以此为出发点,将高校教育惩戒界定为“准行政处罚”。[①] 按照“准行政处罚”说的逻辑,确实解决了在现行立法框架下,高校教育惩戒的司法救济之困境,不失为一种过渡性解决方案。

三、高校教育惩戒权的法律控制

如何将高校教育惩戒的理论构建转化为制度规范,切实解决高校教育惩戒的争议焦点问题是当务之急。

如前所述,《教育法》《高等教育法》等赋予高校实质性的教育惩戒权,但“不容否认的是高校惩戒权的规定还比较粗疏,再加上缺乏运用解释技术的自觉,大量的判例显示了高校惩戒权呈现出一种仅凭直觉运行的混乱状态”[②]。一方面,基于立法技术的特性,作为全国性立法,不可能事无巨细,如《普通高等学校学生管理规定(2017)》有关开除学籍处分规定的“情节严重”“性质恶劣”“屡次”等如何理解和执行的问题,实践中高校掌握的标准并不一致,适用情况也不尽如人意。另一方面,“在高校行政化思维严重的背景下,高校惩戒权缺乏规范约束下的严谨论证”[③],为了保护学生权利,制约高校滥用惩戒权,更需要在立法层面进一步加强法律控制,尽可能明确高校教育惩戒权的规定及其具体实施要求,如高校教育惩戒权实施主体及其有权实施的惩戒类型与内容、受惩戒学生的权利救济途径等。

---

① 参见任海涛等:《教育惩戒法治研究》,外语教学与研究出版社 2021 年版,第 283 ~ 287 页。

② 晋涛、张玉涛:《高校惩戒权解释规则研究》,载《复旦教育论坛》2020 年第 1 期。

③ 晋涛、张玉涛:《高校惩戒权解释规则研究》,载《复旦教育论坛》2020 年第 1 期。

第三章　高校教育惩戒制度比较研究

如何通过立法规范和协调高校教育惩戒与学生合法权利之间的关系，确保惩戒权合法行使而不被滥用，在我国已经成为一个立法欠缺、理论纷争、实践困惑的难题，也是推进教育法治建设与实现教育法治亟待解决的重要问题。他山之石，或可攻玉。鉴于英、美、德等国家通过理论研究、立法与司法判决等在高校教育惩戒上的探索，对其研究可以为完善我国相关立法、司法判决及理论研究等提供借鉴。本章选取了作为两大法系代表的英国、美国和德国，主要从公立高校教育惩戒的理论依据、制度依据和司法审查三个方面对其发展进路进行梳理，以寻求可资借鉴的经验。要特别说明的是，不同法系、不同国家之“教育惩戒”的内涵和外延不尽相同，本部分对文献分析后概括采用的教育惩戒、学生惩戒、惩戒、处分等，除特别标注外，均为“教育惩戒”核心要义之代表。

第一节　域外高校教育惩戒制度

一、英国高校教育惩戒制度

英国高等教育历史悠久，高校情况相对比较复杂，概括来讲，根据议会法案成立的大学以及虽然拥有皇家特许状但是在执行公共职能时的大学都被作为“公共机构”或“公共当局”,受到行政法的制约。本部分所指英国高校仅限指公法人范畴的英国高等教育机构。

(一)英国高校教育惩戒的理论依据

英国高校对学生惩戒的理论依据经历了“居父母之地位理论”“成员理论”“契约理论”“公法与私法混合体理论”等的发展。[①]

不同理论在不同阶段发挥了积极的作用,也伴生了一些难以解释的困境。如“居父母之地位理论”曾是早期解释学校与学生关系的主导理论,将大学对学生的惩戒权利视同父母对子女的管教权利,但却因大学开除学生的处分显然违反了被处分学生父母的意愿而受到质疑;曾在19世纪末到20世纪末占据主导地位的“契约理论”,将学校与学生之间关系等同于基于双方合意的合同关系,但是在学校与学生关系中,“契约理论”显然较有利于学校一方,因为学校可以制定一些便利于自己行为的条款,以至于有学者认为涉及金钱赔偿的法律争议可以使用合同理论解决,而关乎大学处分的程序问题则使用公法规则。[②]

时至今日,更多的英国学者认为大学与学生之间的法律关系是一种公法和私法的混合体。[③] 英国作为普通法系国家,虽然不区分公法和私法,也没有公法人和私法人的严格分类,但是这并不影响其对公立和私立大学予以区分并差别对待,尤其是两者在行政法上

---

① 参见孙帅梅:《高校学生纪律处分的法律研究》,复旦大学出版社2017年版,第63~64页。

② See Lewis & Clive B., *Legal Nature of a University and the Student—University Relationship*, Ottawa L. Rev, Vol. 258, 1983.

③ See J. Richard McManus et al., *Education and the Courts*, Sweet & Maxwell, Vol. 172, 1998.

的地位差异巨大,主要体现为该大学是否属于行政法上的“公共机构”。如对根据议会法案设立的大学来讲,被视为“公共机构”,必须像国家或地方政府一样,受到“越权原则”和“自然正义原则”对其权利的约束和规范,其权利的行使不能超越法律规定的权限范围,且必须满足程序正当性要求等;根据皇家特许状设立的学校,大学本身具有视察员,其内部纠纷由视察员裁决而不受司法审查,但是2004年《高等教育法案》取消了视察员处理学生与大学纠纷的权力,且学者们认为该类大学至少在执行公共职能时应当被作为“公共当局”对待,其他时候可以不是“公共当局”。[①]

(二)英国高校教育惩戒的制度依据

英国高校学生惩戒的“规范依据主要为大学校规和判例法”[②]。作为普通法系国家,英国法律体系的两大组成部分分别为成文法和判例法,前者包括议会立法、政府部门为实施议会立法而制定的委任立法,以及地方自治机构根据所辖事务的实际情况而制定的附属立法;后者主要源于法院审理的有关教育案件。“目前,英国的议会立法和委任立法均未对高校纪律处分问题做出规定,学生纪律处分属于高校自治的内容,由高校自行决定。”[③]

结合英国大学的自治传统来看,并不难理解。英国将学术自由和大学自治作为其法治精神的重要内涵之一,大学具有专门法或一般法所赋予的特殊或一般的法律地位,大学所制定的校规具有附属立法的性质,只要不与议会立法及委任立法相抵触,就具有正式的

① 参见孙帅梅:《高校学生纪律处分的法律研究》,复旦大学出版社2017年版,第64～65页。

② 孙帅梅:《高校学生纪律处分的法律研究》,复旦大学出版社2017年版,第65页。

③ 申素平:《高校学生纪律处分制度研究——中英比较的视角》,载《中国高教研究》2009年第4期。

法律效力。学生惩戒属于大学自治的内容,大学对学生行为具有正当的规制的权力。英国大学自治传统,现实有效地阻止了国家对高校惩戒学生的干预,因此,英国高校学生惩戒制度处于学校立法层面,大学校规在教育法制中占有相当重要的法律地位,并具有相应的法律效力。一般来讲,根据英国大学校规的层级高低可将其分为法规和规章,前者多是大学的组织法和基本法,后者往往针对具体的问题和领域做专门规定。以牛津大学为例,有关纪律处分的规范可分为:

(1)法规层面:法规 XI[①]。大学法规是基本立法,法规 XI 是专门规范大学纪律的。

(2)规章层面:一系列具有可操作性的纪律规章,具体规范学生纪律处分的各种细节问题。如《柏德利图书馆设施使用规定》《IT 设施使用规定》《纪律委员会的构成、职责与权力》《学生活动与行为规定》《考生纪律规定》《训导长纪律处分调查规定》《学生纪律专门小组规定》《根据法规Ⅵ处以罚款和赔偿的规定》《学生申诉专门小组规定》《学生申诉规定》。[②] 大学规章是根据大学法规而制定的,其效力低于大学法规。

大学校规之外,英国法院通过个案审理形成的判例法在教育法制中也占据重要地位。由于英国早期大学多是具有皇家特许状的独立法人,享有高度自治权,可以自立大学法,自行处理包括学生惩戒在内的各种内部事务,大学与学生的纠纷主要由大学内部的视察

---

① Statute XI: University Discipline, Approved by Congregation on 16 June 2009 (date of effect 1 October 2009; Gazette, Vol. 139, p. 1272, 18 June 2009), Amended on 7 June 2011 (date of effect 1 October 2011; Gazette, Vol. 141, p. 696, 9 June 2011), 载牛津大学网, http://www.admin.ox.ac.uk/statutes/352-051a.shtml.

② 参见牛津大学网, http://www.admin.ox.ac.uk/statutes/regulations/, 2013-1-29.

员裁决,大学自治传统严重阻止了国家立法干预学生纪律的可能,这种情形一直延续到《2004 年高等教育法》改革高校的纠纷裁决机制为止。英国作为普通法系国家,可以通过不同的案例,不断界定大学校规中教育惩戒与学生权利保护的边界,从而更好地保护学生正当权益。

(三)英国高校教育惩戒的司法审查

司法审查介入英国高校教育惩戒的过程,从无到有、从部分介入到全部介入经历了很长一段时间。1992 年前建立的大学往往被称为古老大学或传统大学,如牛津大学和剑桥大学,其排除了司法审查。该类学校将学生视为学校成员,大学内的争议由视察员裁决,视察员"职责是确保高等学校设立者的意志得以贯彻和执行,具体负责解释校内立法以及裁决校内纠纷"①,法院不受理这类所谓的"内部争议",司法不会干预视察员的裁决权。1992 年后的大学即由多科性技术学院升格的大学称为新型大学,多根据 1988 年教育改革法案而建立,学生可以根据议会颁布的成文法提起相关诉讼,司法有权审查学校惩戒学生行为。在 2004 年《高等教育法》颁布之后,视察员处理学校与学生纠纷的特权被取消,视察员的裁决权被大大削弱,因此,虽然高校的出身已不可改变,但是所有的大学生都可依据新法提起诉讼,寻求对所受惩戒的司法救济。在各种高校惩戒学生的案例中,更多的是有关惩戒程序方面的争议。法官往往将审查的重点放在学校惩戒程序中是否给予学生以陈述和辩解的权利,依据校规所进行的特定听证程序是否履行,程序步骤是否有颠倒等。②

① 申素平:《英国高等学校法律地位研究》,载《中国高教研究》2010 年第 2 期。

② See J. Richard McManus & Cherie Booth. , *Education and the Courts*, Sweet & Maxwell, 1998, p. 171.

二、美国高校教育惩戒制度

美国高等教育历史虽然不长，但高校法律地位的类型比较复杂。公立高校被视为“公共机构”，要同时受联邦宪法、所在州的各项行政法规与规则等的拘束，但同时被赋予了其他普通公法人所没有的自治权利。

（一）美国高校教育惩戒的理论依据

美国高校教育惩戒先后经历了“代替父母理论”与“特权理论”、“合同法律关系理论”与“宪法理论”等阶段，越来越注重对学生宪法权利的保护。

“代替父母理论”与“特权理论”两种理论在“二战”前占有支配地位，但这两种理论显然有利于学校的管理而不利于对学生权利的保护。20 世纪 30 年代，特权理论仍然占有市场，学生尚不能在高等教育体制下发起宪法权利诉讼。但与此同时，法院也承认学生有一些明示或暗示的合同权利。但是在 Anthony v. Syracuse University[①] 一案中，该大学开除了一名学生而不予说明理由，只是认为她并不是一名典型的雪城女孩，对此种情形，合同法并不能给予该学生多少帮助，因为学校在确立合同条款时的权力不受约束，那些条款也处处为学校的利益服务。

1961 年，联邦第五上诉法院在“狄克逊诉亚拉巴马州教育委员会案”中推翻了“代替父母理论”和“特权理论”，提出了公立高校与学生的关系应受宪法规制的理论，即“宪法理论”。[②] 该理论认为，公

---

① See Anthony v. Syracuse University, 224 A. D. 487, 231 N. Y. S. 435 (1928).

② See Kern Alexander & Erwin S. Solomon, *College and University Law*, The Michie Co., 1972, p. 414.

立高校与学生之间的关系,仍应受宪法的规制。宪法所赋予公民的权利,学生同样享有,并不因其学生身份而被剥夺或放弃,学生在学期间仍然享有宪法权利并受其保护。法院还将高校对学生的惩戒区分为基于学术原因和基于纪律原因两种,并对两者区别对待,要求高校在基于纪律原因开除学生时要遵循较严格的程序标准。因此,学校固然有权设定行为标准及纪律处分以维护教育教学秩序,但应当在宪法规制范围内进行,并且应当适用宪法的正当程序条款。此后,在1975年的"戈斯诉洛佩斯案"中,联邦法院进一步扩大了正当程序条款对公立学校学生的保护范围及所应达到的最低要求,即从短期停学的惩戒至少应获得某种形式的通知和听证的机会,到更长时间的停学或开除可以要求遵循更正式的程序。

(二)美国高校惩戒的制度依据

一般来说,学校对学生不良行为和学业不良的处分要严格遵守州的管理程序法、州高等教育委员会条例及州的法规。[①]《美国宪法》以列举的方式规定了联邦以及联邦各州共同行使的权力,同时根据《宪法修正案》第10条之规定,管理教育的权力由各州行使,当然州在制定教育法的时候要受联邦宪法的公民保护内容的限制,并受由其产生的判例法的限制。值得注意的是,美国的大学从殖民地时代就遵循着这样一种习惯,即任何大学的章程都是由州议会以法案形式批准,成为州成文法的一部分,如美国威斯康星大学的章程是该州于1971年制定的专门法律,即成文法汇编中的第36章。这部以州法律形式确立的大学章程规定了学校具有独立法人的法律地位,它与州政府的法律地位是平等的,依法享有独立的自治权。

此外,在州教育法之下,大学本身制定了一系列校内规章制度,

---

① 参见湛中乐等:《公立高等学校法律问题研究》,法律出版社2009年版,第359页。

在司法审判中,法院往往都会要求学校遵守既定规则,即"follow-the-rules"。如美国芝加哥大学将学生违纪分为三类:违反场所纪律规定的行为、违反宿舍纪律规定的行为、违反全校性纪律规定的行为,对应不同种类的违纪行为规定了不同的惩戒措施。美国斯坦福大学制定的《学生司法章程》和《学生违纪处理规则流程》则形成了一套以听证程序为核心的学生违纪处分制度。学校在校规中所规定的要求,尤其是对学生权利保护所作出的承诺,如程序性规定等,是法院审查时的重要内容。

(三)美国高校教育惩戒的司法审查

学术自由和学校自治是美国现代高等教育管理中的一项基本原则,但这种自治不是绝对的,司法审查的介入是必要的,而在对其进行保障与监督的同时,司法审查又是有限的,仅限于制约侵害权利和程序的现象,并不涉及实质性的教学和学术评价问题。因此,法院在审查高校惩戒学生的纠纷时,往往重在审查学校是否切实遵循正当程序原则、在此过程中学生的权利是否受到学校侵犯,对于学校惩戒的合理性一般不予干涉,除非学校惩戒有明显不当之处。

法院审查时,关注更多的并非各校所设定的惩戒种类的合法性,而是更关注具体个案中学生违纪行为与所受惩戒之间是否过罚相当、作为惩戒依据的规定是否公开、惩戒程序是否满足正当程序要求。美国联邦最高法院在"戈斯诉洛佩斯案"中界定了听证的目的"是将处分正式告知本人并给予其陈述异议之机会,以确保最终决定之公正性"[①],据此,惩戒程序中被法院所关注也是司法实践中经常被诉及的主要是两个:一是惩戒的通知,二是听证。前者要求应包含拟给予的惩戒种类和所依据的规范,至少应当足以使学生知

① Goss v. Lopez. 419 U. S. 565, 580 (1975).

晓并做出有效抗辩；后者的最低要求是学校要给予学生申辩的机会。

三、德国高校教育惩戒制度

相较于英美国家的大学而言，德国大学没有实际意义上的公、私区分。1998 年修正的《大学基准法》规定，高校的法律地位原则上为“公法社团”，同时并为“国家机构”，虽然法律也允许以“其他法律方式”设立高校，但是迄今为止，实践中德国还没有其他类型的高校存在。因此，从现状看来，德国现有高校都属于公立高校。

（一）德国高校教育惩戒的理论依据

德国高校教育惩戒先后经历了“特别权力关系理论”“基础关系与管理关系两分法理论”“重要性理论”，具有从维护学校特权到兼顾学校与学生权利的发展特点。

作为大陆法系国家解释高校与学生关系的主导理论，“特别权力关系理论”认为大学与学生之间是一种“紧密型持续关系”，区别于国家与普通公民之间的一般权力关系，个人权利受到极大限制，可以说“无基本权利、无法律保留（法治主义）及司法救济”[①]。但该理论因排除司法介入，有悖法治及人权保障理念而受到挑战。1956 年德国法学家乌勒提出了“基础关系与管理关系两分法理论”，即凡是与设定、变更及终结特别权力关系有关联的一切法律关系，例如，公务员的任命、免职、命令退休、转任，学生的入学、退学、开除、休学、拒绝授予学位等，均属于基础关系，在此范围内的行政上的处置，属于行政处分，如有不服得提起诉讼；而管理关系则是指单纯的管理措施，诸如公务员之任务分派，中小学或大学的授课或学习安

---

① 李建良等：《行政法入门》，台北，元照出版有限公司 2000 年版，第 139 页。

排有关事项，并非行政处分，所以这些措施并非法的规范，不涉及相对人的个人身份，其法律地位也不受影响。[①] 不过实践中发现“两分法理论”对两种关系的区分标准并不明显，故而其实践效用不足。

在“两分法理论”的基础上，前联邦德国宪法法院在 1972 年之后通过若干判例形成了“重要性理论”。根据这一理论，不管以前是归属于“基础关系”还是“管理关系”，只要涉及学生的基本权利的，都属重要性事项，必须由法律而非校方规定来作为最终规范并接受司法审查。“重要性”首先意味着“对实现基本权利是重要的”[②]。依德国法院的“重要性判决”，教育行政事务属于“重要”而须以法律定之者，“计有教育内容、教育目标、课程决定，学校组织的基本架构（如学校种类，家长与学生的共同参与等），学生的法律地位（如入学、退学、考试与升级等）以及惩戒措施等项；不属重要者，则例如实施一周上课五天制与对考试决定无直接影响的考试方式”[③]。

“两分法理论”与“重要性理论”在实践中并不能完全分开，同时作为现代德国大学对学生处分的理论基础，虽然存在区分标准不明显（两分法理论）和“重要性”本身抽象和模糊的不足，但是其进步之处在于，“司法审查范围不再以特定人民（学生、公务员、军人等）身份改变或侵害行政为基础，扩展了包括公立学校学生在内的传统特别权力关系领域内公民权利保障的范围与程度”[④]，直接否认了大学对学生惩戒的绝对支配关系，将学生惩戒的功能从对学校秩序的维

---

① 参见吴庚：《行政法之理论与实用》，中国人民大学出版社 2005 年版，第 145～147 页。

② ［德］哈特穆特·毛雷尔：《行政法学总论》，高家伟译，法律出版社 2000 年版，第 109～110 页。

③ 许宗力：《法与国家权力》，台北，元照出版有限公司 1999 年版，第 159～160 页。

④ 韩兵：《德国司法审查学校学生管理纠纷的理论与实践》，载《河北法学》2010 年第 2 期。

护转变到兼顾维护学校秩序与保障学生权益，让尊重和保障学生受教育权、将学生视为教育活动的主体而非对象等观念更加深刻。当然，因为学生惩戒的多态性，这两种理论也仍未能彻底阐释清楚学校管理活动中学生权益与学校管理秩序之间的法律关系。

（二）德国高校教育惩戒的核心原则

德国传统上将公立高校与学生关系界定为公法上的“特别权力关系”，虽然后来“两分法理论”“重要性理论”等对其进行了修正，但并未实质性改变高校与学生间行政法律关系的性质。德国高校关于学生惩戒的规定与实施，要求遵循法律保留原则与比例原则，这两个基本原则恰恰是行政法原则的核心内容。

德国对于高校制定校规的行为，采用的是重要保留说，认为应当部分适用法律保留原则，对于“公民重要的权利义务应当由法律加以规定，涉及相对人重要的、基本的权利义务的行政作用应当有明确具体的法律依据”[①]。德国的学者将学校管理关系分为基础关系与管理关系，对涉及基础关系的如学生身份的取得、丧失及降级等决定，必须适用法律保留，学校不得自行制定规章制度，而只能在现有法律规定下进行细化；对于涉及管理关系的如学生的着装、仪表规范等，可以由学校自行制定规章制度，不必遵循法律保留原则。

同时，德国将行政法上的比例原则引入教育惩戒之中，核心价值在于要求学校以对学生权利最小侵害的方式达到维护教育之需的目的。所谓比例原则，是指“行政机关实施行政行为应兼顾行政目标的实现和保护相对人的权益，如为实现行政目标可能对相对人权益造成某种不利影响时，应使这种不利影响限制在尽可能小的范

① 周佑勇：《行政法基本原则研究》，武汉大学出版社2005年版，第190页。

围和限度内,保持二者处于适度的比例"[①]。该原则甚至被称为行政法中的"帝王条款"。比例原则又有3个子原则,分别为合目的性原则、最少侵害原则、过度禁止原则。概括而言,这3个子原则要求学校的管理制度本身及学校所采取的具体措施应当有助于学校教育目的或目标的实现;其所选择的处分措施应是对学生侵害和负担最少的,如应优先适用"教育性措施",只有在"教育性措施"无效后才采取维持"秩序性措施";处分措施所最终造成的结果与学校要追求的目的相比是利大于弊,即目的与手段合乎比例,实现法益平衡。

(三)德国高校教育惩戒的司法审查

德国高校教育惩戒的司法救济力度较大。对大学生在校内受到的惩戒,"不因不涉及退学就自始关起法院救济的大门","只要学校措施对学生的影响不是微不足道,以至于就行政处分的制度功能而言,并无视其为行政处分之价值,均承认其行政处分之适格性,而一概允许提起行政争讼"。[②] 例如,拒绝出借场地供某政治性学生社团举办活动、以未缴纳行政费用为由拒绝学生返校注册、对违规学生下禁止使用图书馆的禁令、拒绝学生参与必修之实习课或讨论课等课程、毕业考试或博士学位考试及格与否之决定都允许提起救济,学生均有权向法院提起行政诉讼。

对大学生惩戒案件的司法审查重点为是否遵守法律保留及比例原则。德国法院主要审查学校所做出的惩戒措施的内容、目的、范围,甚至是构成要件等是否符合法律规定。除形式审查外,司法

① 姜明安主编:《行政法与行政诉讼法》,北京大学出版社、高等教育出版社2005年版,第71页。

② 参见我国台湾地区相关司法部门的协同意见书。

审查还包含一定的实质审查，如要求对学生的处分必须为学生行为已干扰学校教育任务、对学校人员与财物构成侵害，或为避免侵害再度发生；而且学生的干扰行为需达到一定程度，其他教育措施已不具效果，无法阻止；同时要求纪律处分措施不得违反比例原则，不能侵害学生的基本权利，尤其是学生的言论自由或政治活动权。①

第二节　我国高校教育惩戒制度的实践

对我国高校教育惩戒制度的发展进程进行梳理，总结分析高校教育惩戒的实践经验，有助于法治时代下高校教育惩戒制度的完善。如前所述，“教育惩戒”为舶来词，与其核心要义相同的“处罚”“处分”等词在我国教育历史、教育实践及现代教育法中早已存在。因此，对我国教育惩戒制度的历史梳理，不能只限于狭义的“教育惩戒”。

一、我国高校教育惩戒制度的历史演变

（一）惩戒权源的演进

高校教育惩戒权的权源演进路径，简单来讲，历经“发现问题——解决问题——总结经验——制定规范”的探索进程中，逐步形成从“规范性文件——教育规章——教育法律”的规范模式。

1. 探索阶段（1949～1977年）

新中国成立初期，百废待兴，教育领域也经历了很长一段时间

---

①　参见许育典：《教育法》，台北，五南图书出版股份有限公司2007年版，第189～190页。

的探索,"人民政府针对高等教育颁布了一系列法规和部门规章"①。

在一系列教育法规中,教育部于1950年7月28日经原政务院政务会议通过的《高等学校暂行规程》和《专科学校暂行规程》两部规章,明确地涉及了教育惩戒的相关内容。《高等学校暂行规程》第26条、《专科学校暂行规程》第19条分别赋予大学、专科学校校务委员会"议决有关学生重大奖惩事项"的职权,②但是并无有关奖惩事项的内容、种类及程序保障等规定。实际上,在1950年5月19日由教育部颁布的《北京师范大学暂行规程》同样有关于"议决有关学生重大奖惩事项"的规定。③

1953年5月23日,原高等教育部发布的"(53)人学杨字第236号"通知,作为附件的《关于华东区高等学校处理学生学籍问题的若干规定》,较为系统地从九个方面对学生学籍管理、转专业、转学、修学、复学、退学以及学校规则和惩罚等作出规定,包括取消学籍、退学、警告、记过、留校察看、开除等教育惩戒形式。规定对于屡教不改者,"校长得下令开除其学籍"。鉴于当时的立法实际,这份规范性文件虽然从现在的法治视角来看,将教育惩戒权赋予"校长",带有浓厚的行政色彩,但应该说在教育实践中,其实际代行了教育规章的作用。④

这一时期还有一些规章涉及高校教育惩戒的相关内容,例如,

---

① 郭为禄:《新时期高等教育法制建设进程研究》,华东政法大学2008年博士学位论文。

② 《高等学校暂行规程》《专科学校暂行规程》经1950年7月28日政务院第43次政务会议通过,1950年8月14日颁布实施。参见何东昌主编:《中华人民共和国重要教育文献(1949~1975)》,海南出版社1998年版,第45~47页。

③ 参见何东昌主编:《中华人民共和国重要教育文献(1949~1975)》,海南出版社1998年版,第14页。

④ 参见教育部高校学生司编:《中国高等教育学生管理规章大全(1950~2006)》,首都师范大学出版社2007年版,第19~23页。

在《高等学校课程考试与考查规程》中有关于"学生经考查不及格者,未交课程论文或课程设计者,均不得参加该门课程的考试"的规定。[①] 值得注意的是,教育部曾在1956年3月16日专门发布了《高等教育部各校给予学生正式行政处分后应及时通知学生家长》,要求"今后高等学校给予学生以任何正式行政处分后,应及时通知学生家长并将有关情况告诉他们。此外,如学生平时品行不端,虽不达到行政处分程度,校方亦应将情况随时告知学生家长"[②]。虽然并没有将"告知家长"作为处分决定生效的构成要件,但将其归属于教育惩戒的程序性规定。

从1958年到1960年,与社会主义建设道路的探索相适应,我国在高等教育领域开始了一个突破"苏联教育模式"的"教育革命",直至"文化大革命"结束,有关高校学生教育惩戒都带有浓厚的时代背景与政治色彩。

2. 创建阶段(1977～1997年)

随着1977年恢复高考招生、1978年改革开放,高等教育发展迅速,对高校学生管理法制建设提出了新的挑战和要求。

1978年12月13日,教育部颁布的《高等学校学生学籍管理的暂行规定》[③],可以说是我国第一份系统的规范高校学生管理的部门

---

① 《高等教育部关于颁布〈高等学校课程考试与考查规程〉及其施行中应注意的事项的几点指示》(〔54〕教指黄字第104号)。参见教育部高校学生司编:《中国高等教育学生管理规章大全(1950～2006)》,首都师范大学出版社2007年版,第29～31页。

② 《高等教育部各校给予学生正式行政处分后应及时通知学生家长》(〔56〕工曾字第456号)。参见教育部高校学生司编:《中国高等教育学生管理规章大全(1950～2006)》,首都师范大学出版社2007年版,第47页。

③ 《高等学校学生学籍管理的暂行规定》(〔78〕教学字1275号)。参见教育部高校学生司编:《中国高等教育学生管理规章大全(1950～2006)》,首都师范大学出版社2007年版,第106～109页。

规章。该暂行规定明确了对学生违反学籍管理规定的情形与相应的惩戒措施,虽然对学校惩戒权的范围与程序要求没有明确规定,但在当时也不失为一种解决现实问题的有效探索。

进入20世纪80年代,虽然立法技术仍然比较粗疏,但是高校教育惩戒被提升到了法律层面。1980年2月12日全国人大常委会通过的《学位条例》第17条规定,“学位授予单位对于已经授予的学位,如发现有舞弊作伪等严重违反本条例规定的情况,经学位评定委员会复议,可以撤销”。作为我国教育领域的第一部法律,也可以说是有关高校教育惩戒的第一部教育立法,虽然只是一部单行法,仅仅规定了作为学位授予单位之一的高校对“舞弊作伪”者“撤销学位”的惩戒权,但对高校来讲,其教育惩戒权力来源的法律效力已有了质的提升,为高校教育惩戒法制化奠定了基础。

在总结《高等学校学生学籍管理的暂行规定》实施经验的基础上,1983年1月20日,教育部正式颁发《全日制普通高等学校学生学籍管理办法》(已失效,下文不再赘述)①,其中第38条第1款前半句规定,“对犯有错误的学生,学校可视情节轻重给以批评教育或纪律处分”。这个管理办法在其后很长一段时间内,规范和影响着高校教育惩戒。如1990年1月20日原国家教委发布施行的《普通高等学校学生管理规定》、1995年2月23日原国家教育委员会颁发的《研究生学籍管理规定》(已失效,下文不再赘述)②,基本维持了1983年《全日制普通高等学校学生学籍管理办法》的规定,进一步加强了高校对学生教育惩戒的规范。

① 《全日制普通高等学校学生学籍管理办法》(〔83〕教学字001号)。参见教育部高校学生司编:《中国高等教育学生管理规章大全(1950~2006)》,首都师范大学出版社2007年版,第168~175页。

② 《研究生学籍管理规定》(教学〔1995〕4号)。

1993年10月31日八届全国人大常委会四次会议通过的《教师法》、1995年3月18日八届全国人大三次会议通过的《教育法》颁布，标志着有关学校和教师对学生的教育惩戒的法制建设进入了新的发展时期，在教育法制建设中具有里程碑意义。作为学校教育中重要阶段的高等教育，其教育管理权力有赖于《教育法》这一教育基本法的授权，而高校教育惩戒权作为其权力内容之一，也得以在《教育法》中确立。

3. 发展时期(1998年至今)

随着法制建设进程的推进，高等教育领域的法制呼声不断提升。1998年8月29日全国人大审议通过了《高等教育法》，其中第41条规定，高等学校的校长有权对学生进行学籍管理并实施奖励或者处分，从高等教育法律层面正式明确高等学校的教育惩戒权。此后，2005年、2017年教育部先后修订《普通高等学校学生管理规定》，对高校教育惩戒的内容、种类、程序性保障等不断加以规范和完善。

(二)教育惩戒形式的演进

惩戒形式是高校教育惩戒制度的重要内容。在不同时期，对于惩戒的制度规范和实践认定不尽相同，但在惩戒形式上具有较强的传承性。

1. 惩戒形式的种类变化不大

对不同阶段惩戒措施的种类进行分析，发现惩戒措施的种类具有较强的传承性。在相关规范中，高校教育惩戒的措施或多或少的体现为：取消入学资格、取消学籍、退学(一度包括劝退、勒令退学)、批评、警告、严重警告、记过、留校察看、开除学籍等。当然，不同阶段对惩戒实施的条件与要求的规定不尽相同。

2. 不同阶段对"处分"的认定不同

在对"处分"属性的认定上，不同阶段的规定不尽相同。

《教育部直属高等学校学生成绩考核暂行规程(草案)》①中特别指出,“因考试、考查不及格而予以留级或退学的学生,主要表明他们的学业成绩不宜升班学习或不宜在高等学校继续学习,不是对学生本人的一种处分”。该暂行规程中对留级、退学的性质的认定,可以说是对“处分”与其他学籍管理行为的“权威界定”,在其后出台的相关规定中,如《全日制普通高等学校学生学籍管理办法》《普通高等学校学生管理规定(1990)》,都特别规定了“退学”对学生不是一种处分。这一界定,时至今日其影响力依然存在。

当然,不同阶段的处分类型不尽相同。有的类型自始至终都在,如“警告、记过、留校察看、开除”四种类型;有的类型则进进出出,如“批评教育”,在《高等学校学生学籍管理的暂行规定》中,“处分”的类型还包括了“批评教育”。但是在《全日制普通高等学校学生学籍管理办法》中,“批评教育”与“纪律处分”相提并论,该办法第38条第1款规定,对犯有错误的学生,学校可视情节轻重给以批评教育或纪律处分,同时将“严重警告、勒令退学”补充进“纪律处分”的种类,并规定了勒令退学、开除学籍的适用情形。此后的《普通高等学校学生管理规定(1990)》中处分类型沿袭了1983年《全日制普通高等学校学生学籍管理办法》,只是明确规定了“留校察看以一年为期”。

《普通高等学校学生管理规定(2005)》区分了“批评教育”与“纪律处分”,删除了“勒令退学”,在第53条中规定“纪律处分的种类分为:(一)警告;(二)严重警告;(三)记过;(四)留校察看;(五)开

① 《教育部关于发布“教育部直属高等学校学生成绩考核暂行规程(草案)”的通知》(〔62〕教二蒋轲字第1716号)。参见教育部高校学生司编:《中国高等教育学生管理规章大全(1950~2006)》,首都师范大学出版社2007年版,第83~87页。

除学籍”。此外,在第54条规定了学校可以给予开除学籍处分的七种情形。2017年教育部再次修订后的《普通高等学校学生管理规定(2017)》,基本维持了2005年版的惩戒类型,同时增加了处分解除的规定。

(三)程序保障的演进

高校教育惩戒的程序性保障并非自始即有,至少之前未体现在书面的规范性文件中,具有强烈的“重实体、轻程序”的特点。

1. 探索阶段的规范性文件,更多的是有关教育惩戒的实体性规定,对于惩戒的程序性规定并不多见,[①]体现了强烈的“重实体、轻程序”的特点。

2. 创建阶段的规范性文件,开始关注教育惩戒的程序性保障问题。《全日制普通高等学校学生学籍管理办法》第42条规定,“对犯错误的学生,要进行说服教育。处理时要持慎重态度,坚持调查研究,实事求是,善于将思想认识问题同政治立场问题相区别,处分要适当。处理结论要同本人见面,允许本人申辩、申诉和保留不同意见。对本人的申诉,学校有责任进行复查”。第43条第1款规定,“对学生做出勒令退学、开除学籍的处分,由学校审批,报省(市、自治区)主管高教部门备案。其中因有反党反社会主义言论和行为而给开除学籍处分的,须报经省(市、自治区)党委有关部门审批”。该管理办法基本架构了处分的事前、事中、事后程序。虽然对于学生惩戒的程序性规定仍较为粗疏,但也体现了高校学生惩戒对程序性保障的探索与尝试。此后的《普通高等学校学生管理规定(1990)》

① 根据教育部高校学生司编写的《中国高等教育学生管理规章大全(1950~2006)》(首都师范大学出版社,2007年版)中所载录的管理文件,并结合其他有关教育法制文件进行梳理的总结。

在程序保障上基本沿袭了 1983 年《全日制普通高等学校学生学籍管理办法》的学籍管理办法。

3. 发展阶段的规范性文件,更加重视对教育惩戒的程序性保障。随着国家法制建设的不断完善,学生维权意识的增强,对高校学生管理工作提出新的挑战,要求适应形势发展变化而变化。《普通高等学校学生管理规定(2005)》第 55 ~ 64 条对学生违纪处理程序进一步规范。该规定贯彻正当程序的原则,要求学校作出涉及学生权益的管理行为时,必须遵守权限、条件、时限以及告知、送达等程序义务,如规定学校在对学生作出处分决定之前,应听取学生或其代理人的陈述和申辩;学校对学生的处分,要做到程序正当、证据充足、依据明确、定性准确、处分恰当;学校对学生作出开除学籍处分决定,须由校长会议研究决定;学校对学生作出处分,应当出具处分决定书,送交本人,对学生开除学籍的处分决定书报学校所在地省级教育行政部门备案。遗憾的是,《普通高等学校学生管理规定(2005)》对教育惩戒的程序保障仍局限于"纪律处分",忽视了其他不利于学生的处理决定的程序规范。

《普通高等学校学生管理规定(2017)》更加注重保护学生权益,尤其是对涉及学生重大利益的处理的程序保障。其中,第 54 ~ 57 条进一步要求学校作出处分前应当告知学生事实、理由与依据,如"在对学生作出处分或者其他不利决定之前,学校应当告知学生作出决定的事实、理由及依据,并告知学生享有陈述和申辩的权利,听取学生的陈述和申辩",明确处理、处分文件等的送达方式;对涉及"学生重大利益的处理或处分决定",规定"应当提交校长办公会或者校长授权的专门会议研究决定,并应当事先进行合法性审查"。可以看出,对高校教育惩戒的程序性保障,不再局限于"开除学籍的处分",有关"取消入学资格、取消学籍、退学"以及"其他涉及学生重大利益”的处理决定,都应当遵循正当程序。

(四)权利救济途径的演进

随教育法制的发展,学生权利救济得到了关注。相较于此前的管理规定,《全日制普通高等学校学生学籍管理办法》难得的是建立了学生“申诉”的权利救济途径。如该办法第42条规定,对犯错误的学生,处理结论要同本人见面,允许本人申辩、申诉和保留不同意见。对本人的申诉,学校有责任进行复查。遗憾的是对学生权利的救济,只是在“处理结论”作出后,且没有具体规定学校如何复查。

《研究生学籍管理规定》相较于此前的相关高等学校学生学籍管理办法,对学生权利救济途径作了进一步规定。该管理规定第28条第2款规定,“当事人对处分决定不服的,应在15日内向培养单位研究生申诉处理委员会提出申诉,研究生申诉处理委员会应组织有关人员进行复查,在接到申诉请求后的15日作出申诉处理决定”。这是高校教育惩戒相关制度第一次对申诉机构、申诉程序、申诉时效进行明确规定,虽然对“研究生申诉处理委员会的组成,由培养单位决定”的规定过于简单,亦未明确申诉处理结果的效力等,但毫无疑问,是高校教育惩戒制度的一大进步。

《普通高等学校学生管理规定(2005)》确立了学生权益救济制度。学校为维护教学秩序和教育环境,有权对违反校规的受教育者予以处分,但在实施处分失实或失当的情况下,受教育者的合法权益就会受到侵害。对此,《普通高等学校学生管理规定(2005)》增设了学生对处分享有的陈述权、申辩权和申诉权,体现了高校学生管理无救济就无处分的法治思想。例如,规定学校成立学生申诉处理委员会,受理学生对退学处理或违规、违纪处分的申诉;学生申诉处理委员会对学生提出的申诉进行复查,并在接到书面申诉之日起15个工作日内,作出复查结论并告知申诉人;学生如对复查决定有异议,在接到学校复查决定书之日起15个工作日内,可向学校所在地省级教育行政部门提出书面申诉;省级教育行政部门在接到学生书面申诉之日起30个工作日内,对申诉人的问题给予处理并答复。这些规则把学校管理的自由裁量权限定在一定范围之内,对于保护学生合法权益具有重大意义。

《普通高等学校学生管理规定(2017)》进一步完善了学生权益救济制度,新增“学生申诉”一章,完善申诉制度和程序,强化了学生申诉委员会的职责,增加了教育部门对学校行为的监管措施,更加有利于对学生合法权益的保护。当然,作为部门规章,《普通高等学校学生管理规定(2017)》仍没有也不能解决的问题是,受惩戒学生认为自己的合法权益受到侵害时,是否可以寻求司法救济?当前,学界的研究与司法界的实践,仍没有定论。

(五)价值取向的演进

制度的价值取向,不仅涉及实体法律方面的问题,也关涉程序方面的问题,所体现的是我国高校教育惩戒制度及其运作的总体追求、整体理念以及发展趋势。

1.从人治走向法治

“从新中国成立到1980年《中华人民共和国学位条例》颁布的30余年里,我国的全国人大及其常委会没有制定一部教育相关法,更不用说高等教育相关法了。30多年来,我国主要是依靠政策、依靠党和行政部门指示、决定、意见对教育领域的社会关系进行调整。这种方式是典型的‘人治’模式。”[①]如在学籍管理问题上,主要依靠的是教育部门的政策。《关于华东区高等学校处理学生学籍问题的

---

① 劳凯声、蒋建华主编:《教育政策与法律概论》,北京师范大学出版社2015年版,第127~128页。

若干规定》从效力上看,华东区的这一学籍管理规定本身即是一个政策性规定,是"华东高等教育管理局根据过去中央人民政府教育部三年来对有关学籍问题的指示,及前华东军政委员会教育部处理学籍问题的经验"而拟定的,且在华东区也仅供"各校参考试行"。原高等教育部研究认为其"符合目前全国各区高等学校一般实际情况",故发全国各区高校"参考试行",该通知本身就明确了其不具有强制性。

此非偶然,如1987年,鉴于"有的学校管理制度不够完善,在处理违纪学生时出现偏宽偏严的现象,往往使学生不服,执行纪律不能达到教育学生、调动学生学习积极性的效果",原国家教委高校学生管理司再次发布通知(《关于转发〈同济大学学生违纪处分条例〉的通知》①),强调学校对违纪学生"处理时要持慎重态度,要实事求是,做细致地调查研究,依据要准确,处分要适当",并特别将同济大学的学生违纪处分条例发布各高校参考。相较于法律的长期稳定性、较强的确定性和强制性来讲,教育政策更注重也局限于调整一定时间内、一定背景下的教育关系,变动性相对更强。

法制是法治的前提和基础,法治是法制的立足点和归宿。自1980年《学位条例》颁布,与在其后陆续出台的《学位条例暂行实施办法》《教师法》《教育法》《高等教育法》《普通高等学校学生管理规定(1990)》等,初步形成了高等教育法制体系,高校教育惩戒得以教育法律规范的形式固定下来。

① 《国家教育委员会高校学生管理司关于转发〈同济大学学生违纪处分条例〉的通知》(〔87〕教学司字071号)。参见教育部高校学生司编:《中国高等教育学生管理规章大全(1950～2006)》,首都师范大学出版社2007年版,第251～254页。

2. 从义务本位到权利本位

“从我国高校学生管理制度变迁的历史轨迹可以发现，虽然在不同时期管理制度的内容不同、价值取向有异，但制度变迁的核心是基于对学生主体的地位认识衍生出的高校人才培养的目标定位是什么，高校与学生法律关系是什么，以及高校学生受教育权保障的核心是什么三个问题，制度的不断修正和完善就是对这三个问题的不断回应。”[①]具体到高校教育惩戒制度来讲，不同阶段的教育惩戒制度，对“学生主体地位”的重视与实际落实程度并不一致。

相对来讲，我国教育惩戒制度更关注实体层面上国家和学校的管理权力，体现的是国家和学校对学生的教育、管理的权威。如新中国成立以来有关高等教育管理颇具代表性的《高等学校暂行规程》，共 7 章 32 条，主要规定的是高等学校的任务、组织架构及其职权，体现的是国家对大学这一机构的制度设计，除“第二章入学”中第 10、11 条规定学生入学资格外，几乎没有对学生权利及其保障的规定，尤其是对学校“决议有关学生重大奖惩事项”的权力，没有任何的约束性规定。又如，作为第一部高等教育立法的《学位条例》，其管理色彩浓厚，主要体现的也是国家“自上而下”对学位授予权的设计与控制，更关注的是机构的权力而非个体的权利。例如，其第 16 条规定了“非学位授予单位和学术团体对于授予学位的决议和决定持有不同意见时，可以向学位授予单位或国务院学位委员会提出异议。学位授予单位和国务院学位委员会应当对提出的异议进行研究和处理”，但对被撤销已经授予学位的学生对撤销决议和决定如有异议怎么处理，该条例并没有明确相应的权利救济途径。

---

① 曾瑜、邱燕、王艳碧编著：《高校学生管理工作法治化研究》，西南交通大学出版社 2016 年版，第 45 页。

庆幸的是,随着法治建设进程的推进和教育理念的发展,教育法制和教育实践更加注重对学生权利的尊重与保护,有关高校教育惩戒制度对学生主体地位的关注度越来越高。作为可以称为“学生法”的《普通高等学校学生管理规定》,对比1990年版、2005年版、2017年版可以发现,2005年版相较于1990年版来讲,专门开辟了第二章“学生的权利与义务”,明确学生在校期间,“对学校给予的处分或者处理有异议”,依法享有“向学校、教育行政部门提出申诉”的权利,并对具体申诉程序作了相应规定;2017年版保留了相关规定并进一步作了完善,虽然作为部门规章,其法律位阶较低,但作为法制体系的重要组成部分,依然具有重要意义。

法治不仅要求具备法律的形式特征,更强调法律的实质内容和价值取向,以及其在现实社会中的具体实践。学生并不因考入大学而失去宪法和法律所赋予的公民权利,更不因学校的“强权”地位而失去权利救济的资格与机会,这才是对学生受教育权的保护。当然,权利保护永远在路上,就高校教育惩戒来讲,法治化进程仍待推进。

二、我国高校教育惩戒的法律规范体系

梳理相关教育法律可以发现,对高校学生管理权的规定已经在学校和受教育者等不同层面有所体现,明确了高校学生管理权既是一种权利,也是一种权力。当然,在现有“法制体系”之下,鉴于立法的滞后性,尚存在一定的高校学生管理权力的应然性与实然性落差及权力界限不明等问题,但在立法完善之前,应当按照法治的精神与思维处理高校与学生间的教育管理法律关系。此外,基于立法的局限性及教育实践的复杂性,高校在学生管理过程中,除遵循相关法律法规等规范性法律文件之外,还应当遵守具有约束力的非立法

性规范文件。概括来讲,高校学生教育管理的法律规范体系,不仅包括具有约束力的立法性规范文件,还包括具有约束力的非立法性规范文件。

(一)宪法

宪法是国家的根本大法,是教育惩戒制度的根本依据。《宪法》第19条第1款规定,“国家发展社会主义的教育事业,提高全国人民的科学文化水平”。高等教育是社会主义教育事业的重要组成部分,为确保高等教育的社会主义方向,实现高等教育的发展目标,国家具有引导和规范高等教育事业发展以及高校建设与管理的权力。《宪法》第一章“总纲”第24条关于社会主义性质教育内容的规定,为国家制定相应的教育法规、高校实施相应的教育管理行为作出了方向性的指引。

《宪法》中虽然没有对高校教育惩戒权的直接规定,但是《宪法》关于公民基本权利的规定,构成对教育惩戒制度的内在限制。《宪法》第二章“公民的基本权利和义务”,对公民基本权利如平等权、政治权利和自由、宗教信仰自由、人身自由权利等加以保护,其中第46条第1款特别规定:“中华人民共和国公民有受教育的权利和义务。”高等学校学生既是中华人民共和国公民,也是受教育者,具有双重身份,其作为受教育者所接受的任何教育惩戒,不能侵犯其作为公民依据宪法所享有的任何基本权利。

换言之,宪法关于公民基本权利的规定,对高校教育惩戒措施的设定与实施构成广泛的限制。如高校实施不当的教育惩戒行为,受教育者也即公民依据宪法应当享有申诉、控告或者检举的权利。因此,创设配套的申诉、控告或者检举机制,保障公民在受到教育惩戒时获得相应的救济,构成教育惩戒制度建设与实施的内在要求。

(二)法律

高校教育惩戒在很大程度上受到由全国人大及其常委会制定和修改的相关教育法律的规制。目前,高等教育领域已经形成比较完备的法律体系,《教育法》是教育领域的基本法律,《高等教育法》是高等教育活动的直接法律依据。除此以外,《学位条例》《教师法》的相关规定也构成高校教育惩戒制度的重要组成部分。

《教育法》对教育惩戒制度作出较为原则性的规定。《教育法》第29条第1款规定"学校及其他教育机构行使下列权利:……(四)对受教育者进行学籍管理,实施奖励或者处分……"值得注意的是,《教育法》关于高校"对受教育者实施处分"使用的虽是"权利",但是《教育法》作为行政法,该规定实际上可以视为对学校的行政授权,授予学校依法教育惩戒学生的权力。因此,"处分权"既是高校相对于受教育者而言的"权利",也是高校作为教育管理者的"权力"。当然,权力必然应当受到限制,因此,《教育法》第30条规定,"学校及其他教育机构应当履行下列义务:……(三)维护受教育者、教师及其他职工的合法权益……"以此对教育惩戒权的运行进行限制。此外,《教育法》关于受教育者权利的规定,同样构成教育惩戒制度的法律依据,如受教育者有权利"在学业成绩和品行上获得公正评价","对学校给予的处分不服向有关部门提出申诉,对学校、教师侵犯其人身权、财产权等合法权益,提出申诉或者依法提起诉讼",为受教育者受教育惩戒时的救济提供了依据。

《高等教育法》是高校教育惩戒制度直接的法律依据。该法第41条第1款规定,"高等学校的校长全面负责本学校的教学、科学研究和其他行政管理工作,行使下列职权:……(四)……对学生进行学籍管理并实施奖励或者处分……"当然,该项权利并非校长的私权力,而是应由校长主持校长办公会议或者校务会议等来集体处理前款规定的有关事项，即高校的校长作为高校的法定代表人，代表学校按照相关规定和程序来实施教育惩戒权。《高等教育法》第42条规定，高等学校设立学术委员会，其职责包括“调查、处理学术纠纷”“调查、认定学术不端行为”等。该法第53～59条同时规定了高校学生的权利与义务，义务条款构成高校教育惩戒的实体依据，而权利条款则构成对高校教育惩戒的内在限制。

此外，根据《学位条例》第8条至第11条的规定，拥有学位授予权的高校，有权组织开展学位授予工作并决定是否授予学位、颁发学位证书；同时根据该条例第17条规定，“学位授予单位对于已经授予的学位，如发现有舞弊作伪等严重违反本条例规定的情况，经学位评定委员会复议，可以撤销”。毫无疑问，《学位条例》将对受教育者的学业评价和学位授予权赋予高校，并将撤销学位作为教育惩戒的具体措施，授权高校对违反《学位条例》的被授予者实施撤销其学位的惩戒。

《教师法》并未明确授权高校教师实施教育惩戒，从教师享有“指导学生的学习和发展，评定学生的品行和学业成绩”权利中可以推知，高校教师有权在对学生品行与学业成绩评定中行使教育惩戒权，作出否定性评价或考核成绩不合格的评价。

（三）行政法规、部门规章

高校对学生的教育惩戒权在国务院根据宪法和法律制定的行政法规及其所属相关部门制定的规章中也得到相应体现。相关行政法规、部门规章在上位法的规定范围内，对高校学生教育惩戒权加以明确和细化，一旦学生有违相关规范性文件的规定，高校有权对其实施相应的教育惩戒。

《学位条例暂行实施办法》进一步明确高校的学位授予资格，不仅就学位授予的要求、职责、程序等作出相应规定，该办法第25条还允许“学位授予单位可根据本暂行实施办法,制定本单位授予学位的工作细则”。对受教育者学业评价及学位授予的规定,不只是高校的学术评价权利,更是为实现高校基本使命即学术教育与评价而赋予高校的具有的保障性质的管理权力。高校作为学位授予单位,对学生舞弊作伪取得的学位予以撤销的行为,是行使学业评价和学位授予权的具体行为。

多个部门规章都有对高校教育惩戒的相关规定。如《学位论文作假行为处理办法》第7条规定,“学位申请人员的学位论文出现购买、由他人代写、剽窃或者伪造数据等作假情形的,学位授予单位可以取消其学位申请资格;已经获得学位的,学位授予单位可以依法撤销其学位,并注销学位证书。取消学位申请资格或者撤销学位的处理决定应当向社会公布。从做出处理决定之日起至少3年内,各学位授予单位不得再接受其学位申请。前款规定的学位申请人员为在读学生的,其所在学校或者学位授予单位可以给予开除学籍处分……”;第8条前半句规定,“为他人代写学位论文、出售学位论文或者组织学位论文买卖、代写的人员,属于在读学生的,其所在学校或者学位授予单位可以给予开除学籍处分”。

《普通高等学校招生违规行为处理暂行办法》第11条第1款规定,“考生有下列情形之一的,应当如实记入其考试诚信档案。下列行为在报名阶段发现的,取消报考资格;在入学前发现的,取消入学资格;入学后发现的,取消录取资格或者学籍;毕业后发现的,由教育行政部门宣布学历、学位证书无效,责令收回或者予以没收;涉嫌犯罪的,依法移送司法机关处理。(一)提供虚假姓名、年龄、民族、户籍等个人信息,伪造、非法获得证件、成绩证明、荣誉证书等,骗取报名资格、享受优惠政策的;(二)在综合素质评价、相关申请材料中提供虚假材料、影响录取结果的;(三)冒名顶替入学,由他人替考入学或者取得优惠资格的;(四)其他严重违反高校招生规定的弄虚作假行为”。同时,《普通高等学校招生违规行为处理暂行办法》第16、17条分别规定,对考生的违规行为调查和收集证据,应当有2名以上工作人员。作出处理决定之前,应当听取当事人的陈述和申辩,对处理决定不服的有关责任人员和考生,可以按照国家有关规定提出复核或者申诉;符合法律规定受案范围的,可以依法提起行政复议或者诉讼。高校教育惩戒的对象是学生,按照当前相关规定,其身份具有一定的时间跨度,从高考招生录取到大学毕业离校,凡是与其高校学生身份直接关联期间的违法违规违纪行为,都可能涉及教育惩戒。

《高等学校预防与处理学术不端行为办法》对包含学生在内的学术不端行为的认定、处理与复核作出了相应规定,要求高等学校预防与处理学术不端行为应坚持预防为主、教育与惩戒结合的原则。《高等学校预防与处理学术不端行为办法》第29条在明确高校处理决定的同时,规定学生有学术不端行为的,还应当按照学生管理的相关规定,给予相应的学籍处分。学术不端行为与获得学位有直接关联的,由学位授予单位作暂缓授予学位、不授予学位或者依法撤销学位等处理。

《普通高等学校学生管理规定(2017)》作为指导和规范高校实施学生管理的重要规章,较为详细地规定了高校教育惩戒的类型与适用条件是目前高校制定和实施教育惩戒的主要依据。该规章的制定目的即第一条中所讲“为规范普通高等学校学生管理行为”,可以说是对高校拥有学生管理权的进一步明确。第20条规定,“学校应当开展学生诚信教育,以适当方式记录学生学业、学术、品行等方面的诚信信息,建立对失信行为的约束和惩戒机制;对有严重失信行为的,可以规定给予相应的纪律处分,对违背学术诚信的,可以对其获得学位及学术称号、荣誉等作出限制”。由该条文可知,“惩戒机制”是针对失信行为的不利益措施,虽然没有具体明确如何“惩戒”,但是明确了对“严重失信行为”可以给予“纪律处分”,由此可推知“纪律处分”属于“惩戒机制”范畴。虽然缺乏规范的明确性,但是“惩戒”首次出现在部门规章中。《普通高等学校学生管理规定(2017)》同时在第三、五、六章中就教育惩戒类型、惩戒情形、惩戒程序和权利救济等加以详细规定。

(四)地方性法规、自治条例和单行条例、地方政府规章

各省、自治区、直辖市人民代表大会及其常务委员会、地方政府根据本行政区域的具体情况和实际需要,在不同宪法、法律、行政法规相抵触的前提下,在不同程度范围内制定地方性法规、自治条例和单行条例、地方政府规章,对本行政区域内的高校学生管理权进行具体规范。

如《上海市高等教育促进条例》第18条规定,“高等学校应当坚持立德树人,把人才培养作为中心工作,遵循教书育人和学生成长规律,发挥课堂教学主渠道作用,加强校风教风学风建设,提高学生的思想水平、政治觉悟、道德品质、文化素养和专业技能,培养德才兼备、全面发展的人才”;第27条规定,“高等学校应当维护学校教育教学秩序和生活秩序,保障学生正常学习和生活;引导学生自觉遵守公民道德规范和学校管理制度,提高个人修养、培养审美情趣;尊重和保护学生的合法权益,教育和引导学生承担应尽的义务与责任”。该条例作为地方性法规,是国内第一部由省市出台的高等教育促进条例,是“创制性地方立法”,为上海高等教育的改革发展提供了很好的立法引领、推动和保障。限于该条例的法律地位,其未对高校教育惩戒直接规范,但人才培养是高校中心工作,而教育惩戒是人才培养的具体手段和方式;“尊重和保护学生的合法权益,教

育和引导学生承担应尽的义务与责任”可以说是学校办学题中之义,也是教育惩戒必须遵守的前提。

(五)行政规范性文件

在我国目前的教育体制下,高校学生管理权来自《教育法》《高等教育法》等法律的授权,这是高校对学生实施教育管理的直接法律依据。但是,法律总是比较抽象和原则的,为便于操作和将法律规定的精神落地,各级教育行政部门都会以行政规范性文件的方式来推进学生管理工作,其中多关涉到对教育惩戒的具体实施问题。

2012年11月,教育部印发的《全面推进依法治校实施纲要》①要求各级各类学校“学生管理制度应当以学生为中心,体现公平公正和育人为本的价值理念,尊重和保护学生的人格尊严、基本权利。对学生进行处分,应当做到事实清楚、定性准确、依据充分、程序正当,重教育效果,做到公平公正。作出不利处分前,应当给予学生陈述与申辩的机会,对未成年学生应当听取其法定监护人的意见。对违反学校纪律的学生,要明确处分的期限与后果,积极教育挽救”。该实施纲要针对学生管理工作实际而制定,特别强调学校在实施教育惩戒的时候,应当“以学生为中心”“以育人为本”,既要重事实、重依据,也要重程序、重教育效果。

除此之外,各级、各地相关部门从不同层面、不同角度,结合工作实际制定有关教育惩戒的规范性文件。如《国家中长期教育改革和发展规划纲要(2010—2020年)》规定,“保障学生的受教育权,对学生实施的奖励与处分要符合公平、公正原则。健全符合法治原则的教育救济制度”。《上海市教育委员会关于颁发“受理、处理、答复本市高校学生申诉暂行实施办法”的通知》(沪教委学〔2005〕172

① 《全面推进依法治校实施纲要》(教政法〔2012〕9号)。

号)对申诉申请人、申诉事由、申诉程序和期限、申诉处理和处理结果答复等作了规定,切实推进解决了"申诉人所读学校对申诉人作出的取消入学资格处理、退学处理和违规、违纪处分事项"。黑龙江省教育厅颁布《黑龙江省普通高等学校学生学籍处理及纪律处分程序若干问题的规定(试行)》(黑教学〔2012〕116 号)对包括不予复学、取消入学资格、退学和纪律处分等教育惩戒规则予以具体规定。

(六)高校章程、规章制度

鉴于目前我国教育立法相对粗疏以及立法本身所固有的缺陷性,国家立法尚存在一定的局限性。因此,在涉及高校对学生的教育管理时,对于法律所没有规定的或者没有明确禁止的事项,是否可以由高校自身作出规定,如高校所制定章程、校内规章制度等,其对学生的管理权限究竟有多大?或者说高校章程、校内规章制度所赋予高校的自主管理权的边界何在?这在当下中国高校与学生的纠纷中,是个一再被拷问却似乎总是无标准答案的问题。

从理论上来讲,高校在上位法规定范围内制定的章程、规章制度等,应当作为高校对学生实施管理的直接依据,具有法律效力。《全面推进依法治校实施纲要》要求"高等学校要依据《高等学校章程制定暂行办法》制定或者修改章程","经过核准的章程,应当成为学校改革发展、实现依法治校的基本依据",这毫无疑问是对高校章程作为高校依法管理依据的认可。当然,该实施纲要同时对高校章程作出了限定性要求,要求"章程及学校的其他规章制度要遵循法律保留原则,符合理性与常识,不得超越法定权限和教育需要设定义务。学校章程和规章制度,应当加以汇编并公布,便于师生了解、查阅。有网络条件的,应当在学校网页上予以公开。涉及师生利益的管理制度实施前要经过适当的公示程序和期限,未经公示的,不得施行"。这不仅重申了章程制定的法治原则,也明确了经核准的章程在高校学生管理中的法定效力。

因此,依据高校章程及据此而制定的校纪校规,理当是高校学生管理的直接依据,是高校对学生实施教育惩戒的直接依据。

第三节 我国高校教育惩戒制度的反思

发展至今,我国高校教育惩戒制度无论在法律文本上抑或理论研究上,已经逐渐规范、稳定,并不断走向完善。但在具体实践中,仍存在一些有待探究和完善的问题。

一、教育惩戒的价值取向

制度的价值取向决定制度的实践品格。教育惩戒引发的相关高校诉讼案件,直接关联的是现行法律法规和高校规章制度的规范性,反映出来的深层次问题是制度设计的价值取向。教育惩戒是学校对学生的一种不利益性行为,如何有效平衡学校权力和学生权利,制度设计是根本性的,而决定制度设计的正当性、必要性和合理性的,首先是价值选择。究竟是以学校权力即维护学校秩序为中心,还是以学生权利即有利于学生的成长发展为中心,价值取向的不同将直接导致制度功能定位及其实践差异。

"人本观念也许是人类社会最为根本的一个理念,或者说是一直孜孜以求的一个理念,古今中外概莫能外。"①具体到教育领域,教育的根本任务是立德树人,以人为本就是以学生为本。《世界人权宣言》第26条指出,人人都有受教育的权利,教育的目的在于充分

① 辛鸣:《制度论:关于制度哲学的理论建构》,人民出版社2005年版,第221~222页。

发展人的个性并加强对人权和基本自由的尊重。教育活动中的一切制度安排都应当以对人权的尊重和保护为根本。遗憾的是,在相当长时间的教育发展过程中,我们教育的立足点和归属点曾一度奉行"秩序至上"原则,呈现对稳定和群体秩序的偏好。在这种价值目标指引下,教育制度的制定与实施,不可避免地导致了其片面追求稳定与效率,以简单粗暴的管控和惩罚替代教育,一定程度上忽视了学生的主体性。

高校的根本任务是立德树人,这也是高校教育惩戒必然要遵循的价值选择。庆幸的是,在当代,以学生发展为中心已经成为高等教育的价值取向。相较于学校秩序而言,学生才是学校存在的根本。而在教育法律关系中,作为教育主体之一的学生获得全面发展的前提与基础,在于其作为受教育者同时也是公民的权利的实现。教育惩戒制度的制定与实施,首先是制度设计的价值选择,应当坚持以学生权利保障为中心。相关法律法规和学校规章制度,不仅要明确高校学生的实体权利与义务,也要进一步完善学生权利的程序性保障,真正实现对学生实体权利的规范与程序性权利的保障。

二、教育惩戒的权力界限

在高校与学生之间的特别行政关系下,高校教育惩戒的权力界限应该如何划分?这似乎不是个问题。根据法治精神和要求,高校对学生实施教育惩戒,无论是高校制定校纪校规,还是对违纪学生实施具体惩戒,都应当具有法律依据或者法律授权,至少不能与国家立法相抵触。如前所述,在我国当前的教育体制下,高校教育惩戒权源于《教育法》《高等教育法》等法律的授权,相关法律、法规、规章中有关高校对学生教育管理的内容为数不少,似乎并无问题。

但是,要注意的是,相关法律、法规和规章规定的是高校学生管理的基本实施规则,相对来讲比较抽象,而且也不乏授权高校自主管理的情况,如对于“学生每学期或者每学年所修课程或者应修学分数以及升级、跳级、留级、降级等要求”,对于法律没有明确规定的开除学籍以外的纪律处分的适用情形等,都要由学校规定。那么,高校应当如何规定,是否可以制定以及能在多大程度上制定比《普通高等学校学生管理规定》更加严格的校规?

对此,有学者认为,考虑到“学术自由、大学自治与国家监督”的关系,以及“特别权力关系与法律保留”。从目前高校与学生的纠纷实际看,“招录、退学、开除等足以改变学生身份的处分或者决定,以及不予颁发毕业证书或者学位证书等对学生权利造成重大影响的决定都应属于法律保留的范围”,当然,还要区分其是否涉及学术事项,“对于涉及学术的事项,法律保留密度可相对较低,即法律在作出框架规定的同时可以授权高校在一定幅度内有自由权利;对于与学术无涉的事项,则应坚持严格的法律保留,高校权力不得恣意妄为”[①]。长远来看,法律保留确实是实现高校教育惩戒权力界限的努力方向。

三、教育惩戒的适用选择

实践中,高校实施惩戒的直接依据是学校的规章制度,学校会制定如学生管理规定、违纪处分办法等,通过一定数量的条文来规范和指导学生行为,但是,复杂多变的现实情况显然并非条文所能一一穷尽的,因此,高校规章制度对学生违纪行为的规定多为概括性的,也由此造成高校教育惩戒实施的模糊地带。高校自由裁量空间越大,对学生权利侵害的可能性越大,这是我们必须要考虑的现

---

① 湛中乐等:《公立高等学校法律问题研究》,法律出版社2009年版,第366~368页。

实问题，也是应当在高校“立法”即规章制度制定层面要首先解决的问题。

（一）对学生在校外的行为是否适用惩戒

首先，高校教育惩戒是否适用于学生的校外行为这一问题，必须要回归到高校教育惩戒的制度目的与功能来进行研判。毫无疑问，高校教育惩戒制度的存在是为学校秩序与安全提供保障，从而实现人才培养目标。因此，高校教育惩戒制度首先应当以规范学生的校内行为为重点。当然，所谓的“校内”，除大学校园空间范围外，还应当包括为完成教育教学活动而延伸的空间范围。学生在这两种空间范围内，不管是参加学校组织的活动还是使用学校名称、利用学校名义的行为，都应当遵守学校纪律，违纪行为将受到学校惩戒。

其次，学生的私人校外不当行为是否适用学校教育惩戒，不能一概而论，也很难一概而论。“美国绝大多数高校的校规都有对学生校外不当行为施以惩戒的规定”，当然，在具体实施中，“学生行为规范中关于校外不当行为的惩戒规定，大学之间在运用、具体性以及宽度上存在很大差别”。与美国不同的是，德国“各邦大学法对于学生的违规行为的制裁，仅限于学生在校内的行为，而不及于校园外作为一个公民的社会行为。德国高校较普遍地不将学生的校外不当行为纳入惩戒范围，即便是学生的校外行为涉及违法犯罪，只要不属于严重破坏校园秩序的行为，高校也不会对学生施以退学之类的惩戒。当然，初犯刑律的学生一旦受刑宣判进入监狱服刑，不能注册，也不能作为休学的理由，仍然达成退学的效果”①。美、德两国对高校教育惩戒权的认识与实践并不一致，究其根源在于两国在教育体制、观念等方面的差异。

① 韩兵：《高等学校的惩戒权研究》，法律出版社 2014 年版，第 73 ~ 74 页。

我国教育惩戒权适用范围是否包含学生的校外不当行为，也要结合我国高等教育的现实情况来看。从维护高等学校秩序与实现人才培养目标来看，高校教育惩戒范围显然应以学生校内行为为重点，但也不能对其以学生身份发生的校外不良行为视而不见，当然，对于学生的校外不当行为，“只要学生的行为与高等学校所要维持的内部最低限度的教育教学秩序和生活秩序无正当关联，与高等学校所要促使学生遵守的社会基本规范和公序良俗无合理联系，就不应纳入纪律处分的适用范围”[①]。反之，学生的校外不当行为，应该纳入纪律处分的适用范围，当然，要注意的是，高校并不能以教育惩戒替代国家履行保障社会秩序的义务，故而高校对学生校外不当行为的惩戒，仅限于该行为与学校秩序有“正当关联”或与学校规则有“合理联系”的行为，且惩戒类型只能是非身份性惩戒，否则就应由国家权力机关设定。虽然对于“正当关联”“合理联系”的判断仍难免有一定的主观成分，但这个问题可以遵从学生权利保障的价值选择，宜从宽掌握。

（二）对学生的道德评价适用惩戒的界限

因教育惩戒引发的对高校诉讼案件中，不乏对学生行为道德评价的事因，如女大学生怀孕被退学案；高校校纪校规中也难免有将学生隐私行为纳入违纪范围的事例，如有高校规定“收看淫秽书刊、网页、录相者，给予严重警告处分。经教育不改者，给予记过以上处分”；也有高校规定“凡在校内打麻将的，以违纪论，视情节轻重，给予相应处分”。客观来讲，有的行为确实不符合我国传统对个人行为的道德要求，也不应该是高校鼓励乃至纵容的行为，但是否纳入

① 罗爽：《公立高等学校纪律处分权内容的法理探析》，载劳凯声主编：《中国教育法制评论》（第7辑），教育科学出版社2009年版，第222页。

惩戒范围,恐怕不能单纯以主流道德教育为标准。

从教育的角度来讲,大学生的道德层次应当引领社会风尚,但是我们不能回避的问题是:以道德评价“法律化”(学校制度)的方式对学生私生活干预的界限何在?要知道,“法治社会呼吁学校制度应当对学生权利的限制有法律根据并符合法理逻辑,不应游走于法律思维之外而纠缠于一种非理性的道德情怀之中。制度规范与道德评价应当有所分离,这是对人性尊严的尊重与对基本人权的保护”,“道德法律化不代表其合理;同样,法律和学校制度不作硬性规定的内容,不代表道德教化不应该提倡”。[①] 学生的私行为是否必然要纳入“违纪”范围,至少要综合考虑如下两个方面:一方面,社会转型期的青年学生总是会面对多元化的道德选择,主流道德的教育引导势在必行;另一方面,“法律即便是对德性低下的行为主体进行惩处,也绝非因其德性之低下,只能是该行为主体基于恶劣德性的支配而发生的违法行为。该违法行为的判断依据是行为对他人权益的实质性损害”[②]。校规主要是对学校秩序的维护,如果学生的某些私行为并未实质性损害学校秩序,未构成对他人权利与自由的侵犯,学校无权将其纳入“违纪”范围。

四、教育惩戒的司法实践

高校教育惩戒引发的诉讼案件已经屡见不鲜,司法实践对高校教育惩戒案件的裁判,切实推动了对高校教育惩戒的研究与实践,推进了高校依法治校的进程,但“高校教育惩戒”尚未成为高等教育立法中的规范术语,理论界和实务界对高校与学生因教育惩戒问题

---

① 参见孙帅梅:《高校学生纪律处分的法律研究》,复旦大学出版社 2017 年版,第 159 页。

② 孙帅梅:《高校学生纪律处分的法律研究》,复旦大学出版社 2017 年版,第 159 页。

而产生的纠纷是否能接受司法审查等认识不一，以至于对高校教育惩戒的可诉性、审查强度等，迄今为止仍缺乏统一标准。

(一)案件受理标准不统一

对高校教育惩戒权性质的认识不完全一致，法院对相关案件受理与否的标准也不完全一致。根据学者黄勇升“基于百份二审判例的实证分析”[①]，对郭某林诉武汉理工大学一案，法院认定“在高校对学生的管理中，除涉及学生身份丧失与否等重大权益的行为属于行政诉讼受案范围外，高校对学生学业等管理活动属于高校自治范围，不属于行政诉讼受案范围”。但对崔某阳诉中国地质大学一案，“一审法院以学校处罚决定程序违法为由撤销学校处罚，二审法院以留校察看处分不涉及学生身份丧失问题，不影响其受教育权，属于学校在维护学校的教育教学秩序过程中，依法行使自主管理权范畴的行为，认为该行为不属于人民法院受案范围”。法院是否应以高校教育惩戒侵犯到学生受教育权为受案标准，以及如何判断是否侵犯学生受教育权，目前相关司法判例似无统一标准。

司法裁判的摇摆在于立法的不确定，而立法的不确定难免缘于理论研究的不足。既然从实定法推导不出可供司法实践的统一标

① 学者黄勇升基于百份二审判例的实证分析，认为司法实践中所涉案例类型主要为：(1)违纪类案件，占比48%，主要是学生因为考试作弊而受到学校留校察看、勒令退学的处分，其余或因不按时注册而被注销学籍，或因受到行政处罚、刑事处罚等被开除学籍，但是没有学生因为“警告”“记过”等处分而状告学校。(2)学术类案件，占比23%，一般是因为学生未完成学业考核而被劝退，或者因毕业论文答辩不合格而不予授予学位。(3)录取类案件，占比17%，主要是在各类招生考试中因考试不合格而学校不予录取或虽被录取但复审不合格被取消入学资格。(4)学校内部管理类案件，占比7%。(5)其他类型案件，占比5%，属于“非典型案件”，“往往是学校未主动作出对学生的惩罚，但是学生认为学校侵犯了其权利而向学校提起诉讼”。参见黄勇升：《高校惩戒学生权力的司法审查界限——基于百份二审判例的实证分析》，载《复旦教育论坛》2019年第4期。

准,也许理论上的逻辑推演可以提供一条思路。在法治国度,司法且也只有司法是一切权利保障的终极屏障,尤其是公民所享有的宪法赋予的基本权利,无论何时都应当受到司法救济。作为公民和受教育者的学生,其所享有的宪法上的权利不只是受教育权,不管学校对学生施以何种惩戒,如果惩戒的实施将对其作为公民的基本权利产生实质性影响,那么意味着学校有可能因其惩戒不当而侵害学生合法权利,此时应当赋予受惩戒学生寻求司法救济的机会与途径。而且,对学生基本权利的保护,应不以学校惩戒对其造成重大影响为前提,毕竟对“重大”的判断,基于立场和角度不同,标准也不尽相同。

(二)法院审查强度不统一

法院能否对高校作出的惩戒强度加以审查、对涉及学术性的惩戒能否对高校校规作附带性审查等,各地各级法院的实践并不一致,基于不同的研究角度,学者们给出了不同的研究结论。

有学者研究认为,司法实践中,“大部分案件仅对学校的处罚程序和学生违纪事实进行审查,一旦违纪事实确定,如果学校在处罚程序上没有瑕疵,保障了学生的申诉权和申辩权,则法院不对处罚程度加以干涉”①。

也有学者研究认为,最高人民法院在相关典型指导性案例中,建立了“两种审查模式”,该两种模式分别基于不同惩戒处分类型“田某案”中的考试作弊(品行标准)与“何某强案”中的英语四级(学术标准),而“确立了法院审查高校教育行政争议的不同规则”,即“‘品行标准’严格审查与‘学术标准’有限审查”。②

---

① 黄勇升:《高校惩戒学生权力的司法审查界限——基于百份二审判例的实证分析》,载《复旦教育论坛》2019 年第 4 期。

② 参见周佑勇:《高校惩戒学生行为的司法审查——基于最高人民法院相关指导性案例的观察》,载《南京师大学报(社会科学版)》2019 年第 3 期。

查看《最高人民法院关于发布第九批指导性案例的通知》(法〔2014〕337号)发布的两个涉及教育行政领域的指导案例，一个是38号“田某诉北京科技大学拒绝颁发毕业证、学位证案”(1999年判决)，法院判决北京科技大学对田某“所做退学处理决定违法”。其主要裁判理由是，“虽然高等学校依法具有相应的教育自主权，有权制定校纪、校规，并有权对在校学生进行教学管理和违纪处分，但是其制定的校纪、校规和据此进行的教学管理和违纪处分，必须符合法律、法规和规章的规定，必须尊重和保护当事人的合法权益”，而北京科技大学依据其于1994年制定的《关于严格考试管理的紧急通知》[①]，“与《普通高等学校学生管理规定》第二十九条规定的法定退学条件相抵触，故被告所作退学处理决定违法”[②]。另一个是39号“何某强诉华中科技大学拒绝授予学位案”(2009年判决)，法院判决认为华中科技大学“将全国大学英语四级考试成绩与学士学位挂钩，属于学术自治的范畴”。其主要裁判理由是，高等学校依法行使教学自主权，自行对其所培养的本科生教育质量和学术水平作出具体的规定和要求，是对授予学士学位的标准的细化，并没有违反《学位条例》第4条和《学位条例暂行实施办法》第25条的原则性规

---

① 北京科技大学1994年制定的校发〔94〕第068号《关于严格考试管理的紧急通知》第12条规定，“凡考试作弊的学生一律按退学处理，取消学籍”。

② 判决依据的是1990年《普通高等学校学生管理规定》(国家教育委员会令第7号)，其中第29条第1款规定，学生有下列情形之一者，应予退学：(1)一学期或连同以前各学期考试成绩不及格课程有3门主要课程或4门(含4门)以上课程不及格者；(2)实行学分制的学校，不及格课程学分达到退学规定学分数者；(3)连续留、降级或留、降级累计超过两次者；(4)不论何种原因，在校学习时间超过其学制两年者；(5)修学期满不办理复学手续者；(6)复学经复查不合格不准复学者；(7)经学校动员，因病该修学而不修学，且在一学年内缺课超过该学年总学时1/3者；(8)经过指定医院确诊，患有精神病、癫痫等疾病者；(9)意外伤残不能再坚持学习者；(10)本人申请退学，经说服教育无效者。

定。因此,何某强因未通过全国大学英语四级考试不符合华中科技大学学士学位的授予条件,武昌分校未向华中科技大学推荐其申请授予学士学位,故华中科技大学并不存在不作为的事实,对何某强的诉讼请求不予支持。

相对来讲,对基于纪律行为的惩戒而引发的纠纷适用"严格审查",对基于学术行为的惩戒而引发的纠纷适用"有限审查",既能解决当下司法实践中管辖与审查问题,也体现了对大学自治传统的充分尊重。

第四章　高校教育惩戒的基本原则

高校教育惩戒的基本原则应当区别于高校教育管理的一般原则。高校教育管理的一般原则，如法治、平等、民主、发展等原则，必然是高校教育惩戒制度在制定和实施中应当遵守的原则，但是这些一般原则并不是教育惩戒所特有的，而是高等教育管理都应当体现和遵循的原则，是教育惩戒与其他教育管理共同的基本原则。因此，高校教育惩戒制度的基本原则，主要是指法律保留原则、教育与惩戒相结合原则、过罚相当原则、正当程序原则。鉴于相关原则的现实缺失及对既有原则的尽量完善，本部分的研究将结合应然和实然两个层面进行论述。

第一节　法律保留原则

在现代法治国家，处理高校与学生间关系时，首先应当坚持合法性原则，即主体、权限、程序、内容和形式等的合法性，这也是处理所有法律关系时都应当遵循的一般原则。就高校教育惩戒尤其是高校制定校纪校规而言，在合法性原则之下的法律保留原则是特别要注意遵循的原则。

一、法律保留原则的含义

法律保留原则源于德国，按照德国行政法学鼻祖奥托·迈耶的定义，法律保留是指"特定范围内对行政自行作用的排除"[①]。自清末民初从日本传入我国之后，对实行法律保留形成一定共识。[②] 在行政法上，法律保留原则与法律优位原则共同构成"依法行政原则"。法律优位原则强调"在某一行政领域，只要存在现行有效的法律，行政机关就必须予以适用，且应正确适用而不能有所偏离"，法律保留原则则强调"在某些领域中，行政机关必须有法律的授权才能采取行政措施"[③]。从保留的强度看，法律保留又可分为绝对法律保留和相对法律保留，前者是指"只能由国会立法加以决定的事项，国会不能将该事项的立法权授予其他主体"，后者是指"虽然属于应由国会立法决定的事项，但国会也可以不亲自立法，而是授权其他主体立法加以决定"[④]。法律保留旨在"明确权力秩序，确定授权禁区"[⑤]，通过对立法者（民主国家中公民权利保护的代议机构）和行政者权力界限的划分，防止公民的基本权利因国家行政权的无限扩张而受到侵害。实际上，法律保留原则涉及两个层次的问题：一是立法层面，涉及最高国家立法机关与其他国家机关立法权限的划分问题；二是行政层面，涉及只有最高国家机关享有立法权的领域，行政机关的行为必须具有相应的法律依据，即法无明文规定不可为。

---

① [德]奥托·迈耶：《德国行政法》，刘飞译，商务印书馆2002年版，第72页。

② 参见王贵松：《行政活动法律保留的结构变迁》，载《中国法学》2021年第1期。

③ 姜明安、余凌云主编：《行政法》，科学出版社2010年版，第68～69页。

④ 姜明安、余凌云主编：《行政法》，科学出版社2010年版，第68～69页。

⑤ 范忠信、范沁芳：《论对授权立法中授权行为的监控——各国现制比较及我国现制之反省》，载《法律科学（西北政法大学学报）》2000年第1期。

二、法律保留原则在我国的适用

目前,我国宪法法律中存在法律保留原则的具体内容,例如,《宪法》第 40 条规定:“中华人民共和国公民的通信自由和通信秘密受法律的保护。”换言之,对公民通信自由和通信秘密的限制,只能由法律作出规定。“从公民的基本权利义务以及在宪法的层次上对公民的基本权利实施保障的实质目的出发,要求行政活动至少在涉及公民的基本权利义务是应该具有法律根据。”[①]《立法法》在第 11 ~ 13 条规定了法律保留原则中的绝对保留事项与相对保留事项及授权要求,虽然没有明确使用“绝对保留”和“相对保留”的概念,但实际上,可以授权国务院制定行政法规的事项是相对保留事项,不能授权国务院制定行政法规的事项是绝对保留事项。

在《行政处罚法》《行政强制法》等部门法律中,同样存在法律保留原则的相关内容,《行政处罚法》第 10 条第 2 款规定:“限制人身自由的行政处罚,只能由法律设定。”《行政强制法》第 10 条第 2 款规定:“尚未制定法律,且属于国务院行政管理职权事项的,行政法规可以设定除本法第九条第一项、第四项和应当由法律规定的行政强制措施以外的其他行政强制措施。”

实践中,法律保留原则同样被认可和适用。最高人民法院曾在《关于人民法院审理行政案件对缺乏法律和法规依据的规章的规定应如何参照问题的答复》(已失效)中明确“辽宁省人民政府发布的《关于加强公路养路费征收稽查工作的通告》第六条‘可以采取扣留驾驶证、行车证、车辆等强制措施’的规定,缺乏法律和法规依据,人民法院在审理具体案件时应适用国务院发布的《中华人民共和国公

① 沈福俊主编:《行政法与行政诉讼法教程》,北京大学出版社 2012 年版,第 37 页。

路管理条例》的有关规定"①。近年来,随着备案审查制度的激活,一系列与宪法法律抵触的地方性法规被纠正,如在《全国人民代表大会常务委员会法制工作委员会关于2019年备案审查工作情况的报告》中提道,"有的地方性法规规定,公安机关交通管理部门调查交通事故时可以查阅、复制当事人通讯记录。经审查认为,该规定不符合保护公民通信自由和通信秘密的原则和精神;对公民通信自由和通信秘密保护的例外只能是在特定情形下由法律作出规定,有关地方性法规所作的规定已超越立法权限"。②

三、法律保留原则在教育惩戒中的具体适用

(一)高校教育惩戒应当遵循法律保留原则

传统特别权力关系理论认为,行政主体与其相对人之间的关系属于内部关系,双方之间并非权利义务均衡的法律关系,故而不适用法律保留。随着民主、法治的发展,法律保留适用范围不断扩大,特别权力关系中的相对人如高校中的学生,逐渐被认为不仅仅是行政主体的内部组成部分,其本身也是一个自然人、一个独立的权利义务主体,不仅享有宪法赋予的基本权利同时也应当受到宪法和法律的保障,如果继续排除适用法律保留,就有可能成为"法治国下的一个隙裂"③。法律保留本身旨在保障公民的基本权利,在现今的民

---

① 《最高人民法院关于人民法院审理行政案件对缺乏法律和法规依据的规章的规定应如何参照问题的答复》于1994年1月13日颁布,自2019年7月20日起不再适用。

② 参见沈春耀:《全国人民代表大会常务委员会法制工作委员会关于2019年备案审查工作情况的报告》,载中国人大网,http://www.npc.gov.cn/npc/c30834/201912/24cac1938ec44552b285f0708f78c944.shtml。

③ 黎军:《论法律保留原则与公民基本权利之保障》,载中国博士后科学基金会、中国社会科学院、中国社会科学院法学研究所主编:《法治与和谐社会建设》,社会科学文献出版社2006年版,第166页。

主法治国家,公民作为宪法赋予的基本权利的主体,任何对其基本权利的限制,都应当有切实的法律依据。即便是在"特别行政关系"之下的高校与学生之间,高校行使其被授予的行政权,依然不能影响或者侵害学生作为一个公民所应享有的基本权利。因此,将高校纳入法律监督之下,减少其利用特别权力关系规避法律从而侵害学生权利的空间,是现代法治国家建设的必然要求。如何限定行政主体对其内部成员所享有的权力,避免其权力无限膨胀,自然非行政主体之外的权力机关莫属,由立法者通过宪法或法律来限定。

(二)高校教育惩戒应当部分适用法律保留原则

高校基于学术自由的需要而享有较高程度的自主权,因而是不同于行政机关的特殊组织,虽然这不代表高校可以脱离法治,但意味着必须要在大学自治和国家监督之间保持恰当的平衡,既要避免国家监督妨害学术自由,也要避免高校恣意妄为。有学者认为,借鉴德国经验,"在高校与学生的特别关系领域确定法律保留的适用范围及程度关键是确定何谓'重要性'事项","招录、退学、开除等足以改变学生身份的处分或者决定,以及不予颁发毕业证书或者学位证等对学生权利造成重大影响的决定都应属于法律保留的范围"。当然,对于涉及学术事项和非学术事项的法律保留密度不同,前者由法律在作出框架规定的同时可以授权高校在一定幅度内有自由权利,后者则应坚持严格的法律保留。[①] 虽然学界对高校教育惩戒适用法律保留的范围与程度尚无定论,该学者的观点不失为适应当下的现实举措。

研究高校教育惩戒的法律保留时,值得关注的不只是高校惩戒事实上造成的侵害,而首先应当关注的是其对学生权利尤其是基本

① 参见湛中乐等:《公立高等学校法律问题研究》,法律出版社 2009 年版,第 367 页。

权利侵害的可能性。就我国的研究现状来看,对诸如开除学籍这样的足以改变学生身份的处分,必须适用法律保留,即应当由立法者以法律形式确定开除学籍处分的适用条件,学校只能在法律规定范围内进行细化;但在其他不涉及学生基本权利的方面,如学校的作息时间、主要管理规定等问题上,即使没有法律依据,学校也可以自行制定本校规则。当前对高校惩戒是否适用法律保留,其理论逻辑多是从惩戒决定改变了学生受教育者的身份或者是对学生权利造成重大影响方面论述,暂且不说对“重大影响”评判的难度,单纯以权利应当受到平等对待来看,如果学生的受教育权适用法律保留,那么作为学生也是公民的其他基本权利是否同样适用法律保留?从法律保留原则对基本权利的保障来看,不论是受教育权还是其他基本权利如言论、出版、集会、结社自由等权利,作为公民的学生同样拥有,也应当受到同等保护。当然,对此类权利的具体保护方式,不仅限于诸如开除学籍的适用情形由法律规定,还体现在如高校惩戒学生的违纪行为涉及其作为公民的基本权利,学生不服惩戒决定的,应当有权寻求行政救济,向行政机关提请复议或者提起行政诉讼。

第二节　教育与惩戒相结合的原则

教育惩戒的合理性关系到教育目的的实现。高校教育惩戒权是一柄双刃剑,既能在必要时对学生的不当行为施以惩戒,促进学生理性发展,也极易被滥用,侵害学生合法权益。“高校作为高等教育机构,是教育与培养人的地方,既应当在必要时对学生的不当或违法行为施以惩戒,也应当以发展与教育的眼光来看待学生的不当行为，通过恰当的方法来实现惩戒手段和教育目的之间的协调与平衡"[①]，这是高校教育惩戒应当坚持的原则。

一、正确认识惩戒的教育意义

一般来说，制度借助两种方式限制或约束人的行为，一是通过意识形态说服人们自律，二是依靠外部权威强制执行。说服方式是大量的、普遍的，也是制度希望做到的，但制度约束的底蕴是强制，不是说服。[②] 权利和权力都是具有相对性的，即任何权利或者权力都是有其限度的，一旦超越了这个限度，就意味着对权利或权力的滥用。对权利或者权力的界定与限制，恰恰是制度最为基本的功能。制度通过一系列的规则为制度内的人的活动划定界限，规范人们之间的相互关系，通过提倡或反对、鼓励或压抑、激励或惩罚等的规定，塑造人们的行为模式。马卡连柯说，"正确地和有目的地应用惩罚是非常重要的"[③]，当"大量的、普遍的"说服仍然达不成教育目的和效果时，适当的强制性方式如惩罚也是实现教育目的的必要选择。

但是，惩戒无论何时、无论以何种方式出现，都应当服务于教育目的。现实中，教育惩戒的惩罚和戒除并不构成必然的因果对应关系，不是所有受惩罚的学生都能认识错误并认可所受处罚，并从中吸取教训，自觉修正行为。因此，对惩戒的教育性的认识，要辩证看待：一是在学生群体层面。对违纪学生个体的惩戒，影响的不仅仅是个体，还会影响学生群体，因为群体与个体都面临同等纪律规范

---

① 韩兵：《高等学校的惩戒权研究》，法律出版社 2014 年版，第 160 页。

② 参见辛鸣：《制度论：关于制度哲学的理论构建》，人民出版社 2015 年版，第 117 页。

③ 吴式颖等编：《马卡连柯教育文集》（上卷），人民教育出版社 2005 年版，第 277 页。

的调整,群体中受惩戒的个例将可以起到预防性教育的目的。不管是理论上还是事实上,惩戒的目的可以说是预防学生违纪行为的发生,从而服务学生的发展。二是在违纪学生个体层面。惩戒可以只考虑行为本身,但是教育必须考虑主体因素。对违纪学生个体的惩戒,不能仅看重其表现出来的行为结果,还必须充分考虑学生的主观因素,包括对违纪行为错误的认识深度、违纪后的现实表现、对所受惩戒的接受程度等,这些因素都将在一定程度上影响学生在受到惩戒后行为的选择。

二、我国教育与惩戒相结合原则的适用现状

我国教育实践中是遵循了"教育与惩戒相结合"的原则。教育部在《全面推进依法治校实施纲要》中,要求"对违反学校纪律的学生,要明确处分的期限与后果,积极教育挽救"。《普通高等学校学生管理规定(2017)》第 54 条规定学校给予学生处分,应当坚持教育与惩戒相结合。《教育部关于进一步加强高等学校法治工作的意见》(教政法〔2020〕8 号)要求"健全师生权益保护救济机制。对教师、学生的处理、处分,应坚持教育与惩戒相结合,遵循比例原则,严格履行程序,处理、处分决定作出前应当进行合法性审查"。高等学校的根本任务在于立德树人,因此,对违纪学生在依法、依规给予惩戒的同时,应当格外注重说服教育,以使其真正认识错误、改过自新。

教育实践中往往因为对惩戒的意义、惩戒形式的不利益性以及惩戒实施过程中的问题等的认识偏差,从而对惩戒的教育意义产生疑问,甚或是曲解了惩戒的教育意义,没能很好地贯彻教育与惩戒相结合的原则,重惩戒、轻教育的现象仍然存在且较为明显,也很难彻底根除。除去教育惩戒立法技术不足和立法滞后的原因,惩戒实

施中的问题：一是受传统观念的影响，对违纪行为仍有“不惩不快”之倾向，在可惩与可不惩之间，有时难免选择施以惩戒；二是惩戒方式的适用失当，高校在自由裁量空间内，选择了更为严厉的惩戒方式，让违纪学生难以心服；三是惩戒实施的过程，高校往往采取的是集体的流水作业模式，不同层面、不同环节的人员分工负责，为确保惩戒的合法合规，事实上造成更看重客观的证据而忽视对违纪行为的动机、原因等的把握的现象，过程中也往往缺乏对违纪学生的思想动态的了解、教育引导等；四是缺乏对惩戒后的教育评价，惩戒是否以及如何实施更为高校所关注，而惩戒后对违纪学生的观察、引导、评价等相对欠缺；五是基于惩戒的不当关联，受惩戒学生即便改过自新，往往因为学校相关规定或事实上的主观评价等，一定时期乃至永久性地失去了在校期间评奖评优等机会。

三、教育与惩戒相结合原则在教育惩戒中的具体适用

高校教育惩戒的制定与实施，应当紧密围绕是否有利于学生成长发展这一根本目的而展开。惩是手段，戒是效果，高校教育惩戒的根本目的在于立德树人，促进学生的健康成长发展。

为此，首先，在惩戒制度的设计上，既要注重惩戒目的的正当性、惩戒范围的必要性、惩戒措施的合理性、惩戒过程的合法性，也要关注惩戒后的权益救济以及教育评价，实现制度正义。

其次，在惩戒制度的实施上，高校要慎重考量其所惩戒的行为、采取的惩戒措施等是否与教育目的相符合，既要保证惩戒实施的正当程序到位，也要做好惩戒后的教育评价，避免“一惩了之”。

如何实现惩戒手段与教育目的之间的协调与均衡，有学者主张引入比例原则（又称最小侵害原则），因为比例原则注重惩戒手段与教育目的之间的关联性，关注高校惩戒行为是否基于正当目的与动

机,惩戒的严重性是否与学生的过错大小成比例,惩戒权的行使是否适度,是否责过失衡等,其精神与高校惩戒的育人目的相契合。[①]具体到高校教育惩戒,比例原则着眼于教育目的与惩戒手段之间的关系,强调的是惩戒所能实现的价值,相对来讲更具有前瞻性,对比例原则理性而又审慎的选择,会让很多可能的不当惩戒消解于未然之中,更能提高惩戒制度与惩戒决定的可接受度,增加学生对惩戒的信服力,更好地发挥育人功能。

第三节　过罚相当原则

过罚相当原则适用于惩戒的处罚裁量行为,聚焦的是已然发生的行为,要求惩戒与不当行为相均衡。

一、过罚相当原则的含义

在我国,过罚相当原则是设定和实施行政处罚的法定原则之一,为成文法所规定。《行政处罚法》第 5 条第 2 款明确了过罚相当原则的含义,即"设定和实施行政处罚必须以事实为依据,与违法行为的事实、性质、情节以及社会危害程度相当"。究其根源,"行政处罚的'过罚相当'原则,与刑罚中的'罪罚相当'原则,精神实质是一致的"[②],可以说,"'过罚相当'原则是刑法理论在行政处罚中的应用"[③]。

① 参见韩兵:《高等学校的惩戒权研究》,法律出版社 2014 年版,第 160 页。

② 张春生主编:《中华人民共和国行政处罚法释解》,中国社会出版社 1996 年版,第 7 页。

③ 全国人大常委会法制工作委员会国家法、行政法室编著:《〈中华人民共和国行政处罚法〉释义》,法律出版社 1996 年版,第 9 页。

二、我国过罚相当原则的适用现状

在行政法领域,从立法、司法实践和理论研究来看,过罚相当原则总体上被遵循,但同时面临如何判断过罚相当的困境,有待进一步探索与改进。

在教育领域,过罚相当原则已经成为高校教育惩戒的法定原则之一。《普通高等学校学生管理规定(2017)》第54条规定,学校给予学生处分,应当与学生违法、违纪行为的性质和过错的严重程度相适应。

三、过罚相当原则在教育惩戒中的具体适用

过罚相当即惩罚幅度与过错程度应当是相当的,这里至少包含三层含义。

一是只有当学生实施了违纪行为,才应受到惩戒,否则学生不能被惩戒。当然,学生的哪些行为会被惩戒,需要学校事先规定并公告,让学生有所了解并遵循,才能真正起到惩戒的教育效果。

二是惩戒与学生的过错应当成比例或对等,即学生过错行为有多严重,学校就应当对他施以多重的惩罚,否则就会有失公平正义。学校基于教育目的而不得不采取否定性的惩戒措施,惩戒的程度应当根据学生过错的程度而有所区分,当然,还应当适当考虑学生的现实表现等。虽然这个原则不是绝对的,很多时候仍是很难确定的,不过其中过罚相当或对等的理念是非常明确的,即严重的违纪行为应当受到相对严厉的惩罚,轻微的违纪行为应当受到相对较轻的惩罚。

三是学校在执行惩戒规则时,要考虑适用的平等性,即不仅要考虑个体的过罚相当,还应当做到平等地对待所有类似行为的学

生,坚持相同行为给予同样惩戒,虽然这也并非绝对,但是至少不能出现明显的差别对待。

教育实践中,有高校校规规定了“加重处分”的情形,如经教育后认错态度不好的、有意包庇其他违纪行为的、对检举人或证人打击报复的、受处分后再次违纪需处分的、同时有两种以上违纪行为的、勾结校外人员作案的、在群体性违纪事件中起主要作用的等,对具有以上情形之一的,在处分规定的上一档处理,这是否符合过罚相当原则? 就处分的裁量而言,高校在过罚相当原则指导下,往往会考虑违纪行为的性质、情节和后果,分别给予免于处分、减轻处分、从轻处分、从重处分等的规定,这四种裁量都有惩前毖后之功效,值得肯定,但是其中的加重处罚并不合适。从轻(重)处罚分别是指在规定处罚种类和幅度内对行为人适用较轻(重)种类或者较小(高)幅度的处罚,减轻或加重处罚分别是指在规定的最轻(重)处罚种类和最小(高)处罚幅度以下(上)给予处罚。举重以明轻。既然过罚相当原则源于刑法中的罪刑相适应原则,对照刑法中关于刑罚的裁量,后者仅规定从重、从轻、减轻处罚情节,排除“加重”处罚,因其有违“罪刑相适应”原则。故而,学校惩戒学生,也应当与学生违法、违规、违纪行为的性质和过错的严重程度相适应,“加重”处分不符合过罚相当原则。

第四节　正当程序原则

高等学校享有办学自主权,并不意味着高校可以不遵守程序约束。教育惩戒对学生行为的否定性评价,不论惩戒的轻重,难免都会对受惩戒学生的心理、学习与生活造成不同程度的负面影响。因此,为达成惩戒的教育目的,实现惩戒的教育效果,对高校实施教育惩戒应有相应的程序约束机制。“程序的实质是管理和决定的非人情化,其一切布置都是为了限制恣意、专断和裁量。”[①]没有程序制约或规范的权力很可能等于肆意和专断,而没有程序保障的权利则可能流于形式。

受“重实体、轻程序”的思想传统的影响,我国高校教育立法和实践对学生程序性权利的保障依然较为薄弱,近年来高校诉讼案件多因程序不当而产生并致高校败诉。“只有公正的程序,才具有产生公正结果的能力。”[②]因此,确立和遵守正当程序原则,有助于维持高校自主权与学生权利保护之间的平衡。

一、正当程序原则的含义

正当程序原则最早源于英国古老的法治原则即“自然正义”(natural justice)原则,包含两项根本的原则:一是任何人不得做自己案件的法官;二是任何人在遭受不利时都享有被听取意见的权利和机会。前者的主要目的是防止偏私,要求裁决者必须是独立的,即与所裁决的事项无直接利害关系,不对案件当事人或其主张有任何偏见或成见;后者的主要目的是实现当事人受公正审讯的权利,要求裁决作出前要允许当事人申辩,以便弄清问题,并对其合理申辩予以采信,不审而判是不公正的。新近的发展将“提供决定理由”以及“决定必须以有证明价值的证据为依据”两项新要求也纳入自然正义原则中。[③]

---

① 季卫东:《法律程序的意义——对中国法制建设的另一种思考》,载《中国社会科学》1993 年第 1 期。

② 沈宗灵:《法理学》,高等教育出版社 1994 年版,第 261 页。

③ 参见申素平:《教育法学:原理、规范与应用》,教育科学出版社 2009 年版,第 154 页。

二、我国正当程序原则的适用现状

客观来讲，正当程序原则已经在我国教育立法中得到适用。如《教育法》第43条第4项规定，受教育者可对“学校给予的处分不服向有关部门提出申诉，对学校、教师侵犯其人身权、财产权等合法权益，提出申诉或者依法提起诉讼”。《学位条例》第17条规定，“学位授予单位对于已经授予的学位，如发现有舞弊作伪等严重违反本条例规定的情况，经学位评定委员会复议，可以撤销”。《普通高等学校学生管理规定(2017)》第54条要求学校对学生的处分，应当做到“程序正当”，并通过第56、57、58条，规定了处分决定的作出及送达、听取学生的陈述和申辩等要求。

必须要承认的是，当前教育立法对正当程序的规定较为简略，尤其是缺乏对听证程序的规定，尚无法满足教育实践的需求；而教育实践中，仍存在一些较为突出的问题，一是以事实调查代替听取处分前的陈述与申辩，学校往往在事实调查环节就完成了听取处分前的陈述与申辩这一环节，由此代替了本应在学校作出拟处分意见后听取学生对拟“作出决定的事实、理由及依据”的程序；二是学生的申辩意见没有得到应有的尊重，现实中，学生的陈述申辩意见往往止步于基层工作人员或基层工作部门，而且是指控学生违纪的基层部门，而学校的处分作出部门在作出处分时并未真正听取学生的申辩意见，往往是由指控学生违纪的部门代为转述的，有违程序公正。

三、正当程序原则在教育惩戒中的具体适用

现代法律程序的一个重要特征就是“平等参与、对等沟通、充分

交涉”[1]。高校作为惩戒主体,惩戒程序的正当性至少应当满足以下五方面的要求,当然,不同程度的惩戒,在具体实施中可能会有所简化。

1. 规则公开,指制定并公布规则。校规应当预先设定,事后“立法”应视为无效。学校应当将惩戒规则事先告知学生,如张榜公布、发放学生手册和组织学习解读等,让学生预先了解应为与不应为之行为以及可能产生的相应后果。

2. 保持中立,指回避原则。人不能做自己的法官,有权实施惩戒的管理者应该是与惩戒事件无利害关系的人,与过错行为相关的人员如与行为人或行为相对人有利害关系的,在惩戒过程中应当回避。

3. 证据充分,指事实清楚。无论学校做出何种惩戒,都必须以客观存在的事实作为处理依据。核心就在于要重调查、重证据,认定事实必须以查证属实的证据为依据,尤其应给将受惩戒者以申辩和对质的机会,让当事人能够有机会表达其意见,并对被指控事项做出相应解释,以便验证证据或事实的客观性。

4. 保证惩戒机构或人员的中立性与惩戒程序的民主性。学生惩戒程序中,不管过错行为性质及拟给予的惩戒种类如何,一方面应当重视让当事学生在惩戒程序中有充分的表达机会及相对充足的自由选择权,如学生有权选择是否申请听证;另一方面应当保障非代表校方的中间方即教师代表与学生代表参与到惩戒程序中。

5. 强调价值与效率的兼顾。程序的设立与采取,应以学生权利保护为主,同时要兼顾学校管理效率的实现。学校管理的主要目的是服务学生的发展,程序拖沓难免会影响到学生正常的学习、生活,

---

① 孙笑侠:《程序的法理》,商务印书馆2005年版,第27页。

也不利于对其他学生的教育与管理。但是,讲求效率不代表对程序要求的降低,应当在对学生教育价值实现的基础上追求效率的最大化。而且,应当认识到的是:惩戒程序的一丝不苟,虽然可能在投入的精力与时间上有所增加,但惩戒过程的正当,能够让惩戒决定的信服度增加,降低申诉、复议甚至诉讼的发生概率,相当于节约了成本,提高了性价比。

第五章　高校教育惩戒的种类和设定

第一节　高校教育惩戒的种类

我国高等教育相关立法中虽无“惩戒”概念，但实有多处关于教育惩戒的规定。《教育法》作为教育领域的基本法律，第 29 条第 1 款概括性地规定学校及其他教育机构有权“对受教育者进行学籍管理，实施奖励或者处分”。具体惩戒形式散见于《学位条例》《普通高等学校学生管理规定》等法律法规以及各高校章程、校纪校规之中，主要包括：(1)取消入学资格；(2)取消学籍；(3)不予注册；(4)课程考核成绩记为无效、成绩作零分处理、取消学生参加课程考核的资格；(5)补考、重修；(6)留级、降级；(7)学术称号、荣誉称号、奖助学金限制；(8)退学；(9)拒不授予或撤销学历证书、学位证书；(10)批评教育；(11)警告、严重警告、记过、留校察看、开除学籍；(12)其他惩戒形式。

一、取消入学资格

取消入学资格是针对学生违反入学规范的一种身份性惩戒形式。《普通高等学校学生管理规定(2017)》第 8 ~ 10 条对入学资格的丧失作出了规定，包括：(1)按国家招生规定录取的新生未请假或者请假逾期的,除因不可抗力等正当事由以外,视为放弃入学资格。(2)学校应当在报到时对新生入学资格进行初步审查,审查发现新生的录取通知、考生信息等证明材料,与本人实际情况不符,或者有其他违反国家招生考试规定情形的,取消入学资格。(3)新生保留入学资格期满前应向学校申请入学,经学校审查不合格的,取消入学资格;逾期不办理入学手续且未有因不可抗力延迟等正当理由的,视为放弃入学资格。

上述规定包含两种丧失入学资格的模式,即(主动)放弃入学资格和(被动)取消入学资格,放弃入学资格并非一种教育惩戒,考生在被高校录取后,尚未与高校建立教育管理关系,对于考生而言,在非义务教育阶段,受教育主要以权利的形态表现,而非义务,因此有选择入学和选择不入学的权利。获得入学资格的考生行使选择不入学的权利,即表示否定高校的录取行为。高校与考生之间的教育管理关系自始未建立,高校自然不具有对考生实施教育惩戒的权力。取消入学资格则是在学生选择入学后,准教育法律关系形成后,由高校对学生作出的否定性评价。

取消入学资格作为一种惩戒形式,适用对象是已经被高校录取,并且已经表示选择入学,但尚未正式取得学籍的学生,其适用于3种情形:(1)入学报到时经审查发现新生的录取通知、考生信息等证明材料,与本人实际情况不符;(2)其他违反国家招生考试规定情形的;(3)保留入学资格的新生在期满前申请入学,经审查不合格。对于以上适用情形,有必要进一步明确,如“与本人实际情况不符”达到何种程度、违反国家招生考试规定的哪些情形可以取消入学资格,审查不合格的依据是什么,什么样的情形会导致审查不合格等。此外,在上述三种情形之外,高校是否有权设定其他予以取消入学资格的情形,例如,《南京邮件大学学生违纪处分规定》(2013 年修订版)第25条规定:“新生入学后尚未取得学籍期间,其违纪行为应给予开除学籍处分的,作取消入学资格处理。”依据该条规定,取消入学资格的适用除上述三种情形外,还包含符合条件的应予以开除学籍处分的情形,有抵触上位法的嫌疑。

从《普通高等学校学生管理规定》修订脉络看,取消入学资格的适用情形有所限缩。除上述三种情形外,根据《普通高等学校学生管理规定(1990)》规定,(1)未经请假或请假逾期报到的,以旷课论,超过两周不报到者,取消入学资格。(2)复查不符合招生条件者,由学校区别情况,予以处理,直至取消入学资格。(3)身体健康情况复查不合格或合格后逾期不办理入学手续者,取消入学资格。情形(2)修改为适用取消学籍的教育惩戒。换言之,从教育管理关系看,考生按学校有关要求和规定的期限到校办理入学手续后,即取得学籍,不宜再适用取消入学资格。情形(3)中“复查”仅指对于新生健康状况的复查,在2017年修订后不再笼统地规定健康标准,仅仅针对“是否符合报考专业或者专业类别体检要求”作出健康要求,实际上针对的是隐瞒身体健康状况的情形,并且将其调整为适用取消学籍的惩戒形式。因此,《普通高等学校学生管理规定》在修订过程中,不断明确取消入学资格的内涵与适用情形,使得适用对象仅为尚未取得学籍的“准”学生。

从高校有关学籍管理的相关规定来看,部分高校对取消入学资格与取消学籍两种教育惩戒形式,在理解和适用方面存在混淆,例如,《复旦大学学籍管理规定(2017)》第5条第2款规定“取消入学资格应当由校长办公会议决定。校长办公会议决定取消入学资格的,学校出具取消入学资格决定书。取消入学资格决定书自送达之日起生效”。取消入学资格针对的是尚未取得学籍的“准”学生,出具“取消学籍决定书”显然是矛盾的。高校在制定校纪校规时应当清楚取消入学资格与取消学籍的界分，规范教育惩戒形式的适用。

二、取消学籍

取消学籍是针对学生违反招生规范的一种身份性惩戒形式。取消学籍的适用限于入学后到毕业离校。《普通高等学校学生管理规定（2017）》第 11 条规定，学生入学后，学校应当在 3 个月内按照国家招生规定进行复查。复查中发现学生存在弄虚作假、徇私舞弊等情形的，确定为复查不合格，应当取消学籍。第 37 条规定："对违反国家招生规定取得入学资格或者学籍的，学校应当取消其学籍……"《普通高等学校学生管理规定（2017）》对取消学籍的相关规定较为明确，适用于存在通过弄虚作假、徇私舞弊方式取得入学资格的情形。

弄虚作假是指身份信息、入学资格等存在造假的情况。根据《普通高等学校招生违规行为处理暂行办法》第 11 条第 1 款的规定，弄虚作假主要包含三类情形：（1）提供虚假姓名、年龄、民族、户籍等个人信息，伪造、非法获得证件、成绩证明、荣誉证书等，骗取报名资格、享受优惠政策的；（2）在综合素质评价、相关申请材料中提供虚假材料、影响录取结果的；（3）冒名顶替入学，由他人替考入学或者取得优惠资格的。例如，在"刘某东与江苏警官学院取消学籍的行政决定纠纷上诉案"①中，原告刘某东在江苏警官学院即将毕业之际，有群众举报其在高考中存在舞弊情形，经调查，证实刘某东参加江苏省普通高校招生考试报名时采集的照片并非其本人，法院因此认定，刘某东违反高考报名制度规定，用他人冒名顶替自己办理高考相关手续，足以认定刘某东在高考报名时弄虚作假的事实。

---

① 江苏省南京市中级人民法院行政判决书，（2008）宁行终字第 54 号。

徇私舞弊指入学考试、考生招录过程中存在舞弊或违规招录等情况。教育部2002年发布的《关于坚决制止和严肃处理各类高等教育考试中替考等违纪舞弊现象的通知》第3条重申,对考试舞弊者,无论何时,一经发现,均予以追究,已经入学的予以退学或取消学籍。2004年教育部颁布的《国家教育考试违规处理办法》第11条规定,学生以舞弊行为被录取或入学的,由录取学校取消录取资格或者学籍。

三、不予注册

不予注册是针对学生违反学籍注册规范的一种纪律性惩戒形式。不予注册作为一种教育惩戒形式存在一定争议,如学者沈岿、刘旭东等在列举教育惩戒形式时,均未将不予注册作为一种单独的教育惩戒形式。[①] 注册是高校学籍管理的具体制度,不予注册作为一种教育惩戒形式,主要针对未按学校规定缴纳学费或有其他不符合注册条件的情形。根据《普通高等学校学生管理规定(2017)》第12条第1款规定:"每学期开学时,学生应当按学校规定办理注册手续。不能如期注册的,应当履行暂缓注册手续。未按学校规定缴纳学费或者有其他不符合注册条件的,不予注册。"对于未按学校规定缴纳学费的情形,并非一概施以不予注册的惩戒,如确因家庭经济困难的,可以申请助学贷款或者其他形式资助,在办理相关手续后即可完成注册,因此,不予注册惩戒主要针对的是恶意不按期缴纳学费的学生。关于其他不符合注册的情形,相关规章并未明示,各高校

---

① 参见沈岿:《析论高校惩戒学生行为的司法审查》,载《华东政法学院学报》2005年第6期;刘旭东:《"高校教育惩戒"范畴论辩及司法规制——基于司法案例的研究》,载《教育发展研究》2020年第1期。

在学籍管理规定中作具体要求，例如，《复旦大学学籍管理规定(2017)》规定不予注册的4种情形：(1)休学；(2)保留学籍；(3)无正当理由欠缴学费的；(4)学习年限届满的。休学、保留学籍、学习年限届满属于不予注册的当然情形，在此情况下，不予注册不宜视为教育惩戒。无正当理由欠缴学费是对《普通高等学校学生管理规定(2017)》中“未按学校规定缴纳学费”的限缩解释，拟惩戒对象需有主观上故意方才构成“无正当理由欠缴学费”，这对学生权益具有更好的保障效果。因此，不予注册并非当然属于教育惩戒形式，仅针对特定情形予以适用。

不予注册作为一种教育惩戒形式，《普通高等学校学生管理规定(1990)》第8条规定，因故不能如期注册者，必须履行请假手续，否则以旷课论。未经请假逾期两周不注册的，按自动退学处理。不予注册的法律效果是限制被惩戒对象参与课程学习的权利，并且在“未经请假逾期两周不注册的”则将受到退学处理。例如，《复旦大学学籍管理规定(2017)》第15条第3款规定：“学校未予注册的学生不得参加课程的学习和考核。”然而，2017年修订后的《普通高等学校学生管理规定》删除了不予注册的法律效果，对不予注册的法律效果作了留白，部分高校沿用《普通高等学校学生管理规定(1990)》，例如，《清华大学本科生学籍管理规定(2020)》第7条第2款规定：“未请假或者请假未获得批准，逾期超过2周未注册的，除因不可抗力等正当事由以外，视为放弃学籍，予以退学处理。”部分高校创设了新的学籍注册制度，例如，《华东政法大学全日制本科生学分制学籍管理规定(2017)》第8条第3句规定：“学生在开学后2周内无正当理由不缴费注册的，予以退学警告；至第4周仍未缴费注册的，按自动退学处理。”

四、课程考核成绩记为无效、成绩作零分处理、取消课程考核资格

课程考核成绩记为无效是针对学生违反考核纪律或作弊实施的一种学业性惩戒形式。《普通高等学校学生管理规定(2017)》第18条第2款规定:"学生严重违反考核纪律或者作弊的,该课程考核成绩记为无效……"课程考核成绩记为无效作为一种教育惩戒形式,通常与其他教育惩戒形式同时适用,因为违反考核纪律或者作弊的学生,同时可能会被施以补考或重修的惩戒,并有可能被施以纪律处分。

实践中,有两种教育惩戒形式与课程考核成绩记为无效容易混淆,三种均是对惩戒对象课程学习情况的否定性评价,分别是:作零分处理和取消课程考核资格。这两种教育惩戒形式并未明确载于《普通高等学校学生管理规定(2017)》中,常见于各高校学籍管理或教学管理规范中。例如,《上海交通大学学生学业诚信守则》第14条规定,对于学生在作业、实验等课堂教学环节中出现不诚信行为的,对该考核环节的成绩作零分处理;对在同一门课程教学过程中出现两次及以上不诚信行为的,对该课程成绩作零分处理。《复旦大学学籍管理规定(2017)》第17条第2款规定,研究生和全日制本专科生未经批准,在参加课程学习过程中缺席课时数或者缺交作业次数超过教学规定总数1/3的,教师可以取消学生参加课程考核的资格,视为考核不合格。与课程考核成绩记为无效的不同之处在于,此两种惩戒形式针对的是学生违反教学秩序或考核秩序,实施惩戒的主体是任课教师。

五、补考、重修

补考或重修是针对学生考核不合格的一种学业性惩戒形式。

《普通高等学校学生管理规定(2017)》第13条第2款规定:“考核分为考试和考查两种。考核和成绩评定方式,以及考核不合格的课程是否重修或者补考,由学校规定。”根据该条规定,学校有权制定考核和成绩评定方式、重修或补考的相关规则,例如,《华东政法大学全日制本科生学分制学籍管理规定(2017)》第11~15条规定了各类课程的考核方式以及成绩认定标准,第17条规定了必修课程的补考和重修规则,即“必修课程考核成绩不合格者可于下学期开学初参加补考,补考成绩高于60分(含60分)的以60分计,低于60分的应当重修”。第18条规定了缺考、违纪、作弊情况下的成绩认定以及补考、重修规则,即“学生擅自缺考的,该课程考核成绩以零分计。在考试过程中凡有违纪或作弊的(考试中的违纪和作弊行为应主要以监考人员的当场认定为主),视情节给予相应的纪律处分,该课程考核成绩以零分计,应当参加补考、重修或重选”。第19条规定无故缺课情况下的成绩认定,即“每学期无故缺课达1/3或作业未完成1/2的,取消该门课程考核资格,课程成绩以零分记”。这实际包含了对于无故缺课可能予以重修的教育惩戒规则。

补考或重修的惩戒主体存在一定争议,即有观点认为教师是补考或重修的惩戒主体。根据《普通高等学校学生管理规定(2017)》第13条第2款规定,实施补考或重修惩戒的前提是学生考核不合格,考核不合格通常由任课教师依据学校的相关规定予以认定,但笔者认为补考或重修作为一种教育惩戒形式,惩戒主体是高校教学管理部门,而并非任课教师。

六、留级、降级

留级、降级是针对学生未能达成既定培养目标的一种学业性惩戒形式。目前已失效的《全日制普通高等学校学生学籍管理办法》对留级、降级有明确规定，该办法第 16 条规定："经过补考，学期或学年累计有三门课程或两门主要课程不及格者，应予留、降级。一年级学生第一学期补考后不及格课程达到留、降级规定时，可跟班试读，准许于第一学年结束时再补考一次；补考后不及格课程或连同第二学期补考不及格的课程累计达到留、降级规定者，作留级处理。"近年来，国家赋予高校更多的自主管理权限。《普通高等学校学生管理规定(2017)》第 15 条规定："学生每学期或者每学年所修课程或者应修学分数以及升级、跳级、留级、降级等要求，由学校规定。"该条款授权高校制定留级、降级的具体规定，例如，《三峡大学本科生学籍管理规定(2022)》第 67 条规定了应予以留级惩戒，主要标准是累计学分低于该年级专业培养方案所规定的最低毕业学分的比例。

"留级、降级"的字面含义并无太多争议，但在特殊情况下，会产生认定的争议，例如，在"艾某池诉重庆医科大学教育处理决定案"①中，原告艾某池基于成绩原因，被学校从原 7 年制 2009 年级降至 5 年制 2010 年级继续学习，在原告艾某池看来，从 2009 级到 2010 级学习，属于学校对其实施的留级惩戒。如果仅从 2009 级到 2010 级是否构成留级这一点来说，在该案件中，法院认为，"被告重庆医科大学对 7 年制临床医学专业学生实行淘汰制的学籍管理模式，将达到规定条件的学生转入 5 年制学习的处理方式，不属于留级、降级"。当然，法院似乎只回应了 7 年制到 5 年制的争议，并未直接回应"从 2009 级到 2010 级"是否构成留级。

七、学术称号、荣誉称号、奖助学金限制

学术称号、荣誉限制是法定的针对学生失信行为或违规违纪行

---

① 重庆市渝中区人民法院行政判决书，(2014)中区行初字第 10 号。

为的一种教育惩戒形式，部分高校将奖助学金限制纳入失信惩戒体系内。《普通高等学校学生管理规定(2017)》第20条规定："学校应当开展学生诚信教育，以适当方式记录学生学业、学术、品行等方面的诚信信息，建立对失信行为的约束和纪律处分机制；对有严重失信行为的，可以规定给予相应的纪律处分，对违背学术诚信的，可以对其获得学位及学术称号、荣誉等作出限制。"该条规定授权高校可以针对学生的失信行为制定相应的惩戒机制，并且强调对于违背学术诚信的，可以对其获得学位及学术称号、荣誉等作出限制。学位与学术称号、荣誉的性质存在差异，应当区分拒不授予学位和学术称号、荣誉限制两种惩戒形式。

各高校通常有学术称号、荣誉等方面的专门规定，例如，《清华大学学生奖学金管理规定(2020)》第20条规定："奖学金评选过程中发现申请者有弄虚作假等不当行为的，一经核实取消其当学年度奖学金参评资格，视情节轻重给予相应处理直至纪律处分。"上海交通大学专门制定了《上海交通大学学生学业诚信守则(2013)》，该守则第16条规定："对于学生在竞赛环节中出现不诚信行为的，取消其参赛资格或撤销其所获荣誉……"第20条第2项再次明确："……(二)对于已认定发生不诚信行为的学生，一年内不得参评各类奖学金和其他荣誉称号；对于在事后发现不诚信行为的，撤销相关荣誉称号并收回所发奖励。"

值得注意的是，学生因违规违纪受到纪律处分，通常被予以荣誉称号或奖助学金限制的惩戒，事实上，《普通高等学校学生管理规定(2017)》并未明确规定被施以纪律处分的惩戒对象应当同时接受学术称号、荣誉称号、奖助学金限制的惩戒，第57条规定，解除处分后，学生获得表彰、奖励及其他权益，不再受原处分的影响。该条款的规范目的在于保护惩戒对象在纪律处分解除后的平等权利。因此，对于纪律处分对象实施学术称号、荣誉称号、奖助学金限制的惩戒是由各高校根据教育管理目的行使的自由裁量权。例如，《上海交通大学学生违纪处分规定（2019）》第 16 条规定："凡受纪律处分的学生，自违纪行为发生之日起至处分解除之日，不得在本校参评各类奖学金（含带有帮困性质的奖学金）、奖励及推荐项目或荣誉称号。"《南京大学学生违纪处分规定（2021）》第 10 条规定，受处分的学生，在处分期内不得享受奖学金及校内荣誉称号，原则上不得享受助学金。《清华大学学生纪律处分管理规定（2019）》第 10 条第 1 款规定："解除处分前，根据所受纪律处分种类的不同，违纪学生获得表彰、奖励及其他权益的资格（包括奖学金、荣誉称号、免试推荐研究生、研究生'三助'岗位、助学金等的申请资格）相应取消。"《华东政法大学学生违纪处分规定（试行）（2017）》第 40 条前半句规定："凡受处分者，取消处分期限内评定各类奖助学金和荣誉称号的资格。"从四所高校的纪律处分规定可以看出，给予纪律处分对象荣誉称号、奖助学金限制是各高校普遍采取的管理措施，但各高校对纪律处分对象的限制范围存在差异，如在是否限制享受助学金的问题上，上海交通大学并未限制、南京大学原则上限制、清华大学限制。上海交通大学同时限制推荐项目，清华大学同时限制免试推荐研究生、研究生"三助"岗位申请资格。与此同时，清华大学没有明确将奖助学金、荣誉称号的限制限定在校内。

总而言之，对于纪律处分对象采取奖助学金、荣誉称号限制的惩戒措施，由各高校自主设定，但应符合关联性原则和比例原则，即对于纪律处分对象的奖助学金、荣誉称号限制应与其受惩戒行为具有关联性，如学生因违反宿舍管理规定，被予以纪律处分，对其进行包括学术性、学业性奖励限制未必合理；对于不同种类的惩戒形式，限制的范围应有所差异，如警告与留校察看，不宜设置相同的限制范围和限制程度。

八、退学

退学是对符合法定事由的学生实施的停止学业的惩戒形式。《普通高等学校学生管理规定(2017)》第30条第1款规定:“学生有下列情形之一,学校可予退学处理:(一)学业成绩未达到学校要求或者在学校规定的学习年限内未完成学业的;(二)休学、保留学籍期满,在学校规定期限内未提出复学申请或者申请复学经复查不合格的;(三)根据学校指定医院诊断,患有疾病或者意外伤残不能继续在校学习的;(四)未经批准连续两周未参加学校规定的教学活动的;(五)超过学校规定期限未注册而又未履行暂缓注册手续的;(六)学校规定的不能完成学业、应予退学的其他情形。”作出退学惩戒的主要原因是惩戒对象无法完成学业,前五项情形是法定的实施退学惩戒的要件,第六种情形属于兜底性兼授权性条款,即学校有权在上述五项情形之外,针对其他无法完成学业的情形,设定并实施退学惩戒。《普通高等学校学生管理规定(2017)》对于退学惩戒的规定,使用“可予以退学处理”,意味着高校对于前五种情形具有选择适用的权利,同时有制定校级规定,细化上述情形的权力。例如,2015年《广东海洋大学全日制本、专科学生学籍管理规定》第59条规定了七种应予以退学的情形,是对上述五种情形中第一、二、四、五项的具体规定,同时,对于“根据学校指定医院诊断,患有疾病或者意外伤残不能继续在校学习的”这一项未予采纳。

对于“学业成绩未达到学校要求或者在学校规定的学习年限内未完成学业的”情形,即学业成绩要求,各高校具有充分的自由裁量权,例如,《复旦大学学籍管理规定(2017)》第26条规定:“研究生参加学校组织的学业水平考核,考核成绩未达到学校要求的,予以退学处理,但国家有特殊培养要求的情形除外。全日制本专科生在学习年限届满的一学年以前,一学期内考核不合格的课程学分总数超过十学分、平均绩点不满2.0的,学校予以警示;累计二次受到警示的,转为试读生;累计三次受到警示的,予以退学处理,但国家有特殊培养要求的情形除外。"《华东师范大学本科生学籍管理规定(2017)》第40条第1款规定:"学生有下列情形之一的,应予退学:……(四)除第一学年第一学期外,单个长学期获得学分低于培养方案规定总学分的10%且累计获得学分低于总学分的10% * 长学期数者……"《清华大学本科生学籍管理规定(2020)》第39条规定:"学生有下列情形之一的,予以退学处理:(一)在学期间考核不合格的必修和限选课程(综合论文训练、已重新学习且考核合格的课程除外)学分累计达到20学分的;(二)连续两个学期(春季、秋季)每学期所取得学分少于6学分的……"

对于《普通高等学校学生管理规定(2017)》第30条规定的其他可予退学的情形,各高校通常予以认可并直接纳入其学生管理规定之中。对于其他不能完成学业、应予退学的情形,各高校也有所规定,例如,《华东师范大学本科学籍管理规定(2017)》规定的应予以退学的情形之一是"已达最长休学年限,身心状况仍不能满足在校学习者"。而部分高校关于退学惩戒的适用情形,是否与"不能完成学业"有关,值得探讨。例如,《清华大学本科生学籍管理规定(2020)》规定的情形之一是"在学期间出境,未经批准逾期超过2周未返校报到的"。所谓在学期间是否包含寒暑假或者没有课程安排的时间段,如果包含,那么,学生未经批准超过2周未返校报到未必影响学业。因此,高校是否有权规定与"不能完成学业"无关的情形,值得商榷。

九、拒不授予或撤销学历证书、学位证书

拒不授予学历证书、学位证书是对不符合学历、学位证书授予条件的学生实施的一种学业性惩戒。《教育法》第 29 条第 1 款规定："学校及其他教育机构行使下列权利：……（五）对受教育者颁发相应的学业证书……"颁发学业证书是高校的法定"权利"之一。《普通高等学校学生管理规定(2017)》第 37 条规定："对违反国家招生规定取得入学资格或者学籍的，学校应当取消其学籍，不得发给学历证书、学位证书……"依据该条规定，如果学生存在违反国家招生规定取得入学资格或者学籍的情形，不得发给学历证书、学位证书，换言之，发生上述情形，高校没有自由裁量权，必须拒不授予学历证书、学位证书。对于何种情形应当颁发学业证书，则由高校依据《学位条例》自行规定。换言之，只有符合高校学历证书、学位证书的授予条件，才能获得相应高校颁发的学业证书，否则高校有权拒绝学生的申请。学历证书、学位证书授予争议是教育行政诉讼领域的主要案由，"田某诉北京科技大学拒绝颁发毕业证、学位证案""刘某文诉北京大学学位评定委员会不批准授予博士学位决定案，刘某文诉北京大学拒绝颁发博士毕业证书案""何某强案诉华中科技大学拒绝授予学士学位案"等经典案例均因高校拒不颁发学位证书、学历证书而发生。而从司法判决来看，高校在学历证书、学位证书的授予方面拥有广泛的自治权，除《学位条例》赋予高校设定学术水平标准外，《国务院学位委员会关于对〈中华人民共和国学位条例〉等有关法规、规定解释的复函》（学位〔2003〕65 号）明确"申请学位的公民要拥护中国共产党领导、拥护社会主义制度，其本身内涵是相当丰富的，涵盖了对授予学位人员的遵纪守法、道德品行的要求"。该复函意味着高校有权设置取得学位的品行标准。

撤销学历证书、学位证书同样是对不符合学历、学位证书授予条件的学生实施的一种学业性惩戒。《普通高等学校学生管理规定(2017)》第37条第1款规定:“对违反国家招生规定取得入学资格或者学籍的……已发的学历证书、学位证书,学校应当依法予以撤销。对以作弊、剽窃、抄袭等学术不端行为或者其他不正当手段获得学历证书、学位证书的,学校应当依法予以撤销。”撤销学历证书、学位证书与拒不授予学历证书、学位证书存在显著区别:一是惩戒对象不同,拒不授予针对的是尚未取得学历证书、学位证书的学生,撤销针对的是已经取得学历证书、学位证书的学生。二是适用范围不同,拒不授予学历证书、学位证书的适用范围相对更宽,除《普通高等学校学生管理规定(2017)》第37条列明的“违反国家招生规定取得入学资格或者学籍”“以作弊、剽窃、抄袭等学术不端行为或者其他不正当手段获得学历证书、学位证书的”两类情形外,高校有权依据《学位条例》的授权对学历证书、学位证书授予条件进行设定,而撤销学历证书、学位证书仅适用于上述两类情形。

值得注意的是,在《普通高等学校招生违规行为处理暂行办法》中对于在招生考试中通过弄虚作假获得录取资格,并已完成学业,在毕业后被发现的,“由教育行政部门宣布学历、学位证书无效,责令收回或者予以没收”;在《国家教育考试违规处理办法》中,规定考生以作弊行为获得的考试成绩并由此取得相应的学位证书、学历证书及其他学业证书、资格资质证书或者入学资格的,由证书颁发机关宣布证书无效,责令收回证书或者予以没收。两部部门规章同时以“宣布证书无效,责令收回证书或者予以没收”的形式,对违规取得入学资格的毕业生进行惩戒,尽管表述不一,但与撤销学位证书、学历证书的内涵一致。

十、批评教育

批评教育是对学生违反法律法规或校纪校规的一种惩戒形式。《普通高等学校学生管理规定(2017)》第19条规定:“学生应当按时参加教育教学计划规定的活动……无故缺席的,根据学校有关规定给予批评教育,情节严重的给予相应的纪律处分。”第51条规定:“对有违反法律法规、本规定以及学校纪律行为的学生,学校应当给予批评教育,并可视情节轻重,给予如下纪律处分……”从规章内容看,批评教育具有纪律性惩戒性质,是在学生违反法律法规或校纪校规,情节轻微时适用,通过批评教育,降低惩戒对象的社会声誉。例如,《复旦大学学生纪律处分条例(2019)》第2条第2款规定:“对于违纪情节轻微,不需要给予处分的学生,可以不给予处分,但是可以根据违纪的不同情况,予以批评教育……”《普通高等学校学生管理规定(2017)》第19条规定学生无故缺席教学活动,根据学校有关规定给予批评教育,即因学生违反教学纪律而施以惩戒。然而,学者在列举教育惩戒形式时,很少将其单独列为一种教育惩戒形式,如学者沈岿[①]、刘旭东[②]所列教育惩戒形式时都未提及批评教育。与此同时,有学者将批评教育与纪律处分相并列视为教育惩戒的两种类型。[③] 这一分类显然缺乏科学性,明显有狭隘化教育惩戒的嫌疑。

不同于其他教育惩戒形式,批评教育寓于高校教育管理权限之

① 参见沈岿:《析论高校惩戒学生行为的司法审查》,载《华东政法学院学报》2005年第6期。

② 参见刘旭东:《“高校教育惩戒”范畴论辩及司法规制——基于司法案例的研究》,载《教育发展研究》2020年第1期。

③ 参见申素平、史三军:《我国高校学生惩戒制度的历史发展与实践反思》,载《教育发展研究》2018年第21期。

中,似乎很难以规范的形式穷尽列举,如辅导员作为学风建设主体,可以针对学生不良学习情况在班级范围内进行通报批评。然而,作为一种减损声誉或降低社会评价的惩戒形式,其对惩戒对象的实际制裁作用有时并不小,如学者朱芒在分析"通报批评"作为行政处罚种类时指出,"(通报批评)对当事人的人格和名誉形成的影响程度,要远重于对法人的资格限制方面的制裁",而且"当事人难以获得实质性法律救济,相应的权益损害无法实质性消除"。[①] 因此,对于通报批评的设定与实施应当引起重视,尤其应当明确通报批评惩戒对象的范围。例如,《上海师范大学学生宿舍管理规定(2018)》规定,凡累计扣分高于(含等于)5 分的,在宿舍楼内通报批评,取消"三级建家"评选资格,并抄送学院,由辅导员将相应情况通知学生家长。

十一、警告、严重警告、记过、留校察看、开除学籍

纪律处分是对学生违反法律、法规、规章以及学校纪律规定的一类纪律性惩戒形式,包括警告、严重警告、记过、留校察看、开除学籍等形式。《普通高等学校学生管理规定(2017)》第 51 条规定:"对有违反法律法规、本规定以及学校纪律行为的学生,学校应当给予批评教育,并可视情节轻重,给予如下纪律处分:(一)警告;(二)严重警告;(三)记过;(四)留校察看;(五)开除学籍。"

不同于其他教育惩戒形式,警告、严重警告、记过、留校察看这四类教育惩戒形式的惩戒效果并未明确。《普通高等学校学生管理规定(2017)》第 57 条对纪律处分的惩戒期限与解除规则作了规定,即"除开除学籍处分以外,给予学生处分一般应当设置 6 到 12 个月期限,到期按学校规定程序予以解除"。同时,对于惩戒对象在惩戒

---

① 参见朱芒:《作为行政处罚一般种类的"通报批评"》,载《中国法学》2021 年第 2 期。

解除后的权益保障作出规定，即“解除处分后，学生获得表彰、奖励及其他权益，不再受原处分的影响”。各高校对于各类惩戒形式的期限作了具体规定，可以概括为两种模式：一是“一刀切”模式，即各类惩戒形式期限均为12个月。例如，《上海对外经贸大学学生违纪处分管理规定（2017）》第17条前半句规定：“警告、严重警告、记过处分、留校察看的期限一般为12个月，从处分决定作出之日起算”；二是“分类”模式，即对不同惩戒形式设定不同的期限，例如，《上海交通大学学生纪律处分规定（2019）》第8条和第9条分别规定警告处分的观察期为6个月，严重警告处分的观察期为8个月，记过处分的观察期是10个月，留校察看的观察期是12个月。由此可知，在原则之外，各高校有权针对毕业年级、提前解除等情况作出具体规定。

各高校普遍采取荣誉称号、奖助学金限制的方式限制惩戒对象的权利，部分高校采取拒不授予学历证书的惩戒形式。例如，《南京大学学生违纪处分规定（2021）》第11条前半句规定：“处分期内，毕业时未能解除察看处分的学生，学校不发给其毕业证书，根据其学业完成情况作结业处理或延迟学年。”部分高校采取限制担任学生干部，撤销（或者按规定程序提请颁发、授予机构撤销）相关奖励、荣誉称号及证书等其他惩戒形式；因学术不端行为受到纪律处分的，撤销学术、品行相关奖励、荣誉称号及证书等；因学术不端以外的其他违纪行为受到纪律处分的，可以撤销（或者按规定程序提请颁发、授予机构撤销）相关奖励、荣誉称号及证书等。

《普通高等学校学生管理规定（2017）》第52条对可以给予开除学籍处分的情形作了列举，包括：（1）违反宪法，反对四项基本原则、破坏安定团结、扰乱社会秩序的；（2）触犯国家法律，构成刑事犯罪的；（3）受到治安管理处罚，情节严重、性质恶劣的；（4）代替他人或者让他人代替自己参加考试、组织作弊、使用通信设备或其他器材作弊、向他人出售考试试题或答案牟取利益，以及其他严重作弊或扰乱考试秩序行为的；（5）学位论文、公开发表的研究成果存在抄袭、篡改、伪造等学术不端行为，情节严重的，或者代写论文、买卖论文的；（6）违反本规定和学校规定，严重影响学校教育教学秩序、生活秩序以及公共场所管理秩序的；（7）侵害其他个人、组织合法权益，造成严重后果的；（8）屡次违反学校规定受到纪律处分，经教育不改的。之所以对开除学籍处分的适用情形进行详细列明，是因为开除学籍处分严重限制学生受教育权，是对学生而言影响程度最大的惩戒形式，从保护学生合法权益的角度，必须以国家立法的形式予以列明。

针对上述情形，"学校可以给予开除学籍处分"，具有两层含义：一是高校对于上述情形并非必须予以开除学籍处分，二是高校只能在上述列举情形范围内进行具体规定，无权在上述情形之外增设。实践中，因学校对学生开除学籍引起的纠纷屡见不鲜，部分高校败诉正是因为其校规在上述情形之外设定开除学籍惩戒，例如，在"甘某不服暨南大学开除学籍决定案"[①]中，《暨南大学学生管理暂行规定（2005）》第53条第5项规定，剽窃、抄袭他人研究成果，情节严重的，可给予开除学籍处分。《暨南大学学生违纪处分实施细则（2006）》第26条规定，剽窃、抄袭他人研究成果，视情节轻重，给予留校察看或开除学籍处分。情形（5）所称"存在抄袭、篡改、伪造等学术不端行为"限定于"学位论文、公开发表的研究成果"，《暨南大学学生管理暂行规定（2005）》《暨南大学学生违纪处分实施细则（2006）》对其作了扩张解释，对包括课程作业在内的其他研究成果中的抄袭行为，也适用开除学籍的惩戒，与《普通高等学校学生管理

① 最高人民法院行政判决书，（2011）行提字第12号。

规定(2017)》发生冲突,应归于无效。

目前,各高校均制定学生纪律处分规则,规定前述5种纪律处分的适用规则。例如,《复旦大学学生纪律处分条例(2019)》《南京大学学生违纪处分规定(2021)》《上海对外经贸大学学生违纪处分管理规定(2017)》,对此,应建立健全备案审查制度,对纪律处分规则的合宪性、合法性进行审查。在适用纪律处分类惩戒时,应当结合拟惩戒对象行为的性质、动机、目的及一贯表现等,选择适当的处罚形式,如学者申素平、史三军所言"违反校纪并非一定要给予处分,学生惩戒的实施应围绕有利于学生成长发展这一根本目的展开"[①]。

十二、其他惩戒

全面、完整地列出所有教育惩戒形式并非易事,在行政处罚的立法与实践中,一度存在明显的紧张关系,2017年《行政处罚法》列举的处罚种类仅包含警告、罚款、没收、责令停产停业、吊扣证照、行政拘留六种类型,实践中存在的处罚种类远远不止于此,学者胡建淼曾在一篇文章中列举了至少20种处罚类型,[②]而据学者黄海华统计,至少有150余种关于行政处罚的具体表述方式。[③] 正因如此,在《行政处罚法》修改过程中,行政处罚的概念与类型成为争议焦点。显然,《普通高等学校学生管理规定(2017)》和《学位条例》并不能穷尽所有的惩戒类型,基于法律法规、规章的授权,高校可以设定各种形式的教育惩戒形式以实现教育目的。《普通高等学校学生管理

① 申素平、史三军:《我国高校学生惩戒制度的历史发展与实践反思》,载《教育发展研究》2018年第21期。

② 参见胡建淼:《"其他行政处罚"若干问题研究》,载《法学研究》2005年第1期。

③ 参见黄海华:《行政处罚的重新定义与分类配置》,载《华东政法大学学报》2020年第4期。

规定(2017)》授权高校“建立对失信行为的约束和惩戒机制”,上海工程技术大学专门制定《上海工程技术大学学生学业、学术诚信守则(2017)》,第9条规定,“对违背学业、学术诚信行为者,经查实后视具体情况分别给予责令改正、批评教育、延缓答辩、取消参赛资格、撤销所获荣誉等处理,并根据《上海工程技术大学学分制学籍管理条例》、《上海工程技术大学各类考核考场纪律、违纪界定和处分的管理规定》和《上海工程技术大学毕业设计(论文)工作管理办法》等相关规定给予相应处理、处分”。其中,责令改正、延缓答辩、取消参赛资格、撤销所获荣誉等惩戒形式,并非法律法规、规章明定惩戒形式。

高校基于自治权限则享有更为广泛的设定权限与适用权限,根据《上海交通大学关于校园综合管理的规定(试行)(2001)》中第15条规定:“凡违反规定乱停放的车辆,综管办有权按规定处理,车辆所有者须凭执照和有关证件到综管办接受处罚,并交纳罚金。”规定中所涉“处罚”具体为何,并未明确,同时规定的“罚金”也并非法定的教育惩戒形式。当然,根据《行政处罚法》第16条规定:“除法律、法规、规章外,其他规范性文件不得设定行政处罚。”上述规定中所称“罚金”是否属于行政处罚的设定,应受合法性审查。此外,《上海师范大学学生宿舍管理规定(2018)》中的“取消住宿资格”、《华东师范大学家庭经济困难学生认定管理办法(2019)》中的“取消认定的结果”“收回资助”、《华东师范大学家庭经济困难学生学费减免实施办法(2018)》中的“取消学费减免资格”等,均属于其他惩戒形式。

21世纪以来,依法治校取得显著成就,与此同时,新的违规违纪现象层出不穷,传统的惩戒形式不足以有效规制,为此,需要创新惩戒形式,以实现教育目的。从推进教育惩戒规范化的角度来说,对于其他惩戒形式,需要在明确高校教育惩戒概念的前提下,进行识别、审查,以判断是否违反法律、行政法规、规章。

第二节　高校教育惩戒的分类

面对种类繁多的教育惩戒形式,类型化是一项必要的工作。通过类型化,区分不同教育惩戒形式的主体、性质、效果、依据等,能够对违法违纪行为设定相匹配的教育惩戒形式,遵循相应的教育惩戒程序,采取合理的监督机制和审查基准。

一、纪律处分与事实惩戒

有学者根据我国教育实践,将学生惩戒类型分为纪律处分与事实惩戒形式两大类。[①] 前者是指依法确定的、以学校名义、遵循正当程序而对违纪学生作出的有书面记录的纪律处分措施,后者则主要是指学校的教师在教育教学过程中以教育为目的、自行做出的即行实施的惩戒形式,如批评等,具体形式没有法律规定,也无须书面记录。这种分类主要是针对中小学校的学生惩戒而言,虽有其可取之处,但不能完全涵盖高校学生惩戒的内容。

二、学术性教育惩戒与纪律性教育惩戒

根据惩戒所针对的事项行使,也有的将惩戒分为涉及学术判断基准的惩戒和不涉及学术判断基准的惩戒。[②] 前者主要是针对因各

---

① 参见申素平:《教育法学:原理、规范与应用》,教育科学出版社 2009 年版,第 271 页。

② 参见湛中乐等:《公立高等学校法律问题研究》,法律出版社 2009 年版,第 392 页。

种原因未满足学术评判要求的行为，如对课程考试不合格要求重修、未在规定学年度内达到学分要求的留级或降级、对剽窃他人学术成果而决定不授予学位等；后者主要针对学生违反学校纪律、破坏校园秩序或侵害他人权益的行为，如旷课、考试作弊、打架、偷窃、违反宿舍规定等。该种分类，以是否涉及学术评判为划分依据，在解决当前因纪律处分而引起的校生纠纷时有一定积极作用。根据行政法一般理论，考虑到高校的办学自主权，学术性问题属于高校办学自主权范畴，应当由高校决定，法院不能对此进行实质性审查，因此，如果受纪律处分的学生因为学术性纪律处分而提起诉讼，法院仅能对高校纪律处分行为进行形式和程序性审查。学者刘旭东认为，纪律性惩戒纠纷应当适用严格司法审查，学术性惩戒纠纷则适用有限司法审查。[①]

三、身份性惩戒与非身份性惩戒

根据惩戒对学生所产生影响的程度，还可以将惩戒分为身份性惩戒与非身份性惩戒。[②] 前者是指高校的惩戒形式等一旦生效，将影响学生的受教育者身份，也即将学生和学校的教育者和受教育者的法律关系变更为无，学生在特定时期内的受教育权因而随之丧失。身份性惩戒包含取消入学资格、取消学籍、退学、开除学籍等。后者是指高校的惩戒形式并不对学生的在学身份产生实质性影响，学生和学校之间的在学法律关系并不因惩戒而发生变更。非身份性惩戒包含留级、降级、重修、取消考试成绩、不予注册、批评教育、

① 参见刘旭东：《“高校教育惩戒”范畴论辩及司法规制——基于司法案例的研究》，载《教育发展研究》2020 年第 1 期。

② 参见湛中乐等：《公立高等学校法律问题研究》，法律出版社 2009 年版，第 393 页。

警告、严重警告、记过、留校察看等。该种分类的意义不仅在于限定高校学生惩戒权的权限,即身份性惩戒的权限应当遵循法律保留原则,由法律对高校惩戒权进行明确规定,非身份性惩戒则不受法律保留原则的限制;更在于明确了受惩戒学生的权利救济途径,即受到身份性惩戒的学生可以寻求司法救济和行政救济,司法机关介入审查的强度大,受到非身份性惩戒的学生一般只能寻求行政救济(校内申诉、行政申诉或行政复议),司法机关一般不得介入,即使介入也只能审查程序问题。[①] 当然,这只是学者的观点之一,随着权利保障思维的发展,笔者认为不管何种惩戒,只要该种惩戒涉及学生权利的重要事项,影响学生的受教育权或者作为公民的其他基本权利如言论自由等,都应当提供司法救济途径。

四、教师惩戒与学校惩戒

依据教育惩戒实施的主体,可以将惩戒分为教师惩戒和学校惩戒。学校惩戒是指学校对学生的违规违纪行为实施的教育惩戒,教师惩戒则是教师对学生的违规违纪行为实施的教育惩戒。对于教师是否为高校教育惩戒主体,学界向来存在争议。我国台湾地区学者周志宏提出:"高校及教师都是高校教育惩戒的适格实施主体。"[②] 陈晓宇则认为,高校教育惩戒应当只能以学校或学校职能部门的名义作出,教师个人的惩戒不应属于高校教育惩戒。[③] 事实上,从前述

① 参见董立山:《自治与法治之间——高校行使学生纪律处分权问题研究》,湖南大学出版社2007年版,第33~34页。

② 周志宏:《教育法与教育改革》,台北,高等教育文化事业有限公司2003年版,第277页。

③ 参见陈晓宇:《高校教育惩戒校内申诉程序的建构研究》,载《高教探索》2021年第1期。

教育惩戒种类分析可知,教师可以对违反教学秩序或考核秩序的学生给予成绩作零分处理、取消学生参加课程考核的资格、课程考核成绩记为无效的3种教育惩戒形式,对于违反校园管理秩序的学生,给予批评教育。任课教师作为教育惩戒主体有权基于教学自由设定课程要求,对学生予以上述3种类型的教育惩戒形式;辅导员基于自身的工作职责,有权在思想理论教育和价值引领、党团和班级建设、学风建设、学生日常事务管理、网络思想政治教育、校园危机事件等方面对学生予以批评教育。当然,学校及其职能部门、二级学院同样可以依据教学管理、考核管理、校园秩序管理权限,实施上述四种教育惩戒形式。相比而言,教师惩戒在惩戒效果方面较轻、程序方面要求略低,对教师惩戒的司法审查应当充分尊重教师的教学自由。

五、法定惩戒与校定惩戒

根据教育惩戒形式是否有法律、法规、规章等国家立法的依据,分为法定惩戒和校定惩戒。法定惩戒与其他惩戒的主要区别在于,是否有国家立法的依据。《教育法》《高等教育法》《学历条例》《普通高等学校学生管理规定》等法律法规、部门规章规定了十余种教育惩戒形式,显然,教育惩戒形式并没有穷尽,高校以及教师的教育惩戒权,部分源于法律法规、部门规章的授予,部分源于大学自治。对于法定惩戒,高校可以在法律法规、规章设定的范围内进行细化,但不能对法定惩戒范围进行扩张,比如,增设新的事项设置或实施开除学籍惩戒。

第三节　高校教育惩戒的设定

按照权力分立理论,公法上所称"设定",指"有关国家机关通过法规的形式为公权力机关创设公权力的立法活动"[①]。高校教育惩戒的设定问题主要包括设定主体、设定权限、设定程序等。

一、教育惩戒的设定主体

在我国,国家与高校共同构成了高校教育惩戒的设定主体。

在国家层面,主要由各级立法机关、行政机关以立法的形式设定教育惩戒。首先,全国人大和全国人大常委会行使国家立法权,有权在不违反宪法的前提下,以法律的形式设定教育惩戒形式。其次,国务院是最高国家权力机关的执行机关,是最高国家行政机关,有权根据宪法和法律,以行政法规的形式设定教育惩戒形式。最后,教育部是主管教育事业的政府工作部门,根据法律和国务院的行政法规、决定、命令,在本部门的权限内,以部门规章的形式设定教育惩戒形式;国务院设立学位委员会,负责领导全国学位授予工作,有权设定拒不授予或撤销学位证书的惩戒。国务院其他部委、地方国家权力机关、地方政府以及地方教育主管部门是否有权设定教育惩戒形式,应视法律法规有无明确授权,如无授权,不宜设定教育惩戒,否则将越权行使权力,或侵犯高校自治权。《普通高等学校学生管理规定(1990)》第68条授权"各省、自治区、直辖市教育行政

① 胡建淼:《行政强制法论:基于〈中华人民共和国行政强制法〉》,法律出版社2014年版,第212页。

部门和各高等学校可根据本规定制定实施细则”。而在 2005 年、2017 年修改后,该条款被修改为“省级教育行政部门根据本规定,指导、检查和监督本地区高等学校的学生管理工作”。“指导”是否为一种授权,有待教育部进一步明确。

在高校层面,高校作为教育惩戒的主体,有权在法律法规、部门规章规定的范围内进行具体规定,以及享有部分的教育惩戒形式设定权。对于前者,其不属于设定权,只是执行权,对于后者,其可分为依授权设定和在自治范围内设定教育惩戒的权力。在高校内部,二级学院、校级职能部门、教师有权在法律法规、部门规章、学校章程和校内规定设定的教育惩戒幅度内进行具体规定,具有部分轻微教育惩戒形式的设定权。

二、教育惩戒的设定权限

教育惩戒设定权分配是教育惩戒法治化建设的关键。在设定权分配过程中,既要考虑国家法制的统一和公民权利的保障,又要充分激发地方和高校的积极性,尊重大学自治,应当兼顾“统一性”与“多层次”。统一性意味着必须建立起以宪法为核心的统一的法制体系,多层次意味着在保证国家法制统一的前提下,各教育惩戒设定主体应具有层次化、差异化的设定权限。

在国家立法层面,不同主体的设定权限遵循严格的法律位阶。

首先,全国人大及其常委会行使国家立法权,全国人大有权制定和修改基本法律,如《教育法》,意味着全国人大有权制定不与宪法相抵触的各类教育惩戒形式。全国人大常委会有权制定基本法律以外的其他法律,比如,《高等教育法》《学位条例》等,全国人大常委会有权设定不与宪法、基本法律相抵触的各类教育惩戒形式。目前,法律层面有关教育惩戒的规定主要见于《学位条例》。

其次,国务院有权在法律授权范围内设定教育惩戒,在不与宪法、法律相抵触的情况下,可以设定各类教育惩戒形式。

再次,教育部、国务院学位委员会、其他部委有权根据法律、行政法规的授权,在不与宪法、法律、行政法规相抵触的情况下,以部门规章的形式可以设定除身份性惩戒外的其他教育惩戒形式,即对于身份性惩戒,应当遵循法律保留原则,由国家法律、法规设定,高校无权自行设定。目前,由教育部制定的《普通高等学校学生管理规定》是我国高校教育惩戒的主要规范依据,自 1990 年制定实施以来,经历了 2005 年和 2017 年两次修改。在条件成熟时,应以法律的形式对教育惩戒的设定与实施作出系统、全面的规定。

最后,有地方立法权的地方各级人大及其常委会有权根据宪法、法律、行政法规的授权,在不与宪法、法律、行政法规相抵触的情况下,以地方性法规的形式可以设定除身份性惩戒以外的其他教育惩戒形式。有地方立法权的地方政府同样有权根据宪法、法律、行政法规的授权,在不与宪法、法律、行政法规相抵触的情况下,以地方政府规章的形式可以设定除身份性惩戒以外的其他教育惩戒形式。自治区、自治州有权在不与宪法、法律、行政法规相抵触的情况下,以自治条例、单行条例的形式设定除身份性惩戒以外的其他惩戒形式,并且有权根据需要作出变通规定。当然,目前地方性法规、地方政府规章、自治条例、单行条例设定教育惩戒的情况十分少见。地方上主要以省级教育主管部门规范性文件的形式设定教育惩戒,除不能设定身份性教育惩戒外,主要在部门规章规定的应当给予教育惩戒的行为、类型与幅度范围内进行具体规定,而不宜主动设定。

在高校设定层面,高校的教育惩戒设定权一方面来自法律法规的授权,另一方面则是自治的体现。原则上,高校可以在不与宪法、法律法规、规章相抵触的情况下,设定除身份性惩戒以外的各类教育惩戒形式，在“田某诉北京科技大学案”[①]中，北京科技大学即存在越权设定身份性惩戒的问题，北京科技大学根据原国家教委关于严肃考场纪律的指示精神，于1994年制定了校发〔94〕第068号《关于严格考试管理的紧急通知》，规定“凡考试作弊的学生一律按退学处理，取消学籍”，与《普通高等学校学生管理规定(1990)》第29条第1款规定的法定退学条件相抵触。

在国家立法已经设定教育惩戒的情况下，高校应以大学章程、校纪校规的形式在应予惩戒的行为、类型和幅度范围内进行具体规定，在国家立法没有设定教育惩戒的情况下，高校具有广泛的教育惩戒设定权。但是，高校在设定教育惩戒时，不得与法律、法规、规章冲突，如设定侵犯身体健康权的体罚、限制人身自由的禁闭、超越训诫或批评范围而构成侵犯一般人格尊严的侮辱等，否则将构成不当惩戒。此外，尽管包括社团罚在内的社会性制裁也被认为可以设定惩罚金，但考虑到教育领域的特殊性，诸如惩罚金、除禁止流通物外的财物没收等，也属于不当惩戒。高校的章程及罚则可以规定口头方式实施的惩戒种类，如训诫、责令书面检查，也可以规定书面方式实施的惩戒种类，如处分、取消评奖资格、没收法律上的禁止流通物等。高校各职能部门有权在职责范围内，在不与宪法、法律、法规、规章、大学章程相抵触的前提下，设定必要的教育惩戒。

鉴于我国高校数量众多，治理能力亦参差不齐，为进一步推进教育惩戒的规范化、法治化，国家的教育立法可以采取概括表述加典型列举的方式规定高校禁止设定的不当惩戒情形，并建立高校罚则的备案管理制度。同时，可以借鉴域外有关“示范法”的经验，为

① 北京市海淀区人民法院行政判决书，(1998)海行初字第00142号；北京市第一中级人民法院行政判决书，(1999)一中行终字第73号。

高校制定教育惩戒的罚则提供可予采纳或借鉴的示范性文本。这样一来,可在消极防止与积极形成两个侧面更好发挥国家在推进高校教育惩戒法治化上的作用。

三、教育惩戒的设定程序

我国《立法法》对立法有“应当依照法定的权限和程序”的要求,设定教育惩戒,本质上也是一种立法行为,也应遵循相应立法原则。因此,除明确教育惩戒的设定权限外,也应规范教育惩戒的设定程序。当然,除法定程序外,设定教育惩戒应当遵循民主立法、科学立法原则,在设定教育惩戒过程中遵循有利于提升教育惩戒规则民主性和科学性的程序。

在国家立法层面,《立法法》对各级立法主体的立法程序有明确规定,在设定教育惩戒形式的立法活动中同样应当遵循。与此同时,关于教育惩戒的设定应当按照民主原则,在各高校广泛征求意见,尤其是面向在校学生征求意见。从我国教育法制发展历程可以看出,随着时代发展和社会变迁,教育立法修改频繁,突出体现在教育惩戒设定方面,《普通高等学校学生管理规定》于 1990 年制定实施,在 2005 年、2017 年经历两次修改,其中关于教育惩戒的设定有明显变化。例如,《普通高等学校学生管理规定(1990)》关于留级、降级有明确的规定,但在 2005 年修改过程中已经删除,转而授权各高校自行规定。在《普通高等学校学生管理规定(1990)》中,勒令退学是一种惩戒效果很重的纪律处分形式,在 2005 年修改时予以删除。新时代设定教育惩戒形式,应当充分发扬民主原则和科学原则,在立法过程中遵循民主程序,提升教育惩戒设定的合理性和科学性。

在学校立法层面,没有统一的程序要求,《教育法》《高等教育法》对学生民主参与的权利保障相对不足,《教育法》对受教育者权利的规定中,保障受教育者“对学校给予的处分不服向有关部门提出申诉,对学校、教师侵犯其人身权、财产权等合法权益,提出申诉或者依法提起诉讼”的权利,但并未提及民主参与校内管理以及校纪校规的制定。《高等教育法》第53条第2款一般性地规定:“高等学校学生的合法权益,受法律保护。”该款并未提及学生在校内立法中的参与权。《普通高等学校学生管理规定(2017)》规定学生在校期间依法享有的权利包括“在校内组织、参加学生团体,以适当方式参与学校管理,对学校与学生权益相关事务享有知情权、参与权、表达权和监督权”,各高校章程通常有关于学生民主参与权的规定。例如,《复旦大学章程》规定学生享有的权利包括:知悉校务和涉及自身利益的学校各类事项,并且提出意见和建议;参与学校民主管理和决策,对学校教育、管理和服务提出意见和建议;等等。《温州大学章程(修订)》规定学生享有的权利包括:“在校内组织、参加学生团体,以适当方式参与学校管理,对学校与学生权益相关事务享有知情权、参与权、表达权和监督权。”随着“田某案”“刘某文案”等一系列教育行政诉讼案件的发生,正当程序原则在高校教育惩戒中越发受到重视,但在教育惩戒设定环节有待落实,需要通过知情权、参与权、表达权和监督权的保障程序,提升教育惩戒设定的民主性和科学性。

第六章　高校教育惩戒的管辖与适用

第一节　高校教育惩戒的管辖规则

高校教育惩戒的管辖是指教育惩戒主体之间对违规违纪的对象进行惩戒时的权限分工。依据《教育法》《高等教育法》《学位条例》《普通高等学校学生管理规定》等法律、部门规章的规定，高校教育惩戒主要依属人管辖确定惩戒权限，依职能确定具体管辖。

一、属人管辖

属人管辖是指高校教育惩戒主体依据行为人身份确定案件管辖。高校教育惩戒的对象是特定的，即学生，大部分教育惩戒限于学生"在校期间"。依据《普通高等学校学生管理规定(2017)》第2条规定，"本规定适用于普通高等学校、承担研究生教育任务的科学研究机构(以下称学校)对接受普通高等学历教育的研究生和本科、专科(高职)学生(以下称学生)的管理"。同时，该规章第66条规定："学校对接受高等学历继续教育的学生、港澳台侨学生、留学生的管理，参照本规定执行。"高校有权依据法律法规、规章和校纪校规对上述各类学生实施教育惩戒，只要满足"在校期间"的条件。

部分教育惩戒形式适用于入学前的"准"学生和离校后的毕业

生,前者主要指取消入学资格,后者主要指拒不授予或撤销学历证书、学位证书。取消入学资格的适用对象是已被录取,并已选择入学的“准”学生,与学校建立“准”教育管理关系,从身份归属上,应属于拟将入学的学校。拒不授予或撤销学历证书、学位证书的适用对象是已取得学历证书和学位证书的毕业生,基于既往的教育管理关系,从身份归属上,应属于已颁发学历证书、学位证书的学校。因此,尽管惩戒对象从时间上不符合“在学期间”,但并不违反属人原则。

属人原则的另一层含义,是对于在校学生,只要其行为触犯相关法律法规、规章以及校纪校规,不论其行为地是校内还是校外,均应受教育惩戒。《复旦大学学生纪律处分条例(2019)》在附则第87条第2款中规定:“在对外交流活动中,违反接收学校规定,或者违反当地法律,受到处罚的,参照本条例规定给予处分。”意味着即使没有违反本校校纪校规,违反接收学校的校纪校规,但因其身份关系,同样可由本校作出惩戒。

二、职能管辖

职能管辖是指高校教育惩戒主体依据职能管辖特定类型的案件。职能不同的教育惩戒主体享有的教育惩戒权是不一致的,教育惩戒主体只能对职能范围内的违规违纪案件享有教育惩戒权。《高等教育法》赋予高等学校较为充分的“自主办学”权利,在法律、规章层面对大学治理主体的职权划分较为粗疏,而较为明确的仅有三项:一是《学位条例》明确校学位评审委会有权决定是否授予学位证书以及有权决定撤销以及授予的学位;二是《高等教育法》授权高等学校校长“对学生进行学籍管理并实施奖励或者处分”;三是《教师法》授权高校教师“评定学生的品行和学业成绩”。除此以外,即使《高等教育法》

授权高等学校学术委员会“调查、认定学术不端行为”，也仅仅是教育惩戒的过程，最终的教育惩戒行为并非由学术委员会作出。

除以上明确的职能划分外，法律法规、规章通常模糊使用“学校”泛指职权主体，或者对职权主体留白，换言之，高校院系、部门的设置以及职权配置由各高校自主决定，相应的职权划分则因“校”而异，高校通过一系列校内规范性文件，规定不同部门、个人的职权范围，由此对应教育惩戒主体的管辖范围。例如，《华东政法大学学生违纪处分规定（试行）（2017）》第 28 条规定：“学生因违反校纪需给予处分的，学习及考风考纪方面，由教学主管部门进行调查；违反学术规范的，由专门机构进行调查；治安、安全以及涉及违法犯罪的，由保卫处进行调查。违纪行为不属于职能部门或专门机构管理职责范围内的，由学生所在学院负责调查。学生违纪事件发生后，相关职能部门或专门机构调查清楚后，及时将学生违纪材料的原件送交学生处、复印件送交学生所在学院。学院应在收到相关材料一周内向学生处提交违纪学生的情况报告及处理建议。”《复旦大学学生纪律处分条例（2017）》第 8 条第 1 款规定：“提出处分和解除处分建议的主管部门（以下称主管部门），依照下列规定确定：（一）学生违反安全、公共秩序管理规定，需要给予处分、解除处分的，由保卫处提出建议；（二）学生违反外事和港澳台事务管理规定，需要给予处分、解除处分的，由外事处和港澳台事务办公室提出建议；（三）学生违反教学管理规定，需要给予处分、解除处分的，对研究生，由研究生院提出建议；对全日制本科生，由教务处提出建议，但对全日制医学本专科生，由医学教育管理办公室提出建议；对非全日制本科生，由继续教育学院提出建议。”其第 2 款明确“主管部门有困难的，由各部门协商解决”。

三、共同管辖

在高校治理体系中,治理主体的职能范围不可避免地存在交叉,尤其是职能部门与二级学院之间,有一系列共同的职能,比如,在学生日常事务管理中,二级学院与学工部门同时具有教育惩戒权限;在学生学风建设方面,二级学院与教务部门同时具有教育惩戒权限,因此,违规违纪案件发生后,两个或多个教育惩戒主体可以共同参与案件处理,共享事实与证据,共同作出教育惩戒决定。例如,《华东政法大学学生违纪处分规定(试行)(2017)》第 29 条规定:"警告、严重警告、记过、留校察看处分,由学生处会同有关部门审核,报分管校长批准;开除学籍处分由学生处会同有关部门审核,报分管校长,经校长办公会讨论决定,并事先进行合法性审查。"由此可知,华东政法大学拟作出纪律处分类惩戒决定前,均由学生处会同有关部门共同处理。

四、管辖移送

高校教育惩戒本质上是高等院校内部管理制度,惩戒主体、惩戒对象以及惩戒案件原则上限于校内,但是,教育惩戒并不能替代违法行为的行政处罚或刑事处罚,因此,经过调查发现有可能触犯法律法规,有可能被追究行政责任或刑事责任时,高校应及时与行政机关、司法机关联系,将案件管辖移送相关部门。《普通高等学校学生管理规定(2017)》第 11 条第 2 款规定,"复查中发现学生存在弄虚作假、徇私舞弊等情形的,确定为复查不合格,应当取消学籍;情节严重的,学校应当移交有关部门调查处理"。第 42 条第 2 款规定,"学校发现学生在校内有违法行为……可以依法采取或者协助有关部门采取必要措施"。这同样意味着学校在面临学生违法行为时,可以将管辖权移送有关部门。

第二节 高校教育惩戒的自由裁量权及其控制

高校在教育惩戒中具有广泛的裁量自由权,法谚云"绝对的权力绝对导致腐败",高校教育惩戒权同样有滥用的风险,可能会对受教育者合法权益造成损害。推进依法治校,应对高校教育惩戒权应当进行必要的控制。

一、高校教育惩戒的自由裁量权

教育惩戒裁量权是指教育惩戒主体在实施教育惩戒时,根据法律法规、规章、大学章程、校纪校规的规定,综合考虑违法违纪行为的事实、性质、情节、社会影响以及惩戒对象的主观过错等因素,决定是否给予教育惩戒、给予教育惩戒的种类和幅度的权限。

实践中,不同法院对于自由裁量权的控制呈现较大差异。在"龙某不服井冈山大学开除学籍处分决定案"①中,二审法院在推翻一审判决时指出,至于龙某的考试作弊是否属于情节严重、应否适用《井冈山大学学生违纪处分办法》第 27 条第 3 项的规定给予开除学籍处分,属于井冈山大学行使教育教学管理权限的自由裁量范围,不属人民法院行政案件司法审查范畴。而在"新疆大学与李某教育行政处罚案"②中,法院认为,新疆大学根据李某替考作弊之情形,"可以"选择适用开除学籍处分之权利,"可以"并非"必须"适用

① 江西省吉安市中级人民法院行政判决书,(2013)吉中行终字第 35 号。

② 新疆维吾尔自治区乌鲁木齐市中级人民法院行政判决书,(2014)乌中行终字第 63 号。

开除学籍处分。在享有多种纪律处分可选择的情况下，择其最重者予以处分，没有体现新疆大学应当在作出决定时所必须具有的合理的、善意的和有正当理由的基础，与行政法的比例原则相悖离，最终导致新疆大学作出开除李某学籍处分的具体行政行为适用法律错误。

学者周佑勇曾断言“行政法的精髓在于裁量”①，教育惩戒权的规范运行，关键同样在于教育惩戒裁量权。规范教育惩戒裁量权，能够有效地避免和减少争议，推进高校依法治校，对学生实现平等保护。平等原则的经典阐释是“相同情况相同对待，不同情况不同对待”，通过规范教育惩戒裁量权，确保相似的行为得到相似的惩戒，不同的应受惩戒行为受到不同的惩戒。《普通高等学校学生管理规定(2017)》第 54 条前半句对教育惩戒权的运行作出原则性规定，即“学校给予学生处分，应当坚持教育与惩戒相结合，与学生违法、违纪行为的性质和过错的严重程度相适应”。

行使教育惩戒裁量权应当遵循两项原则。一是合法性原则，此处的“法”指教育惩戒规范依据，所谓合法性原则是指在法定职权范围内，符合法律法规、规章、大学章程、校纪校规规定的裁量条件、惩戒种类和幅度，遵守法定程序。二是合理性原则，行使教育惩戒裁量权应当符合立法目的，充分考虑社会环境、公众意见等，采取的措施和手段应当是必要的、适当的，尽量用损害较小的惩戒措施实现教育目的。

近年来，行政法领域逐渐重视使用裁量基准约束下级行政机关及公务员，裁量基准的法律地位在 2021 年《行政处罚法》修订中被正式确认，修订后的《行政处罚法》第 34 条规定：“行政机关可以依

① 周佑勇：《行政裁量治理研究：一种功能主义的立场》，法律出版社 2008 年版，第 1 页。

法制定行政处罚裁量基准,规范行使行政处罚裁量权。行政处罚裁量基准应当向社会公布。”行政处罚裁量基准可以作为行政处罚决定说理的内容。[①] 运用裁量基准实施行政处罚能够提升执法的客观性、可接受性,同时对执法主体具有一定约束力。在教育惩戒领域,应借鉴裁量基准的使用,以防止教育惩戒主体滥用惩戒权,高校可以制定教育惩戒的裁量基准,并且及时向全校师生公布。

目前,部分高校在纪律处分规定中对裁量基准进行了详细列举,为高校规范行使教育惩戒权提供规范依据,通常采取行为类型+惩戒形式的模式。例如,《复旦大学学生纪律处分条例(2019)》,分别列举了危害国家安全和公共安全的行为、侵犯他人人身权利和民主权利的行为、侵犯公私财产的行为、扰乱学校教育教学秩序的行为、妨害学校管理的行为等五类行为以及对应的惩戒形式。而大部分学校对违规违纪行为并没有明显分类,而是详细列举各种行为,辅以惩戒形式的规定。

二、从轻、减轻惩戒

从轻惩戒是指在规定的惩戒幅度内就轻或就低予以惩戒,但不能低于规定惩戒幅度的最低限度。减轻惩戒是指在规定惩戒幅度的最低限度以下给予惩戒。从轻、减轻惩戒是过罚相当原则的体现,也是教育与惩戒相结合原则的体现。在作出教育惩戒决定前,需要充分考虑拟惩戒对象的违规违纪次数、主观过错、认错态度、纠错情况、是否存在受欺骗或胁迫等情形,结合违规违纪案件的影响程度和范围等因素,对于首次违犯、主观恶性较小、认错态度良好、

---

① 参见袁雪石:《中华人民共和国行政处罚法释义》,中国法制出版社 2021 年版,第 227 页。

及时纠正、受欺骗或胁迫的情形，可以酌情予以减轻惩戒；对于影响较小的案件，可以酌情予以从轻惩戒。例如，在“王某与衡水学院行政处罚案”中，法院判决认为，“被告在处理方式上并未考虑原告在校期间属刻苦优秀学生，通过自己的勤奋好学多次获得荣誉和奖励，所犯错误尚属首次，同时具有主动承认错误、认识深刻、有悔改表现和主动劝阻他人和检举他人的从轻情节，应给予改过的机会。而仅凭一次考试作弊就开除学籍，使学生无任何完善品质的余地，导致措施和目的之间的极不相称”①。

《普通高等学校学生管理规定(2017)》第 54 条前半句原则性地规定：“学校给予学生处分，应当坚持教育与惩戒相结合，与学生违法、违纪行为的性质和过错的严重程度相适应。”同时，在第 51 条中规定“可视情节轻重，给予如下纪律处分”，规范内涵是高校在教育惩戒时，可以根据行为性质、过错程度、情节轻重选择惩戒形式。从纪律处分到批评教育，通常属于减轻惩戒，例如，《上海对外经贸大学学生违纪处分管理规定(2017)》第 4 条第 2 款规定：“学生有违反校纪校规的行为，但情节轻微不足以给予纪律处分的，应当由学生所在学院给予通报批评，督促其改正错误。”从开除学籍到留校察看再到记过、严重警告、警告，惩戒程度逐步下降，则属于减轻惩戒，在各高校纪律处分规定中规定某行为给予某惩戒形式以上处分，则某惩戒形式以上即为裁量幅度，选择较轻的惩戒形式即为减轻惩戒。

高校通常在校纪校规中列明可予以从轻、减轻处罚的情形。例如，《复旦大学学生纪律处分条例(2019)》第 6 条规定可以对学生从轻给予处分的五种情形，即(1)在违纪过程中，自动放弃违纪或者自动有效地防止违纪结果发生的；(2)在共同违纪行为中起次要作用，

① 河北省衡水市桃城区人民法院行政判决书，(2014)衡桃行初字第 24 号。

或者被胁迫参加的;(3)违纪时不满18周岁的;(4)违纪以后主动承认错误,如实供述自己的违纪行为,态度端正的;(5)揭发他人违纪行为,查证属实,或者提供重要线索,协助学校调查违纪事实、收集有关证据的。除情形(3)是基于年龄因素,从未成年人保护的角度可予以从轻处罚,其余4种情形分别具有“悔罪”“从犯”“坦白”“立功”的表现,对其从轻处罚,既实现了惩戒的目的,又实现了教育的目的。《南京大学学生违纪处分规定(2021)》将可以从轻或减轻处分的情形合并列举,包括“(一)能主动承认错误,如实交待错误事实,检查认识深刻,有悔改表现的;(二)确系被他人胁迫或诱骗的;(三)在共同违纪中起次要或辅助作用的;(四)其他可以从轻或减轻处分的情形”。前三种情形与复旦大学可予以从轻惩戒的情形存在部分重叠,而明显的差异在于,南京大学设置了兜底性条款,意味着还有其他可以考虑的情形,而在复旦大学,从轻惩戒的情形仅限于规定列举的五种情形。

三、从重、加重惩戒

从重惩戒是指在规定的惩戒幅度内就高或就重予以处罚,但不能高于规定惩戒幅度的最高限度。加重惩戒是指在规定惩戒幅度的最高限度以上给予惩戒。除《普通高等学校学生管理规定(2017)》第51、54条的原则性规定外,第52条关于“可以开除学籍”的情形规定,可视为“从重、加重惩戒”的规范表达。从重惩戒与从轻惩戒、加重惩戒与减轻惩戒相对应,主要适用于屡次违犯、主观恶性较大、拒不认错、发挥主要作用的情形,可予以从重或加重惩戒。以《复旦大学学生纪律处分条例(2019)》为例,该条例第5条规定应当从重给予处分的四种情形,分别是:(1)在共同违纪行为中起主要作用,或者引诱、教唆、胁迫他人违纪的;(2)在非常时期违纪,造成特别严重后果的;(3)违纪以后拒不承认错误的;(4)受到处分后再有需要给予处分的违纪行为的。相比于从轻惩戒,该条例明确使用“应当”,意味着只要满足上述四种情形之一,惩戒主体的自由裁量权将受到限制,必须予以从重惩戒。《南京大学学生违纪处分规定(2021)》将加重和从重惩戒的情形予以合并列举,包括“七种情形+兜底条款”,七种情形分别是:“(一)违纪事实查明后拒不承认错误的;(二)胁迫、诱骗他人或者教唆他人违纪的;(三)在共同违纪中起主要作用的;(四)对调查人、检举人、证人等相关人员打击报复、威胁恫吓的;(五)曾受过纪律处分,再次违纪的;(六)同时具有两项以上违纪行为的;(七)在违纪处理期间,再次违纪的……”可以看出,与复旦大学相一致的是采取“应当予以……”的表述,从列举的情形看,两者有部分重叠,部分存在区别,可以看出不同高校教育的重点。

四、不予惩戒

不予惩戒是指某些在形式上违规违纪,但依据规定或根据情理不应处罚的情形。例如,学生因身体原因旷课,虽未能及时履行请假手续,但不应予以惩戒。又如,学生因受疫情影响,未能及时返校,从情理上不应予以惩戒,前提是已完成一定的报备手续。精神病人在不能辨认或者不能控制自己行为时有违规违纪行为,不应予以惩戒。因此,在认定案件性质时,应当在充分掌握事实的基础上,依据规定的例外情形或依据情理,从保护学生合法权益的角度,决定是否应不予惩戒。

第三节　高校教育惩戒适用的若干规则

高校教育惩戒作为一种损益性权力行为，与行政处罚、刑事处罚具有一定关联与共性，一方面需要处理好高校教育惩戒与行政处罚、刑事处罚的衔接；另一方面，需要适当地参考借鉴行政处罚、刑事处罚适用的规则，构建教育惩戒适用的规则体系。

一、与行政处罚、刑事处罚的衔接

高校教育惩戒与行政处罚、刑罚均为具有损益性的权力行为，权力主体之间彼此分离，但行为对象的范围存在一定重叠，因为高校学生同时具备公民身份，受国家法律法规的约束。与此同时，行为均具有维护公共利益和社会秩序，保护公民、法人或其他组织的合法权益的目的，因此，所针对的案由也存在一定重叠。因此，高校教育惩戒与行政处罚、刑罚之间存在衔接问题。

一方面，从高校教育惩戒到行政处罚或刑事处罚。高校在处理案件过程中发现拟惩戒对象的行为已经触犯法律法规，应当移送行政部门或司法机关的，应当及时联系并移送处理，教育惩戒程序暂行中止，待行政处罚或刑事处罚作出后再行恢复教育惩戒程序，如《华东政法大学学生违纪处分规定(试行)(2017)》第30条后半句规定："进入公安、检察院、法院等司法程序的案件，在公、检、法等部门的处罚决定下达后的一个月内作出。"在"王某森与新疆农业大学其他行政判决书案"[①]中，学生王某森被公安机关刑事拘留，新疆农

① 新疆维吾尔自治区乌鲁木齐市水磨沟区人民法院行政判决书，(2017)0105行初1号。

业大学未待司法机关作出裁决,即对王某森实施开除学籍的惩戒。在此之后,乌鲁木齐市沙依巴克区人民检察院认定王某森涉嫌破坏计算机系统一案,事实不清,证据不足,并经两次退回侦查机关补充侦查,仍不符合起诉条件,决定对王某森不起诉。对此,法院认为,原告王某森为卢某权介绍需要修改成绩的学生并从中获利一事,事实并未查清,而被告新疆农业大学以尚未查清的事实作为其作出开除原告学籍处分的事实依据,于法不合。

另一方面,从行政处罚或刑事处罚到高校教育惩戒。高校学生在校外违反法律法规,被行政机关或司法机关立案,经调查免于行政处罚或刑事处罚的,应由行政机关或司法机关移送高校,由高校立案、调查,决定是否予以教育惩戒。

二、追责时效

在行政责任或刑事责任追究中,均有时效制度,即对违法行为追究行政责任或刑事责任的有效期限。《刑事诉讼法》第 16 条规定,有下列情形之一的,不追究刑事责任,已经追究的,应当撤销案件,或者不起诉,或者终止审理,或者宣告无罪:……(二)犯罪已过追诉时效期限的……《行政处罚法》第 36 条规定:“违法行为在二年内未被发现的,不再给予行政处罚;涉及公民生命健康安全、金融安全且有危害后果的,上述期限延长至五年。法律另有规定的除外。前款规定的期限,从违法行为发生之日起计算;违法行为有连续或者继续状态的,从行为终了之日起计算。”在高校教育惩戒中,从提升学校管理效率、维护校园秩序稳定的角度,同样应设置一定的追责时效。

目前,教育惩戒法律、法规、规章中缺乏对于追责时效的明确规定,如取消学籍的惩戒,没有追责时效规定,且在司法实践中,在“刘某东与江苏警官学院取消学籍的行政决定案”[①]中，法院认为高校作出取消该学生学籍的行政决定不属于行政处罚，因而不受行政处罚两年处罚时效的约束。对于一般的违规违纪行为，可以考虑设置一年或两年的追责时效；对于严重的违规违纪行为，应以学生在校期间为追责时效。

因“翟某临事件”而备受公众关注的学位撤销，追责时效问题同样引起关注。《学位条例》第 17 条“学位授予单位对于已经授予的学位，如发现有舞弊作伪等严重违反本条例规定的情况，经学位评定委员会复议，可以撤销”。据此规定，任何时候发现应当撤销学位的情形，都应予实施。然而，在“陈某诉中山大学撤销硕士学位决定案”[②]中，法院判决指出，“在上诉人违法行为已经发生 11 年、上诉人离开学校 6 年后，被上诉人再以办学自主权为由追究责任，无论从公平合理角度，还是从维护社会秩序稳定方面考虑，都是不合适的”。学者张航建议修改增加学位撤销期间程序制度，认为“学位授予单位应当自开始撤销调查之日起两年内作出撤销决定，但相对人因欺诈、胁迫或贿赂获得学位的除外。自学位授予之日起二十年没有撤销的，不得再行撤销。因不可抗力等原因所延误的时间应当扣除”[③]。

三、从旧兼从轻

法不溯及既往是一项基本的法治原则。《立法法》第 93 条规定：“法律、行政法规、地方性法规、自治条例和单行条例、规章不溯

---

① 江苏省南京市雨花台区人民法院行政判决书，(2007)雨行初字第 18 号。

② 广东省广州市中级人民法院行政判决书，(2006)穗中法行终字第 442 号。

③ 张航：《学位撤销期间程序制度研究——以〈学位条例〉第 17 条的修订为中心》，载《中国高教研究》2020 年第 11 期。

及既往,但为了更好地保护公民、法人和其他组织的权利和利益而作的特别规定除外。”从旧兼从轻是法不溯及既往的规范表达,简而言之,原则上适用旧法,但新法对行为人有利时,适用新法。我国《刑法》与《行政处罚法》均将“从旧兼从轻”作为一项刑罚、处罚适用的原则,《刑法》第12条第1款规定:“中华人民共和国成立以后本法施行以前的行为,如果当时的法律不认为是犯罪的,适用当时的法律;如果当时的法律认为是犯罪的,依照本法总则第四章第八节的规定应当追诉的,按照当时的法律追究刑事责任,但是如果本法不认为是犯罪或者处刑较轻的,适用本法。”《行政处罚法》第37条规定:“实施行政处罚,适用违法行为发生时的法律、法规、规章的规定。但是,作出行政处罚决定时,法律、法规、规章已被修改或者废止,且新的规定处罚较轻或者不认为是违法的,适用新的规定。”

在司法实践中,围绕“从旧兼从轻原则”的理解适用不乏争议。在“韩某锋诉北京工业大学开除学籍案”①中,原告韩某锋于2017年6月10日在2016~2017学年第2学期战略管理课程期末考试中找社会人员替考,被监考老师当场查获。2018年8月1日,被告北京工业大学依据工大发〔2017〕34号《北京工业大学学生违纪处分办法》第二章第5条第4款的规定,决定给予原告韩某锋开除学籍的处分。法院认为,根据《北京工业大学学生违纪处分办法》第107条的规定,该办法施行的日期为2017年9月1日,即原告韩某锋上述行为发生之时《北京工业大学学生违纪处分办法》尚未实施。因此,北京工业大学适用该办法对韩某锋作出处理显属适用法律错误,显然,该案中法院适用了“从旧兼从轻原则”。然而,在“柳某栋与齐鲁

① 北京市朝阳区人民法院行政判决书,(2018)京0105行初754号。

师范学院其他一审行政案”[①]中，原告柳某栋起诉理由之一是，“学院2014年制定的条例之效力不应溯及原告2011年的行为”。因《齐鲁师范学院学位授予细则（试行）》中规定“考试作弊者不予颁发学位证书”导致原告无法取得学位证。对此，被告齐鲁师范学院认为，“被答辩人2015年取得申请学士学位的资格，能否授予其学士学位，应当按照被答辩人取得申请资格时的法律法规、校规校纪确定”，若如原告所言，《齐鲁师范学院学位授予细则（试行）》是在原告考试作弊行为发生3年后制定，并依此判定原告因考试作弊而无法获得学位证书，则有违法“从旧兼从轻原则”的嫌疑。在该案中，被告齐鲁师范学院不授予原告学士学位的另一项依据是《山东省学士学位授予管理办法》第8条，原告在校期间的学习成绩不符合为其授予学士学位的要求。在法院的判决中，回避了适用《齐鲁师范学院学位授予细则（试行）》给予原告“不授予学士学位”惩戒的争议，而是依据《山东省学士学位授予管理办法》判定齐鲁师范学院不授予学士学位决定合法。

“从旧兼从轻”旨在从有利于刑事被告人或行政相对人的角度对法律进行适用，该适用规则在教育惩戒中有着更为充分的适用理由，高校教育惩戒遵循教育与惩戒相结合的原则，教育是目的，惩戒是手段，既然待惩戒对象所违反的规则已经修改或废止，意味着对拟惩戒对象的行为已经被重新评价了，当然应遵循新的规则实施惩戒行为。如原先认为高校学生在校期间结婚、生子、发生性关系属于违规违纪行为，随着时代的发展、观念的转变，对此类行为的评价已经发生转变，不应再行否定性评价。《华东政法大学学生违纪处分规定（试行）（2017）》体现了“从旧兼从轻原则”，其在附则第43

---

① 济南市章丘区人民法院行政判决书，（2016）鲁0181行初104号。

条第1句中规定:“本规定施行以前的行为,如原规定不认为是违纪的,适用原规定;如原规定认为是违纪的,但本规定不认为是违纪或处理较轻的,适用本规定。”

四、一事不二罚

法谚有云“任何人不得因同一案件而受两次处理”。原本作为一项刑法上的“一事不二次给予刑事处罚”原则,经扩张解释适用于行政处罚领域,形成“一事不二罚”的适用规则。《行政处罚法》第29条前半句规定:“对当事人的同一个违法行为,不得给予两次以上罚款的行政处罚。”在责任承担方面,该法第35条规定:“违法行为构成犯罪,人民法院判处拘役或者有期徒刑时,行政机关已经给予当事人行政拘留的,应当依法折抵相应刑期。违法行为构成犯罪,人民法院判处罚金时,行政机关已经给予当事人罚款的,应当折抵相应罚金;行政机关尚未给予当事人罚款的,不再给予罚款。”“一事不二罚”既包含对同一行为不得进行重复评价,又包含针对同一行为不得进行重复处罚。“一事不二罚”规则的适用能够较好地维护当事人的权利,避免重复评价带来的过重的负担,符合公正理念,但在高校教育惩戒中,该如何适用,应结合教育惩戒的性质与特征具体展开。

一般而言,“一事不二罚”原则适用于教育惩戒制度中,应当包含三层内涵:一是对于同一行为,同一教育惩戒主体不得进行重复惩戒,除非有新的重大发现,否则在教育惩戒决定作出后即宣告结束。然而,不同教育惩戒主体是否可以在各自的职能范围内依规则分别进行教育惩戒,则应根据行为性质具体判断,如学生因考试作弊,任课教师对该学生作出考核成绩无效的惩戒,教务部门可以继续对该学生进行通报批评,二级学院、辅导员可对该学生进行批评教育,学生管理部门可以对该学生进行纪律处分的动议,经校长批准正式予以纪律处分的教育惩戒。二是在教育惩戒执行方面,针对同一行为作出的教育惩戒行为,彼此不能折抵,比如,学校在进行通报批评的纪律处分后,二级学院或辅导员仍然可以选择在学院或班级内进行批评教育。不同教育惩戒措施具有不同功能,为实现教育目的,往往需要配合实施。三是针对连续性违法行为,不宜进行重复评价,但可以在规定的教育惩戒幅度内从重或加重惩戒。

司法实践中,"一事不二罚"原则的适用颇为复杂。例如,在"艾某池诉重庆医科大学教育处理决定案"①中,原告艾某池因成绩原因应作降格处理,从 7 年制 2009 年级降至 5 年制临床医学专业 2010 年级继续学习,对此,艾某池认为,"被告作出的处理决定既使原告由 7 年制的本硕连读降格到 5 年制本科学习,又使原告从 2009 级留级到 2010 级学习,违背了行政处罚'一事不二罚'的法律原则"。法院判决认为,基于 7 年制与 5 年制临床医学专业课程衔接的原因,被告重庆医科大学决定将原告艾某池转入 5 年制临床医学专业 2010 年级学习在实体处理上并无不当。也就是说,法院认可被告重庆医科大学给予专业课程衔接的原因,将原告艾某池转入 5 年制临床医学专业 2010 年级学习,并且不认为属于惩戒,因此,也就不违反"一事不二罚"原则。

在"袁某与苏州大学授予学位纠纷上诉案"与"刘某鹰诉中山大学新华学院确认行为案"中,不同法院对于重复处罚的理解存在显著差异。在"袁某与苏州大学授予学位纠纷上诉案"②中,原告袁某完成全部规定课程学习,取得相应学分,获得大学本科毕业证书,但

① 重庆市渝中区人民法院行政判决书,(2014)中区行初字第 10 号。

② 江苏省苏州市中级人民法院行政判决书,(2006)苏中行终字第 0097 号。

在向被告申请学士学位时,被口头告知因其税法考试作弊,并曾受留校察看一年的处分,已被取消学士学位授予资格。一审法院认为,“因一次考试作弊就不授予其学位,处理明显畸重,且有重复处理之嫌”。二审法院则认为高校有权规定作弊者不能获得学位,言下之意,法院不应干预。而在“刘某鹰诉中山大学新华学院确认行为案”[①]中,原告刘某鹰的平均学分绩点及毕业论文成绩均达到学士学位授予条件,但因刘某鹰在 2013 年第一学期经济法科目考试中存在舞弊行为,在其后的学习期间又未取得《中山大学新华学院学士学位授予工作细则(试行)》第 6 条规定的优秀成绩或突出表现,因此,被告中山大学新华学院决定对其不予授予学士学位。法院认为,“在对舞弊学生已作出纪律处分且该学生已纠正错误的情况下,再次对其施以惩戒,缺乏应有的必要性,且有违教育与处罚相结合的法律原则”,即法院认为被告中山大学新华学院对原告的作弊行为予以纪律处分后,再度因作弊行为不授予学位,违反了“一事不二罚”原则。实际上,关于因作弊而受纪律处分惩戒而不授予学士学位的规定,广泛存在于各高校学位授予规定之中,但并未构成重复惩戒,为何在该案中法院认为被告中山大学新华学院的惩戒行为构成重复惩戒呢?法院认为,《中山大学新华学院学士学位授予工作细则(试行)》在对考试舞弊学生作出不予授予学位规定的同时,规定了学业成绩和学术成果方面的豁免标准,并非将考试舞弊作为一项学生道德品行方面的评价标准,而是作为对舞弊学生的一项奖惩制度。该案中中山大学新华学院作出不授予学士学位的决定,并不是基于原告刘某鹰的作弊行为导致不符合“遵纪守法、道德品行”的学位授予条件,对原告刘某鹰的作弊行为构成“奖惩制度”范畴内的

---

① 广东省广州市天河区人民法院行政判决书,(2015)穗天法行初字第 669 号。

重复评价。

因此,可以认为教育惩戒适用“一事不二罚”原则,应指不得基于同样的制度目的对同一行为实施不同的惩戒。换言之,如果在学位制度体系内设定道德品行标准,将作弊行为评价为道德品行不佳,作出不授予学位的惩戒,与在惩罚制度体系内作出纪律处分,不构成重复评价。

五、无效惩戒

无效行政行为是行政法中的一项重要制度,用以约束行政机关的权力行为、保障公民的合法权益。1996 年制定的《行政处罚法》第 3 条第 2 款规定:“没有法定依据或者不遵守法定程序的,行政处罚无效。”经过数年发展,2021 年《行政处罚法》修改中进一步明确了行政处罚无效的判断标准,该法第 38 条规定:“行政处罚没有依据或者实施主体不具有行政主体资格的,行政处罚无效。违反法定程序构成重大且明显违法的,行政处罚无效。”2014 年修正的《行政诉讼法》第 75 条规定:“行政行为有实施主体不具有行政主体资格或者没有依据等重大且明显违法情形,原告申请确认行政行为无效的,人民法院判决确认无效。”“重大且明显违法”成为无效行政处罚以及无效行政行为的主要判断标准。具体概括为三方面的标准:处罚无依据、主体无资格、程序重大且明显违法将导致行政处罚无效。高校教育惩戒作为一项损益性行为,同样有滥用的风险,在规范教育惩戒权的制度建构中,有必要借鉴无效行政行为的相关制度和理论。

首先,对于缺乏依据的惩戒应认定为无效,法谚云“法无授权不可为”,教育惩戒行为是一项公权力行为,权力滥用将导致学生合法权益受损。因此,权力必须法定,凡属超越职权作出的教育惩戒行为均属无效,如依据《宪法》规定,“禁止非法拘禁和以其他方法非法剥夺或者限制公民的人身自由，禁止非法搜查公民的身体”，“中华人民共和国公民的通信自由和通信秘密受法律的保护”。对公民人身自由和通信自由、通信秘密的保护，属于宪法保留和法律保留，高校任何惩戒主体都无权作出相应的惩戒行为。

其次，教育惩戒主体要适格，尽管在高等教育领域强调全员育人，但并不意味着教育惩戒主体的泛化，教育惩戒主体应当在规则授权或允许范围内实施教育惩戒行为，如纪律处分，只有校长才有权作出；撤销学位证书，只有学位评审委员会才有权决定。

最后，教育惩戒程序要规范，在教育惩戒立案、调查、决定等程序中，应当依据规定的程序进行，在对学生权益有重大影响的教育惩戒决定作出前，应当充分保障学生参与权、表达权。不同于行政处罚无效，在教育惩戒中，程序违规并不必然导致教育惩戒无效，如学生因作弊被抓，被教育惩戒主体立案，在教育惩戒决定作出前，并未充分听取学生的陈述和申辩，有可能导致纪律处分的教育惩戒无效，并且该程序不能重开，但是，辅导员作为教育惩戒主体，在基本了解情况后，对学生进行批评教育时，该批评教育决定并不当然无效。学者秦涛、张旭东认为，“对于一些轻微的瑕疵处分，高校可按照行政处分、行政程序的基本法理，进行补正”[①]。司法实践中，法院对教育惩戒程序的轻微瑕疵基本予以容忍，如在“谢某因诉华南师范大学拒不授予学士学位案”[②]中，法院认为，“被上诉人（华南师范大学）作出不授予学位决定后，未以书面载体将该决定送达给上诉人，形式上存在瑕疵，本院予以指正”，但不影响惩戒行为效力。对

---

① 秦涛、张旭东：《高校教育惩戒权法理依据之反思与修正》，载《复旦教育论坛》2019年第4期。

② 广州铁路运输中级法院行政裁决书，(2020)粤71行终2094号。

于严重的程序问题,法院坚决予以撤销,在“刘某文诉北京大学不授予博士学位案”[①]中,法院认为,校学位委员会在作出不批准授予刘某文博士学位前,未听取刘某文的申辩意见;在作出决定之后,也未将决定向刘某文实际送达,影响了刘某文向有关部门提出申诉或提起诉讼权利的行使,该决定应予撤销。因此,无效的程序行为应当限于程序违法中的极端部分,必须严格控制在以下范围内:法律法规、校纪校规规定必须采取书面形式的惩戒行为不提供书面形式;作出惩戒行为前不为拟惩戒对象提供申辩和听证机会的。

六、应急惩戒

新冠疫情的突然爆发,对常态法治造成冲击,对教育惩戒权的规范适用同样提出挑战。学校作为典型的人员聚集性场所,疫情防控任务之重不言而喻,高校学生结构复杂以及流动性强的特点加剧了疫情防控难度。新冠疫情防控期间,各高校陆续有学生因违反疫情防控相关规定受到处分,“舆论一方面对涉事学生法治意识不强、纪律自觉性不够予以批判,同时也对高校给予学生处分的正当性提出了质疑”[②]。

从疫情期间的教育惩戒实践来看,高校能够快速、从重地对违规违纪学生作出惩戒决定,例如,江西理工大学、景德镇陶瓷大学、西北农林科技大学等高校针对学生擅自返校作出相应处分决定;[③]

---

① 北京市海淀区人民法院行政判决书,(1999)海行初字第104号。

② 陈磊:《大学生擅自提前返校徒增集聚传染风险　修订完善校纪校规提升校园治理水平》,载《法制日报》2020年2月22日,第4版。

③ 参见《江西:两名提前返校大学生受处分》,载中国教育新闻网,http://www.jyb.cn/rmtzgjyb/202002/t20200207_292564.html? tdsourcetag = s_pcqq_aiomsg;《关于给予闫××、任××两位提前返校同学纪律处分的通报》,载西北农林科技大学官网2020年2月1日,https://www.nwafu.edu.cn/tzgg/index18.htm。

中国石油大学(华东)针对学生擅自返回青岛且未报告的情形作出处分决定;[①]淮阴师范学院学生因谎称其出国旅游,隐瞒个人行踪,不按疫情防控要求主动及时报告个人健康信息,被给予纪律处分。[②]

显然,国家立法层面并没有明确对教育惩戒的应急适用作出规定。但是,面对突发事件,比如,传染病的爆发,高校有权依据疫情防控需要设立各类防控措施,《传染病防治法》《突发事件应对法》等法律法规对高校有相应授权,地方国家权力机关针对疫情防控所作决定,政府部门应急性、规范性文件以及措施,均有可能成为高校行使教育惩戒权的依据。高校可对违反政府所采取防疫措施的学生,设定并实施相应的教育惩戒。在法律法规授权未予以限制的情况下,高校基于大学自治同样可设定并实施教育惩戒权。[③] 例如,长江大学文理学院发布《关于学生违反防控新冠肺炎相关纪律适用〈长江大学文理学院学生违纪处分办法〉的说明》、《上海应用技术大学新冠肺炎疫情防控期间学生违纪处分补充规定》(上应学〔2020〕17号)、《湖北医药学院、湖北医药学院药护学院新冠肺炎疫情防控期间学生处分暂行办法》等,针对学生擅自提前返校、不按时报告、拒绝配合测量体温等疫情防控工作相关检查、不遵守佩戴口罩等疫情防控工作要求、瞒报漏报谎报个人及共同居住人的身体健康状况、隐瞒自己的接触史旅行史、擅自组织聚集性活动、擅自留宿校外人

---

① 参见《关于学生周某某私自返青的情况通报》(校疫控组发〔2020〕9号),载中国石油大学新闻网2020年3月2日,https://news.upc.edu.cn/info/1446/97134.htm。

② 参见《情况通报》,载淮阴师范学院微信公众号2020年3月9日,https://mp.weixin.qq.com/s/1x8EsBZJoA_19YgyQRDn6g。

③ 参见刘亮:《论高校教育惩戒权的构造与限制——兼评高校疫情防控中教育惩戒权的运行》,载《青少年犯罪问题》2020年第6期。

员等,包括对于特定情形予以开除学籍等处分。[①]

在国家立法层面,修改于疫情发生后的《行政处罚法》为行政处罚的应急适用提供了法律依据,同时为教育惩戒的应急适用规则提供了参考范本。《行政处罚法》第 49 条规定:“发生重大传染病疫情等突发事件,为了控制、减轻和消除突发事件引起的社会危害,行政机关对违反突发事件应对措施的行为,依法快速、从重处罚。”参照这一条款,可以建立起教育惩戒应急适用的基本规则,即发生重大传染病疫情等突发事件,为了控制、减轻和消除突发事件引起的校园危害,高校可以对违反突发事件应对措施的行为,依法快速、从重惩戒。

在高校立法层面,除根据突发事件应对需要,临时制定防控举措或校纪校规,也可以制定一般性的规定,例如,《复旦大学学生纪律处分条例(2019)》第 87 条第 1 款规定:“违反学校在非常时期采取的紧急措施的,依照非常时期的紧急令给予处分;紧急令没有规定的,依照本条例规定给予处分。”为教育惩戒权的应急适用提供了校内规定的依据。

---

① 参见刘亮:《论高校教育惩戒权的构造与限制——兼评高校疫情防控中教育惩戒权的运行》,载《青少年犯罪问题》2020 年第 6 期。

第七章　高校教育惩戒的立案与调查

教育惩戒是一项公权力行为，为防止权力滥用、维护学生合法权益，应当规范权力运行的各个环节。在发生违法违纪行为后，由法定主体进行立案和调查。立案标志着教育惩戒程序的启动，调查则是教育惩戒主体掌握事实的过程。高校教育惩戒权的规范化运行包含对于立案与调查程序的规范化要求。

第一节　高校教育惩戒的立案

立案是高校教育惩戒程序启动的标志，立案环节规范与否往往直接影响案件的最终结果。正因如此，《行政处罚法》的修改过程中增加了立案程序的规定，“使得行政处罚程序更加正规化，完善了程序对行政处罚的控制”[①]。在教育惩戒中，立案的程序意义和现实意义同样重要，一方面标志着教育惩戒程序的启动；另一方面有助于平息舆论。依据法律、规章以及校纪校规，高校教育惩戒有三种立案模式，分别是依职权立案、依移送立案、依举报立案。在立案后，教育惩戒主体应当将立案情况及时告知拟惩戒对象以及相关人员。

---

① 袁雪石：《中华人民共和国行政处罚法释义》，中国法制出版社 2021 年版，第 308 页。

一、依职权立案

依职权立案,是指高校教育惩戒主体在履行职责过程中发现学生或学生组织存在违规违纪问题进行教育惩戒立案。依职权立案包括其他教育主体在履行职责过程中发现学生或学生组织存在违规违纪问题后,依法依规移送后进行教育惩戒立案。依职权立案是教育惩戒立案的主要模式,法律、规章中有部分关于依职权立案的规定,包括明确授权与当然授权。

明确授权是指法律法规、规章以及其他规定明确要求教育惩戒主体进行相关情况的了解,在此过程中如发现存在问题即可启动立案程序。例如,《普通高等学校学生管理规定(2017)》第 9 条规定:“学校应当在报到时对新生入学资格进行初步审查,审查合格的办理入学手续,予以注册学籍;审查发现新生的录取通知、考生信息等证明材料,与本人实际情况不符,或者有其他违反国家招生考试规定情形的,取消入学资格。”依据该条规定,学校在新生入学后依职权应对其入学资格进行审查,发现新生的入学证明材料不实或存在其他违规行为,应当进行立案处理。《普通高等学校学生管理规定(2017)》第 11 条再次作出复查的要求,即学生入学后,学校应当在 3 个月内按照国家招生规定进行复查。复查发现学生存在弄虚作假、徇私舞弊等情形的也应进行教育惩戒的立案。

当然授权是指法律法规、规章以及其他规定对教育惩戒主体的职权有明确规定,教育惩戒主体在履行职责过程中可以当然地进行教育惩戒的立案。依据《学位条例》第 10 条第 2 款第 1 句规定:“学位评定委员会负责审查通过学士学位获得者的名单;负责对学位论文答辩委员会报请授予硕士学位或博士学位的决议,作出是否批准的决定。”学位评审委员会在审查决定是否批准授予学位时,当然可以依据职权对可能存在的不符合学位授予情况进行立案、调查。依据《普通高等学校辅导员队伍建设规定》(教育部令第43号),辅导员具有思想理论教育和价值引领、党团和班级建设、学风建设、学生日常事务管理、心理健康教育与咨询工作、网络思想政治教育、校园危机事件应对、职业规划与就业创业指导、理论和实践研究九项职责,在履行大部分职责时都有可能遇到需要实施教育惩戒的情形,以学风建设为例,辅导员在日常巡课过程中,如发现有学生旷课但并未履行请假手续,即可进行教育惩戒立案。如在学生日常事务管理中,发现学生在经济困难认定、申请助学贷款、申报奖助学金过程中,提供虚假材料,即可依据职权进行教育惩戒立案。

二、依举报立案

依举报立案是指教育惩戒主体根据第三人的举报,针对违规违纪问题进行教育惩戒的立案。依举报立案既是依职权立案的补充,也是管理民主化的体现。随着高校管理的规范化,越来越多的事项需要以公示的方式接受公众监督,例如,《高等学校预防与处理学术不端行为办法》要求"对非涉密的科研项目申报材料、学术成果的基本信息以适当方式进行公开"。在学生荣誉评定、奖助学金申请以及学生骨干任命中,公示并接受异议是必经程序,在公示后有第三人针对拟受表彰的组织或个人提出异议,相应的荣誉与奖助学金评审主体应根据异议情况决定是否立案。

当然,并非对于所有的举报都要进行立案,《高等学校预防与处理学术不端行为办法》第13条规定:"对学术不端行为的举报,一般应当以书面方式实名提出,并符合下列条件:(一)有明确的举报对象;(二)有实施学术不端行为的事实;(三)有客观的证据材料或者查证线索。以匿名方式举报,但事实清楚、证据充分或者线索明确的，高等学校应当视情况予以受理。”当然，这是对学术不端举报的要求，相对而言比较严格，对于一般违规违纪的举报，应当降低标准，如举报人能实名举报，或基本讲清事实并有一定证据，就应进行立案调查。

近年来，随着互联网技术的发展，通过网络公开质疑成为新型的举报形式，一些公众人物的学历屡屡遭受质疑，翟某临博士学位被撤销是近年来影响最为广泛的案例，在网络舆情发生后，北京电影学院回应称“学校相关部门已启动调查”，之后北京电影学院官方微博发布关于翟某临涉嫌学术不端等问题的最新调查进展情况说明，包含调查结论和惩戒决定。对此，《高等学校预防与处理学术不端行为办法》第 14 条规定：“高等学校对媒体公开报道、其他学术机构或者社会组织主动披露的涉及本校人员的学术不端行为，应当依据职权，主动进行调查处理。”

三、立案后告知

在依职权立案的情形下，从保证当事人知情权、表达权与申辩权的角度，在教育惩戒立案后，应及时告知拟受惩戒的对象，同时告知其拟进行教育惩戒的主体、拟进行教育惩戒的规范依据、拟进行的教育惩戒程序以及当事人救济的权利。同时，应当告知行为受害人以及行为相关人，以实现受害人的权利救济和行为相关人的知情权和申辩权。

在依举报立案的情形下，在教育惩戒立案后，除应从保障当事人知情权、表达权和申辩权的角度告知拟受惩戒的对象外，同时，从保障举报人监督权的角度，也应及时告知其立案情况，如决定不予立案，也应告知其不予立案的依据和理由。

立案后的告知应当准确、客观，让拟惩戒对象对拟受惩戒行为以及拟受惩戒有一定判断。如果告知信息不准确，有可能侵犯拟惩戒对象的合法权益，并将影响惩戒行为的效力。例如，在“王某诉新疆财经大学开除学籍纠纷案”[①]中，新疆财经大学会计学院在对原告王某作出学生处分（处理）告知中引用的是《新疆财经大学学生违纪处分规定（2017）》第 17 条第 1 款第 4 项规定，而在新疆财经大学作出的开除学籍惩戒中引用的是《新疆财经大学学生违纪处分规定（2017）》第 17 条第 1 款第 1 项规定，告知所引用的条款与处分所引用的条款不一致。对此，法院判决认为其属于程序瑕疵，应予纠正。

第二节　高校教育惩戒的调查主体

调查主体是指教育惩戒立案后，负责调查案件事实，给出调查结论的个人或组织。调查主体与教育惩戒主体并不必然重合，教育惩戒主体可以直接介入案件调查，得出调查结论，作出教育惩戒决定，也可以由机构的内设部门或校内其他主体专门负责调查，提供调查结论。

一、校长办公会或校务会议

根据《高等教育法》第 41 条的规定，高等学校的校长“全面负责本学校的教学、科学研究和其他行政管理工作”，行使五项法定职权以及章程规定的其他职权，其中包括“对学生进行学籍管理并实施奖励或者处分”。同时，该条明确规定“高等学校的校长主持校长办

① 新疆维吾尔自治区乌鲁木齐市中级人民法院行政判决书，（2021）新 01 行终 45 号。

公会议或者校务会议,处理前款规定的有关事项”。校长办公会或校务会议主要通过会议,听取相关部门的研究报告,并最终作出教育惩戒决定。因此,校长办公会或校务会议对教育惩戒案件的调查限于间接的书面或口头调查,而非直接的案件调查。

二、学位评定委员会与学位论文答辩委员会

依据《学位条例》第 9 条第 1 款的规定,“学位授予单位,应当设立学位评定委员会,并组织有关学科的学位论文答辩委员会”。该法第 10 条对学位论文答辩委员会与学位评定委员会的职能进行规定,即“学位论文答辩委员会负责审查硕士和博士学位论文、组织答辩,就是否授予硕士学位或博士学位作出决议。决议以不记名投票方式,经全体成员三分之二以上通过,报学位评定委员会。学位评定委员会负责审查通过学士学位获得者的名单;负责对学位论文答辩委员会报请授予硕士学位或博士学位的决议,作出是否批准的决定”。依据该条规定,学位论文答辩委员会负责对硕士或博士进行审查和组织答辩,并作出是否授予学位的决议。在拒不授予学位惩戒中,学位论文答辩委员会对论文进行审查和答辩的过程即案件事实的调查过程,因此,学位论文答辩委员会在学位授予方面的教育惩戒行为中担任调查主体。

在学位授予决定中,学位评定委员会的主要职权是对学位论文答辩委员会提交的决议进行投票决定,对于拒不授予学位的惩戒,仅进行书面的审查。在学位撤销惩戒中,学位评定委员会负责对舞弊作伪等情况进行复议,具体调查工作则由学校成立调查小组或专门的部门负责,当然,若学位评定委员会对决议事项存在疑问是否也可以自行组织调查,法律法规并未明确。

三、学术委员会

《高等教育法》明确高校应当设立学术委员会，学术委员会的六项职责中有两项与教育惩戒有关，即“调查、处理学术纠纷；调查、认定学术不端行为”。依据该项规定，高校学术委员会是学术相关教育惩戒的调查主体与决定主体。教育部于2012年颁布的《学位论文作假行为处理办法》第12条规定：“发现学位论文有作假嫌疑的，学位授予单位应当确定学术委员会或者其他负有相应职责的机构，必要时可以委托专家组成的专门机构，对其进行调查认定。”《高等学校预防与处理学术不端行为办法》第16条第1款规定：“学术不端行为举报受理后，应当交由学校学术委员会按照相关程序组织开展调查。”例如，在“翟某临涉嫌学术不端”的调查中，北京电影学院学术委员会学术道德与学术仲裁委员会组织校内外专家对翟某临博士研究生在学期间的论文进行了鉴定。《复旦大学章程》中规定学术委员会的一项职能是“受理对学术不端行为的举报，调查并认定学术违规行为，裁决学术纠纷”，受理举报即依举报立案，在受理举报并立案后，学术委员会作为调查主体，需要针对学术纠纷与学术不端的事实与依据进行充分调查，并提出惩戒建议。

根据《高等学校预防与处理学术不端行为办法》第18条第2款规定：“调查组应当不少于3人，必要时应当包括学校纪检、监察机构指派的工作人员，可以邀请同行专家参与调查或者以咨询等方式提供学术判断。”调查组成员应当具有相关学术问题判断能力，根据需要，可以邀请校内外专家组成调查小组，独立展开调查。例如，在“北京大学与于某茹撤销博士学位决定纠纷案”中，对于于某茹的论文是否构成抄袭，并非一般的教职员工能够进行调查，为此，北京大学成立专家调查小组，专家调查小组在语言和专业受限的情况下，聘请了法国史及法语专家配合调查，调查小组的结论对于最终教育惩戒决定的作出具有决定性意义。在影响重大的学术不端问题调查中，应当有学校纪检、监察机构派人参加，监督调查过程，确保调查的公正性。

四、职能部门

在高等院校中，一般均设置若干职能部门负责专项工作。根据调查，我国高校的职能部门主要分为四类：第一类是党务部门，包括党委办公室、组织部、宣传部、学工部、统战部等；第二类是行政部门，包括校长办公室、教务处、学生处、科技处、财务处、人事处、后勤处等；第三类是直属部门，包括网络中心、图书馆、期刊社、出版社等；第四类是社群组织，包括工会、团委等。[①] 与教育惩戒相关的职能部门主要是行政部门和社群组织。

《普通高等学校学生管理规定(2017)》将学生管理工作分为学籍管理、校园秩序与课外活动、奖励与处分。在学籍管理中，规定了七项具体工作，即入学与注册、考核与成绩记载、转专业与转学、休学与复学、退学、毕业与结业、学业证书管理。在七项具体工作中，每一项都与教育惩戒有关，主要涉及的教务处与学生处，换言之，在上述工作职责范围内，如果拟进行教育惩戒，应当由教育处或学生处单独，或两部门联合开展调查。在校园秩序管理方面，保卫处承担主要管理职责，因此，如出现破坏校园秩序相关教育惩戒，应由保卫处负责调查。团委负责学生会、研究生会、学生社团的指导和管理，与社团管理相关的教育惩戒则应由团委负责开展调查。

---

① 参见林祥柽、范丽娟：《高校职能部门大部制改革的目标方案与运行机制》，载《高等教育管理》2014 年第 4 期。

各高校在纪律处分规定中通常会规定违纪违规行为的调查主体。例如,《华东政法大学学生违纪处分规定(试行)(2017)》第 28 条第 1 款规定:“学生因违反校纪需给予处分的,学习及考风考纪方面,由教学主管部门进行调查;违反学术规范的,由专门机构进行调查;治安、安全以及涉及违法犯罪的,由保卫处进行调查。违纪行为不属于职能部门或专门机构管理职责范围内的,由学生所在学院负责调查。”

五、相关院系

相关院系是大学实行的校、院两级管理模式中的第二级。相关院系分为两种不同类型:一是指普通高等学校中,由高校统一管理的二级教学单位;二是指普通高等学校设立,但以民办机制进行运作和管理的独立相关院系,即独立学院。在高校教育惩戒方面,相关院系因直接负责学生的培养与管理,具备方便沟通与充分了解的优势,由相关院系负责案件的调查,是大部分校级教育惩戒立案后的选择。与此同时,相关院系作为拥有一定自主管理权的组织,有权围绕学院教育管理目标,制定学院的教育惩戒规则,在实施教育惩戒时,能够直接作为教育惩戒案件的调查主体。

各高校对于相关院系在违纪行为调查中的定位有所差异。第一种模式是根据各职能部门的职责确定相应违纪行为的调查部门,在调查主体无法明确的情况下,由院系负责调查,如华东政法大学在无法明确有哪个部门承担调查职责的情况下,即由学生所在学院负责调查,上海对外经贸大学也规定非常规的违纪行为由学院负责调查违纪事实。第二种模式是相关院系在发现学生违纪行为后,主动向相应职能部门报告,由职能部门负责调查,无法确定调查部门的情况下,各部门协商确定。例如,《上海理工大学学生纪律处分规定(2022)》第46条规定："学院发现学生涉嫌违纪,应当及时向相关调查部门报告。"第47条第2款规定："确定提出处分的调查部门有困难的,由各部门协商解决。"第三种模式是相关院系发现学生违纪行为后,主动开展调查,其他职能部门作为补充。例如,《南京大学学生违纪处分规定(2021)》第26条规定："院系发现学生违纪行为,由所在院系学生工作办公室负责调查并核对事实,收集证据,经院系党政联席会议或者院系党政联席会议授权的专门会议研究并提出初步处理意见……"第四种模式是相关院系和职能部门合作调查,即不论何种违规违纪行为,皆由相关院系联合职能部门共同调查,典型如在《上海交通大学学生违纪处分规定(2019)》中,规定六种类型的违规违纪行为,分别由"教务处+相关院系""研究生院+相关院系""宿舍管理部门+相关院系""实验室与设备处+相关院系""网络信息中心+相关院系""保卫处、相关部门+相关院系"负责调查取证。该规定对于何种模式最有利于调查工作的开展并无一致意见,职能部门的调查能够确保调查的独立性和专业度;相关院系的调查,因与学生的密切联系,更能全面掌握信息。

六、教师与辅导员

教师与辅导员既是教育惩戒主体,也在大部分院级、校级教育惩戒中,作为调查主体参与案件处理中。依据《教师法》关于教师权利的规定,高校教师有权对学生人品和学业成绩作出教育惩戒,在此类教育惩戒中,教师既作为教育惩戒的调查主体,也作为教育惩戒主体,作出教育惩戒决定。

辅导员是各类教育惩戒调查的重要参与者。《普通高等学校辅导员队伍建设规定》对辅导员的定位是"开展大学生思想政治教育的骨干力量,是高等学校学生日常思想政治教育和管理工作的组织者、实施者、指导者”。辅导员在其职责范围内有权对学生实施教育惩戒,同时,辅导员作为理论上与学生联系最为紧密、对学生情况最为熟悉、与学生沟通最为便捷的主体,在学校拟对学生进行教育惩戒时,通常会通过辅导员了解情况,或直接由辅导员作为调查主体。

七、学生会、研究生会

在全国学联关于学生会、研究生会的定位中,既作为学生的自治组织,又作为学校党政部门与学生之间纽带。《中华全国学生联合会章程》规定学生会、研究生会有六项基本任务,其中第二项是“维护校规校纪,倡导良好的校风、学风,促进同学之间、同学与教职员工之间的团结,协助学校建设良好的教学秩序和学习、生活环境”。依据此项规定,在出现违反校规校纪,破坏良好的教学秩序,破坏学习、生活环境的情况下,如学校、学院拟针对违规违纪行为、破坏性行为实施教育惩戒,学生会、研究生会有作为调查主体,参与案件调查的义务。

学生会、研究生会基本任务的第五项是“引导和支持学生社团健康发展,配合团组织加强对学生社团的管理和服务”。依据该项规定,学生会、研究生会具有“引导和支持发展”与配合团组织管理和服务学生社团的双重职责。因此,在学校或团组织拟对学生社团或其成员实施教育惩戒时,学生会、研究生会有配合调查或担当调查主体的义务。

第三节　高校教育惩戒的调查方式

在教育惩戒立案后,负责调查的组织和个人应当根据案件情况决定采取何种调查方式以充分了解案情,调查方式通常包括询问,走访,调取监控,现场勘察、检查,技术鉴定等。

一、走访与询问

走访与询问是教育惩戒案件调查中最为常见的调查方式,适用于所有教育惩戒案件,根据案件性质确定询问对象范围,进行走访、询问,形成相应的询问笔录。询问对象通常包含几类:(1)当事人本人;(2)案件的目击者或相关人;(3)当事人舍友、朋友;(4)当事人所在班级主要学生干部、所在社团主要联络人;(5)当事人辅导员;(6)当事人父母或主要社会关系;(7)与调查案件有关的相关院系与职能部门工作人员。

在确定询问对象过程中,一是注意兼听则明,在条件允许的情况下,尽量增加询问对象的数量;二是注意人物关系,全方位了解询问对象与拟惩戒对象之间的关系,尤其是是否关系过密,或者存在积怨,这两种情况都会影响询问效果;三是注意询问方式,走访、询问过程中应当保持客观性,不做方向性引导,确保询问对象的回答客观、真实。

走访与询问必须遵循相关的程序规定,包括人员数量、人员关系、询问程序、询问场所等,在走访、询问过程中应当制作规范的询问笔录,并由走访、询问对象确认后签字。各高校对于调查程序规定详略不一,《南京大学学生违纪处分规定(2021)》第 27 条第 2 款规定:“对当事人和证人的询问应当至少有两名以上工作人员在场,工作人员在询问前应当表明身份,制作询问笔录,并由询问人、被询问人签名。”该条规定明确了调查人数要求,即不少于两名工作人员在场;询问过程中,应当首先表明身份,制作询问笔录;询问结束后由询问人和被询问人共同签字确认。从程序规范性的角度来看,该条规定仍有需要完善之处:应确保询问人没有应当回避的情形,询问人除表明身份外,应出具调查函或授权委托书,并告知被询问人权利与义务,选择的场所应具有完好的监控设备,询问时间选择和询问时长应当合理。

二、调取监控

随着教育信息化水平的不断提高,校园视频监控发展迅速,不仅在全国范围内进行了普及推广,更是在视频器材的质量上大幅提升。在部分案件中,监控是查清案件事实的主要技术手段,尤其在诸如考试作弊的认定、校园偷盗等案件中,调取监控十分必要。

在通过调取监控查清案件事实的情况下,有如下注意事项:一是及时性。众所周知,公共场所的视频监控通常会在一定时间后覆盖,因此,在了解到可能需要通过调取监控了解案件事实后,应当及时联系保卫部门调取监控。二是保密性。监控设备所记录的案件相关情况,有可能会暴露当事人或其他相关人员的隐私,因此,通过调取监控了解案件事实的过程中,应注意保护当事人或其他相关人员的隐私,如需通过截取视频画面了解当事人信息,应注意在合适的范围内传播,并隐去与案件无关的信息。三是专业性。对于监控视频信息的读取,并非每个人都能进行准确的解读,因此,应当邀请专业人士参与,尊重专业判断,听取专业意见。

三、现场勘验、检查

现场勘验、检查是重要的调查方式。通过现场勘验、检查,可以发现、固定、提取与案件有关的痕迹、物证及其他信息,存储现场信息资料,判断案件性质,分析案件过程,确定调查方向和范围,为案件事实的查清提供线索和证据。

现场勘验、检查工作应当遵循依法、安全、及时、客观、全面、细致的原则。在现场勘验、检查过程中,注意如下事项:一是及时性。如需通过现场勘验、检查发现、固定、提取与案件有关的痕迹、物证及其他信息,应在案件发生后及时进行,避免现场遭到破坏、信息丢失。二是专业性。现场勘验、检查需要一定的专业知识,因此,除选派具有合格的现场勘验、检查人员外,如有必要,可以向有关部门借调专业人士参与。三是合理性。所谓合理性是指进行现场勘验、检查时,应当注意保护公民生命健康安全,尽量避免或者减少财产损失,避免扰乱正常的秩序。四是保密性。在现场勘验、检查过程中获悉的可能涉及他人隐私的事项,应当予以保密。

四、技术鉴定

在诉讼活动中,专业的鉴定人员运用科学技术或者专门知识对诉讼涉及的专门性问题进行鉴别和判断并提供鉴定意见的活动,被称为司法鉴定。司法鉴定主要包括:(1)法医类鉴定;(2)物证类鉴定;(3)声像资料鉴定;(4)根据诉讼需要由国务院司法行政部门商最高人民法院、最高人民检察院确定的其他应当对鉴定人和鉴定机构实行登记管理的鉴定事项。为查清案件事实,在教育惩戒案件调查中,同样有可能运用技术手段进行鉴定。如在入学资格调查中,学生可能存在伪造证明材料的可能,对此,应当借助技术手段进行鉴定。对于技术鉴定方式的使用,应借助专业人士,运用专业手段进行鉴定。

第四节 高校教育惩戒的调查结论

在完成案件调查后,应当出具完整的调查报告,得出相应的调查结论,调查结论包括事实结论与处理意见。查明事实是调查的主要功能,也是进行教育惩戒的前提。在事实清楚的前提下,调查结论应当证据确实、充分,依据正确,定性准确,程序正当,处理适当。

一、事实清楚

事实的存在及其正确认定,是行政行为能够成立的基本事实要件,是行政行为正确性和合法性的前提和基础。在行政处罚中,“查明事实”是作出行政处罚的前提,《行政处罚法》第 40 条规定:“公民、法人或者其他组织违反行政管理秩序的行为,依法应当给予行政处罚的,行政机关必须查明事实;违法事实不清、证据不足的,不得给予行政处罚。”《刑事诉讼法》中也有“疑罪从无”,是现代人权保障理念的重要体现。

高校教育惩戒同样要求事实清楚,切莫“莫须有”,即当事人违规违纪行为发生的时间、地点、动机、目的、手段、后果以及其他有关情况必须清楚,这是对违规违纪行为正确定性量纪的客观基础。定案的事实必须清楚,不能前后矛盾、牵强附会、含糊不清,更不能把一些捕风捉影、道听途说,甚至无中生有、颠倒是非、随意夸大或缩小的材料,作为定案所依据的事实。

在高校教育惩戒的实践中,不乏因事实不清而影响教育惩戒行为公信力的情况。例如,在"洪某婧不服北京市教育委员会申诉处理决定案"[①]中,北京联合大学在关于给予洪某婧记过处分的决定中认定,"原告于2008年6月9日'国际私法'考试中携带与考试内容相关文字并抄袭",但洪某婧在庭审中称自己只是"携带了与考试内容相关文字但未抄袭",是否抄袭也就成为双方争议的焦点。从法院查明的事实可知,北京联合大学应用文理学院考场记录"违纪、作弊学生学号、姓名及原因"一栏中记载"洪某婧、纸条",而洪某婧所写的情况说明及检查中只是承认携带了禁止携带的资料,并未提到"抄袭",据此认定关于给予洪某婧记过处分的决定中所认定的"并抄袭"无事实依据。当然,"是否抄袭"并不影响记过处分的效力,但正因事实不清使得学生与学校对簿公堂,影响了学生对教育惩戒的接受程度以及教育目的实现。

一些高校教育惩戒行为因基本事实不清而被审判机关撤销。从法院查明的事实来看,在"吕某珂诉郑州航空工业管理学院教育行政处罚案"[②]中,一名自称叫"王某"的男生持名为"吕某珂"的学生证以"吕某珂"的名字到被告郑州航空工业管理学院参加"马克思主义基本原理概论"考试,被监考老师发现,当日,"王某"出具一份说明,内容为"我由同学介绍,到此校考试,考生——吕某珂"。对此,原告吕某珂则称没有找人替其考试,也不知道有人替其考试,考试当天,原告因事不在郑州,从未想过找人替考,怀疑系有人故意报复她。学校最终以"他人代替考试行为为由"对原告吕某珂施以开除学籍的惩戒。法院认为,被告郑州航空工业管理学院提供的证据

① 北京市西城区人民法院行政裁定书,(2008)西行初字第153号;北京市第一中级人民法院行政裁定书,(2009)一中行终字第278号。

② 河南省郑州市二七区人民法院行政判决书,(2012)二七行初字第48号。

中自称“王某”的男生持有的学生证性别为男性，而原告的性别为女性，被告未提供“王某”的相关身份证明，其提供的照片不能据以认定此人的身份，“王某”所写的说明亦不能证明其身份，不能证明原告与王某之间存在替考行为。最终，法院判定学校作出的开除学籍处分的决定缺乏事实依据，依法应予撤销。在“王某森诉新疆农业大学开除学籍案”[①]中，法院认为，原告王某森为卢某权介绍需要修改成绩的学生并从中获利一事，事实并未查清。被告新疆农业大学以尚未查清的事实作为其作出开除原告学籍处分的事实依据，于法不合。

二、证据确实、充分

证据确实充分是实施行政处罚的重要前提，依据《行政处罚法》第40条的规定，“证据不足”不得给予行政处罚。《行政诉讼法》第70条规定：“行政行为有下列情形之一的，人民法院判决撤销或者部分撤销，并可以判决被告重新作出行政行为：（一）主要证据不足的……”证据充分有三层次内涵：一是案件所涉及的事实均有必要的证据予以佐证。二是用来证实案件事实的所有证据构成完整的证明体系，能形成“证据链”。三是足够的证据量所证明的案件事实轮廓实在、环节清晰，主要方面不存在模棱两可的因素。

在教育惩戒中，同样要求证据确实、充分，即定案证据已经查证属实、有效并在量上达到足以得出确定结论的程度。

在证据的真实、有效方面，需要区分不同证据类型的辨识标准。对于物证、书证，应以原件为主，物证、书证的收集程序应当合法、规

① 新疆维吾尔自治区乌鲁木齐市水磨沟区人民法院行政判决书，(2016)0105行初1号。

范，并与惩戒行为有关联。在“王某诉新疆财经大学开除学籍案”[①]中，新疆财经大学作出开除学籍的主要理由是学生王某入学以来多次对教师有侮辱、威胁行为，经法院审查，新疆财经大学提交的班主任朱某的说明、关于王某对其前任班主任有侮辱言论的情况说明、王某本人的检讨，用以证明原告王某对教师或工作人员有侮辱、威胁行为，且情节严重，但上述证据形成的时间是在王某作出被诉行政行为之后，违反了先取证，后决定的依法行政的原则，因此上述证据不能作为认定被诉行政行为合法的证据。对于在勘验、检查、搜查过程中暂扣的物品，应当有调查人员和物品持有人、见证人签名的清单。对于证人证言，应当注意证言是证人的直接感知，而非传闻，证人作证时精神状态正常，询问过程规范有效，证人与拟惩戒对象无利害关系，询问笔录规范。

在教育惩戒案件中，常常涉及学校教职员工的证言作为证据的证明力问题，尤其在考试作弊引发的教育惩戒中，监考老师的证言往往是主要证据，监考老师的证言与惩戒对象的陈述存在冲突时该如何认定？对此，在司法实践和申诉实践中认定不一，例如，在“张某海诉郑州航空工业管理学院教育行政处罚案”[②]中，法院认为，被告郑州航空工业管理学院在其郑州航空工业管理学院考试违纪情况说明表所记载内容与原告张某海的陈述内容相矛盾的情况下，仅凭其学院监考教师单方面记录的郑州航空工业管理学院考试违纪情况说明表，未经进一步核实，即认定原告在被告组织的“合同策划与管理”考试中有利用手机作弊行为，其作出的校教〔2012〕7号决

① 新疆维吾尔自治区乌鲁木齐市水磨沟区人民法院行政判决书，(2019)新0105行初46号。

② 河南省郑州市二七区人民法院行政判决书，(2012)二七行初字第49号。

定属事实不清，主要证据不足，依法应予撤销。在“刘某不服北京市教育委员会申诉处理决定案”中，监考老师的证言作为证人证言，因与当事人有利害关系也未被认定。[①] 实际上，对于监考老师证人证言的证明力问题，值得思考。监考老师作为负有特定职责的人员，对于其在履职过程中出具的证言应认可其证明力，除非证明监考老师与惩戒对象存在私人恩怨，或者有其他证人提出不同的证人证言。在行政诉讼中，曾有在没有其他旁证和监控资料的情况下，只依据执法交警一人的证词是否可以作为认定案件事实的依据的争议，在“赖某金诉厦门市公安局交通警察支队湖里大队行政处罚案”[②]中，法院判决认为，执勤交警林某能与原告与并无法律上的利害关系，没有法定的应当回避的情形，没有证据可以否定执勤交警证词的可信度，因此认定处罚行为事实清楚，认定证据符合法律规定。

在主要证据不足的情况下，不能对学生作出教育惩戒决定。从实践看，高校往往不注意收集、保留证据，导致教育惩戒被撤销。在“刘某不服某大学留校察看处分决定案”中，某大学认定，学生刘某于 2003 年 9 月 6 日在学校内偷盗自行车一辆，严重违反了学校学生管理规定，依据相关纪律处分条例决定对刘某给予留校察看处分。学生刘某则辩称，其于 2003 年 8 月 28 日在校内购得一辆二手蓝色山地自行车，于 9 月 3 日前后丢失，9 月 6 日在教学楼内看见这辆车，就用这辆车的钥匙打开并骑回宿舍。9 月 7 日准备再次打开车锁时，被学校宿管中心人员扭送到宿管中心办公室，在告知自行车来历后，宿管中心工作人员不相信其陈述，其迫于无奈，写下了违心

---

① 参见中共北京市委教育工作委员会、北京市教育委员会政策研究与法制工作处编：《依法治教典型案例选编》，中国法制出版社 2016 年版，第 67 ~ 69 页。

② 福建省厦门市湖里区人民法院行政判决书，(2011)湖行初第 26 号。

的检查。学校依据检查和学校有关人员后来整理出的笔录作为该案的主要证据,事实和依据不足。北京市教育委员会经调查认为,被申诉人某大学对申诉人刘某作出的处理决定,依据不足,应予撤销。[①]

三、依据正确

在行政诉讼中,被诉具体行政行为适用法律、法规错误,人民法院可以判决撤销或部分撤销。在教育惩戒中,同样有对正确适用规范依据的要求。一是据以作出教育惩戒的规范应当合法有效,不与上位法冲突。二是适用的规范依据应当准确,而不是应该适用这部规范,却适用了另一部规范。三是条款适用应准确,而不是本应适用某条依据,却适用了另一条依据。

在教育惩戒实践中,不乏教育惩戒依据不正确的案例。例如,在"田某诉北京科技大学案"[②]中,北京科技大学据以作出开除学籍决定的《关于严格考试管理的紧急通知》,与《普通高等学校学生管理规定(2017)》第30条规定的法定退学条件相抵触。而在一些教育惩戒决定中,存在适用规范错误的情况。在"符某不服北京市教育委员会申诉处理决定案"[③]中,某大学依据《教育部办公厅关于采取切实有效措施、坚决刹住高等学校考试作弊歪风的紧急通知》对符某作出开除学籍的决定。对此,北京市教育委员会在申诉中认为

① 参见中共北京市委教育工作委员会、北京市教育委员会政策研究与法制工作处编:《依法治教典型案例选编》,中国法制出版社2016年版,第103~104页。

② 北京市海淀区人民法院行政判决书,(1998)海行初字第00142号;北京市第一中级人民法院行政判决书,(1999)一中行终字第73号。

③ 参见中共北京市委教育工作委员会、北京市教育委员会政策研究与法制工作处编:《依法治教典型案例选编》,中国法制出版社2016年版,第144~148页。

学校处分符某的依据不恰当,应当撤销处分决定。

四、定性准确

所谓定性准确,要求调查结论对于事实定性准确、对于规范依据理解准确。实践中,存在惩戒主体错误理解法规、规章,导致对惩戒对象的行为定性错误。在"甘某与暨南大学开除学籍决定纠纷再审案"中,暨南大学错误地将甘某课程考核抄袭行为定性为《普通高等学校学生管理规定(2017)》第52条第5项"学位论文、公开发表的研究成果存在抄袭、篡改、伪造等学术不端行为,情节严重的,或者代写论文、买卖论文的"中的学位论文、公开发表的研究成果,因此,错误地对甘某给予开除学籍的惩戒。

五、程序正当

《行政诉讼法》第70条第3项规定,应判决撤销或者部分撤销"违反法定程序的"的行政行为。《行政复议法》第28条第1款第3项规定,具体行政行为违反法定程序的,应当予以撤销、变更或者确认违法。在教育惩戒调查中,同样需要对程序问题进行认定,即教育惩戒程序是否合法有效。

对于立案、调查程序,应就其规范性在调查结论中反映。实践中,部分高校在实施教育惩戒的过程中,往往因不重视程序问题,而在进入司法程序后被认定为存在程序瑕疵。在"王某诉新疆财经大学开除学籍纠纷案"[①]中,新疆财经大学会计学院对拟惩戒学生作出学生处分(处理)告知中引用的条款与处分所引用的条款不一致,被法院判定为属于程序瑕疵,应予纠正。在"梁某不服某学院开除学

---

① 新疆维吾尔自治区乌鲁木齐市中级人民法院行政判决书,(2021)新01行终45号。

籍申诉案"[①]中，学生梁某在参加硕士研究生英语科目考试时，被发现将电子通信设备带入考场，实施作弊，被学院予以开除学籍的惩戒。梁某在庭审中提到学校在暂扣工具时没有出具收据，程序违法。对此，法院认为，梁某提出的某学院处分程序违法，在暂扣工具时未依据规定出具收据，应属程序瑕疵。当然，在该案中程序瑕疵不影响对梁某携带电子通信设备进入考场并组织作弊事实的认定。

六、处理适当

调查部门在查清事实、证据充分、明确依据、定性准确、程序正当的情况下，应就如何处理提出建议。处理建议的提出应当基于事实，依据规范，全面考虑违规违纪行为的危害与影响、拟惩戒对象的主观动机与历来表现，如学者韩兵、谢佳所言，"比例原则要求学生所受惩戒必须与其违规行为的性质、动机、目的及一贯表现相适应，不能畸轻畸重"[②]。在各高校的纪律处分规定中，已经对各种违规违纪行为对应的惩戒形式以及惩戒幅度作出规定，同时规定了从重、加重、从轻、减轻处罚的各类情形。

在教育惩戒实践中，学生与高校对教育惩戒轻重认识的分歧，是教育惩戒纠纷的主要动因。在"龙某不服井冈山大学开除学籍处分决定案"[③]中，原告龙某在参加全国英语四级考试时，在考试进行到20分钟左右，被监考老师发现携带橡皮型电子接收器进入考场，并当场缴获一个正处于开机状态的橡皮型电子接收器。对于作弊的事实基本无异议，但对于惩戒决定是否适当，各方意见不一：

---

① 北京市第一中级人民法院行政判决书，(2008)一中行终字第351号。

② 韩兵、谢佳：《论比例原则在高校行使惩戒权时的适用》，载《黑龙江高教研究》2008年第12期。

③ 江西省吉安市中级人民法院行政判决书，(2013)吉中行终字第35号。

(1)原告龙某认为,处理结果“明显偏重,处分不当”,自己属初犯,且在校时是优秀干部、预备党员,具备酌情减轻处分的情节,其行为不属情节严重。(2)被告井冈山大学认为,原告举证其一贯表现良好,获得了多种荣誉称号,具有酌情减轻处分的情形,认为被告在原告具备可减轻处分条件的情况下不予减轻存在错误,这是原告混淆了“可以”和“应该”的区别。(3)一审法院认为,被告井冈山大学仅因原告的这一“考试作弊”行为就对原告作出开除学籍处分决定这一处理明显重于学校规章的规定,与规章的规定相抵触,实为不当。原告龙某平时一贯表现良好,且属初犯,舞弊事件发生后也深刻认识到了自己的错误,其犯错并没有达到情节严重的过错程度,学校对其直接处以最严厉的开除学籍的处分,处罚过重。(4)二审法院认为,龙某的考试作弊是否属于情节严重、应否适用《井冈山大学学生违纪处分办法》第27条第3项的规定给予开除学籍处分,属于井冈山大学行使教育教学管理权限的自由裁量范围,不属人民法院行政案件司法审查范畴。由此可见,对于违法违纪行为,不同主体对于惩戒轻重,容易产生分歧,如何能让惩戒对象“心服口服”,惩戒适当与否十分关键。

第八章　高校教育惩戒的决定与解除

教育惩戒的决定是指惩戒主体按照法定程序对违法违纪的学生作出惩戒决定。不同类型教育惩戒决定遵循不同的程序，根据惩戒所涉及利益的重要性，分别适用一般程序和特别程序。部分教育惩戒决定在作出前，应通过听证程序，充分保障拟惩戒对象的陈述权、申辩权。教育惩戒在符合法定条件时，可以予以解除，解除后原惩戒对象的权利义务相应恢复。

第一节　一般程序

一、惩戒前的告知

《普通高等学校学生管理规定(2017)》第55条第1款规定，在对学生作出处分或者其他不利决定之前，学校应当告知学生作出决定的事实、理由及依据，并告知学生享有陈述和申辩的权利。告知是教育惩戒的必经程序，是对学生知情权的保障，规范的告知程序应由适格主体，在法定时间内，以法定方式，告知法定对象法定的内容。

（一）告知的意义

告知是高校进行教育惩戒的必经程序，对于惩戒的实施具有重要意义。一方面，告知有利于实现教育的目的。教育惩戒对象只有知道自己的行为违反学校管理规定，需要进行惩戒，才能避免学生在不知道违规的情况下，继续违规。学生只有正确认识到自身的错误以及带来的严重后果，才能避免下一次的违规。对于其他没有违规的学生，也是一种警示，起到惩戒的预防功能，实现高校教育惩戒所要达到的教育与惩戒相结合的目的。另一方面，通过告知有利于学生权益的维护。作为被惩戒对象的学生，有权利了解自己违规的事实触犯的是哪一条学校规定，以及可能带来的法律后果。对被惩戒的学生来说，高校属于强势的一方，部分学生未必敢对学校拟作出的惩戒进行陈述和申辩，告知有利于维护学生的合法权益，也有利于事实真相的发现。

（二）告知的主体

《普通高等学校学生管理规定（2017）》模糊地规定“学校”负责告知，并未明确告知的主体，由各高校在校纪校规中予以具体规定。例如，《清华大学学生纪律处分管理规定实施细则（2019）》第 54 条第 3 款规定：“主管机构依据院系纪律处分建议及违纪事实形成拟处分意见，以学校拟处分告知书形式送达学生本人。”依此规定，“主管机构”是惩戒决定前告知的主体。《上海理工大学学生纪律处分规定（2017）》第 49 条第 2 款则明确：“处分决定作出部门在收到处分建议后及时出具拟处分告知书，并送达学生本人。”而在《新疆财经大学学生违纪处分规定（2017）》中则规定，学院应当向拟受违纪处分学生出具处分告知书，依据该规定，学院是拟作出惩戒决定的告知主体。

在“柴某杰诉上海大学博士学位评定案”[①]中，恰恰是因为告知主体的不适格，而使教育惩戒决定被撤销。在该案中，原告柴某杰向被告上海大学学位评定委员会递交了博士学位申请书及相关材料，被告收悉后，经济学科学位评定分委员会秘书陈某婕通过微信告知原告，因其发表的论文数量不符合经济学院科研量化考核指标，故其博士学位申请不符合要求。法院认为，“在原被告对学院科研标准和学校科研标准存有争议的情况下，被告仅通过学院秘书以微信告知的方式驳回原告的博士学位申请，缺乏事实和法律依据，属于未履行法定职责的行为，依法应予纠正”。

（三）告知的对象

《普通高等学校学生管理规定(2017)》明确告知的对象是学生，即拟惩戒对象。学生作为法定的告知对象是排他的唯一，还是可以规定其他告知对象，《普通高等学校学生管理规定(2017)》并未明确。《清华大学学生纪律处分管理规定实施细则(2019)》第54条第4款规定：“拟处分告知书应当在作出之日起十个工作日内送达学生本人，有监护人的还应当送达其监护人。”依据该条规定，学校的拟处分告知书除应告知学生外，还应告知监护人，对此，学校在教育惩戒决定作出前应遵循该条规定。《新疆财经大学学生违纪处分规定(2017)》则规定：“学生所在学院要通知拟受违纪处分学生的家长……”在“王某诉新疆财经大学开除学籍案”[②]中，原告王某认为“被告在作出处分决定前并未通知原告家长”，属于程序违法。尽管最终因为证据不足，这一主张并未得到法院支持，但是只要学校

① 上海市浦东新区人民法院行政判决书，(2019)沪0115行初362号。

② 新疆维吾尔自治区乌鲁木齐市水磨沟区人民法院行政判决书，(2019)新0105行初46号。

作出相应的程序规定,即应遵守。

(四)告知的时间

高校在作出教育惩戒之前,需要对拟惩戒学生进行告知。强调需要在作出惩戒之前告知,是因为高校一旦做成惩戒,就会产生法律后果,对教育惩戒对象产生事实的影响和身心的影响。所以高校需要在作出惩戒之前充分地履行告知义务,最大限度地保障教育惩戒对象的程序权利,避免"权力冲动""位差冲动"。若惩戒后再告知学生,一旦发现惩戒事实、理由、依据有瑕疵需对惩戒进行撤销,既损害学校和惩戒的权威性,也无法彻底消除惩戒给学生带来的后果,可能拉大校生之间的嫌隙。

高校履行教育惩戒告知义务,并非告知一次即可。如果惩戒的事实处于持续或者加重状态,或者发现了新的事实,或者惩戒的理由和依据发生变化,惩戒的种类发生变化,均需依据情势及时再次甚至多次告知学生。

(五)告知的方式

教育惩戒决定前的告知,应当以规范的方式进行。不规范的告知方式将直接影响惩戒对象的知情权,并最终影响教育惩戒决定的效力。在《清华大学学生纪律处分管理规定实施细则(2019)》第54条第2款规定:"……以学校拟处分告知书形式送达学生本人。"依据该条规定,告知书应以书面的方式作出。在"柴某杰诉上海大学博士学位评定案"[①]中,被告上海大学经济学科学位评定分委员会秘书陈某婕通过微信告知原告其博士学位申请不符合要求,在告知方式上存在明显瑕疵。

实际上,《普通高等学校学生管理规定(2017)》并未明确当学生

① 上海市浦东新区人民法院行政判决书,(2019)沪0115行初362号。

存在特殊事由无法告知的情况应如何处理,是否适用留置送达、邮寄送达、公告送达等特殊告知方式。对此,笔者认为告知的目的在于使惩戒对象充分知情,应确保学生及时知晓拟惩戒行为,同时应兼顾效率,因此可以参考适用特殊告知方式。比如,《清华大学学生纪律处分管理规定(2019)》第17条规定:"拟处分告知书、处分决定书应当直接送达学生本人,学生拒绝签收的,可以以留置方式送达;已离校的,可以采取邮寄方式送达;难以联系的,可以利用学校网站、新闻媒体等以公告方式送达。"这参照了处分决定书的送达方式。

(六)告知的内容

《普通高等学校学生管理规定(2017)》并未规定惩戒前告知的内容,通常由各高校以校纪校规的形式予以明确,例如,《清华大学学生纪律处分管理规定实施细则(2019)》第55条规定:"拟处分告知书应当包含以下内容:(一)学生的基本信息;(二)拟作出处分的事实和证据;(三)拟给予处分的种类、依据、期限;(四)提出陈述、申辩(拟给予开除学籍处分的还应当包括申请召开听证会)的途径和期限。"

一般而言,高校教育惩戒前需要告知被惩戒对象的内容包括违规的事实,学校处分的理由以及依据的校纪校规,以及学生享有陈述和申辩的权利。比如,学生因考试作弊拟被惩戒,事实部分的内容,就包括需要告知其作弊的场次、时间、地点,作弊的方式,如何发现,监考老师如何固定证据,监考老师提供的关于作弊情况的书面报告,学院的初步惩戒意见等;在理由部分,需要告知其作弊行为带来的不良影响,影响学生学业之间的公平竞争,影响诚信的人格培养,破坏学校的考场秩序等;在依据部分,需要告知其依据校纪校规的哪一条、哪一款规定;在陈述和申辩的权利部分,需要告知学生这是其应有的权利,学校不会因为学生的陈述和申辩而加重对其惩戒,消除其顾虑。

在部分教育行政诉讼案件中,由于没有提前告知拟惩戒对象其享有陈述和申辩权,当事人未能在惩戒决定前进行陈述与申辩,因此违反正当程序原则,使得教育惩戒决定被撤销。比如,在“谭某诉西南大学不服退学处理决定案”[①]中,法院认为,西南大学做出退学处理决定前,没有告知谭某进行陈述和申辩,未充分听取谭某的意见,违反了最低限度的程序要求。

值得注意的是,在部分教育行政纠纷中,作出教育惩戒决定的高校以做过谈话,拟惩戒对象做过检讨为由,认为其已经履行了陈述和申辩的告知义务。在“任某不服广东省教育厅取消学籍决定案”[②]中,同样因惩戒主体未能保障当事人陈述和申辩权,使得开除学籍的决定“违反了程序正当基本行政法治原则”。该案件更具有示范意义的是,作出开除学籍决定的第三人广东海洋大学寸金学院在答辩中称,“在作出处分决定前,辅导员、班主任均找原告谈话,了解其找人替考的事实,并接收原告提交检讨书,且由原告本人在检讨书上签名确认找人替考的事实”,对此,法院认定,“处分决定前谈话了解替考事实及检讨书不能代替原告应当行使的陈述申辩权”。

二、听取陈述和申辩

陈述和申辩是正当程序原则的内在要求。《普通高等学校学生管理规定(2017)》第 55 条第 1 款规定,高校作出教育惩戒前,需要听取学生的陈述和申辩。

① 重庆市北碚区人民法院行政判决书,(2011)碚法行初字第 14 号。

② 广州铁路运输第一法院行政判决书,(2017)粤 7101 行初 4162 号。

（一）陈述申辩的内容

陈述和申辩是教育惩戒对象的重要权利，影响学校是否作出惩戒决定。教育惩戒对象行使陈述和申辩权利需要在学校作出惩戒决定前，学校一旦作出惩戒决定，学生对决定不服，对事实、理由、依据提出异议，则进入申诉程序。虽然在申诉阶段，教育惩戒对象依然享有相关的抗辩权利和救济权利，但高校和学生均需投入更高的精力和成本。在申诉环节，除非有充分的事实和证据，学校会相对慎重地撤销惩戒决定，即使撤销，也无法完全消除对学生和学校的影响。因此，惩戒决定前的陈述和申辩，对学生和学校来说，都是重要的程序，需要学校和学生的重视。

学生陈述申辩的内容包括对违规事实部分的陈述，提供相关的证据，对理由和依据方面进行相关的辩解，反驳对自己不利的主张和意见。如在前述"任某不服广东省教育厅取消学籍决定案"①中，在作出惩戒决定前，拟惩戒对象的检讨书不宜视为其已经行使申辩权。

行使陈述申辩的权利自学校告知其违规之日起至惩戒决定作出前，期限可以由学校自行规定。当然，陈述申辩是学生的权利，如果学生认为违规事实清楚，依据充分，也可以放弃申诉抗辩的权利。

（二）学校听取陈述申辩的义务

学校有义务认真听取教育惩戒对象的陈述和申辩，应该依据规定以文字、音像等形式做好记录，对教育惩戒对象提交的陈述意见书和相关证据做好保管，接手的材料需要教育惩戒对象签名。对于涉及学生隐私的内容，要做好保密处理。学校听取陈述和申辩之后，需要及时作出是否惩戒的决定。对于学生提出的事实、理由和

---

① 广州铁路运输第一法院行政判决书，(2017)粤7101行初4162号。

依据,在相关证据的支持下,合理的意见学校应该予以采纳。

学校需要树立正确的观念,不得因为提出陈述、申辩而加重对教育惩戒对象的惩戒幅度。这样的规定,是为了更好地保护教育惩戒对象的陈述申辩权利,有利于事实真相的调查,有利于提升惩戒的说服力和科学性。刑事上的“上诉不加刑”,行政法上的“陈述、申辩不加罚”均是同一原理。

三、作出决定的期限

学校发现学生的违规违纪行为之后,由法定的调查主体进行事实调查,形成报告交给学生工作部门处理。为避免学生长期处于“被惩戒调查”的局面,一般会对调查部门的调查期限有所规定。事实清楚、依据充分的,其调查时间可以短一点,情况复杂的,需要较长时间走访、调查、取证的可以适当延长,一般不得超过1个月,避免对学生造成长期的心理压力,影响学业。

大部分高校设立二级惩戒机构,即学生管理部门收到保卫部门的调查报告之后,先移交给学院,学院先行决定是否惩戒,适用何种惩戒方式,学院把“初审”的意见提交给学生工作部门,学生工作再作出“二审”的决定。自调查部门提交调查报告之日起,学生工作部门需要在规定的时间作出是否惩戒的决定。大部分高校规定2周至1个月,笔者认为这样的期限规定是合理的,可避免学生长时间处于“待定”状态。

四、决定书的制作与送达

(一)决定书的制作

学校决定对学生进行惩戒,需要制定决定书。《普通高等学校学生管理规定(2017)》第53条规定:“学校对学生作出处分,应当出具处分决定书。处分决定书应当包括下列内容:(一)学生的基本信息;(二)作出处分的事实和证据;(三)处分的种类、依据、期限;(四)申诉的途径和期限;(五)其他必要内容。”

1.学生的基本信息。通常包括姓名、性别、年龄、班级、学号等。

2.违规的事实和证据。包括违规的时间、地点、方式,充分、确凿的证据。证据可以是书证、物证、视听资料、电子数据、证人证言、当事人陈述、鉴定意见、勘验笔录、现场笔录、调查报告等。

3.惩戒的种类、依据和期限。需写明教育惩戒对象违规行为所涉的具体条文内容,适用何种惩戒方式。较为复杂的违规行为,需要结合情与理,结合违规事实进行说理和教育。

4.申请听证的途径和期限。听证不是教育惩戒的必经程序,由高校自行规定。如果学校的学生管理规定包含关于听证程序的内容,需在决定书里告知学生具体的提出途径以及申请听证的期限。

5.救济的途径和期限。《普通高等学校学生管理规定(2017)》里明确的教育惩戒救济途径包括校内申诉、教育行政部门申诉、教育行政部门投诉、行政复议和行政诉讼。相关的途径和期限,均需在决定书里予以告知。

至于何为“其他事项”,各高校有一定的立法裁量权,部分高校在校纪校规中予以明确,比如,《复旦大学学生纪律处分条例(2019)》明确指“校长签名和作出处分决定的日期”。

(二)决定书的送达

根据《普通高等学校学生管理规定(2017)》第55条第2款规定,处理、处分决定以及处分告知书等,应当直接送达学生本人,学生拒绝签收的,可以以留置方式送达;已离校的,可以采取邮寄方式送达;难于联系的,可以利用学校网站、新闻媒体等以公告方式送达。决定书的送达是教育惩戒的重要程序,惩戒决定自送达之日起生效，申请听证、申诉、复议、诉讼的时间也是自送达之日起开始计算。教育惩戒的送达方式包括以下几种。

1. 直接送达。教育惩戒决定书原则上采用的是直接送达方式，送达给受惩戒学生本人。所以《普通高等学校学生管理规定(2017)》使用的是"应当"。只有直接送达无法实现的情况下，才可以使用其他送达方式。

2. 留置送达。如果受惩戒学生拒绝签收的，可以采用留置送达方式，可以邀请受惩戒学生的辅导员、班主任、同学、室友到场见证，说明相关情况，在回执单上记载学生拒绝理由，见证人签名，或采用拍照、摄像等方式，将决定书留在受惩戒学生的宿舍。

3. 邮寄送达。如果受惩戒学生不在学校，无法直接送达也无法留置送达，可以采用邮寄送达的方式。邮政公司的回执单上注明的日期或者快递公司显示的送达日期为送达日期。如果不是本人签收，由他人代为签收的，也视为送达。邮寄送达的地址一般学生入校时登记的家庭地址。

4. 公告送达。如果受惩戒学生难于联系的，可以利用学校网站、新闻媒体等以公告方式送达。利用学校网站公告送达的，注意需要在学校官方网站显眼处予以公告，避免在部门网站内页进行公告，便于受惩戒学生及时发现公告内容。同时，公告的日期一般不少于60日。

除了上述四种《普通高等学校学生管理规定(2017)》列明的送达方式之外，也可以采用邮箱送达的方式。一般来说学生都有学校分配的校园邮箱，通过校园邮箱送达的也应被认可，通过电子邮箱送达方式便捷高效。转交送达也是常用的送达方式，如果家庭地址不明，或者无人接收，可以邮寄至当地的街道或村委会进行转交送达。

五、决定的公开

《普通高等学校学生管理规定(2017)》第55条第2款规定,处理、处分决定以及处分告知书等,应当直接送达学生本人。本人无法接收的,采用留置、邮寄、公告方式送达。该条规定强调了学生隐私权的保护,避免"示众惩戒",给学生造成额外影响和伤害。行政处罚领域,依法公开是原则,有利于对行政权力的约束,避免行政乱作为,而教育惩戒以不公开为原则,这是由教育领域的特殊性所决定。教育惩戒的目的是教育,并非惩戒本身,强调学生隐私权的保护,有利于教育目的的实施。

《行政处罚法》规定"具有一定社会影响的行政处罚决定应当依法公开"。教育惩戒领域也会涉及具有一定社会影响或者在学校范围内有较大影响的惩戒个案。这时候是否还应坚持教育惩戒不公开呢？如何平衡公开涉及学生的隐私权和学生知情权问题？这在运行实际中争议较大。比如,学生违规偷拍女生浴室洗澡,此类惩戒的决定是否要公开？哪些信息要公开？公开是否会造成违规学生的"社会性死亡",不公开又如何消除被偷窥女生的心理不安感,保障知情权。笔者认为,如果违规行为造成较大的校园影响,影响一定范围内的特定群体的利益,应该要公开。不公开不利于建立校生之间的信赖关系,往往给学生造成学校不尊重学生权益,包庇违规学生等不良印象。但是,学校在公开惩戒决定的时候,不应公开受惩戒学生的个人信息,避免受惩戒学生受到"额外的""二次"惩戒,只需公开违规事实以及惩戒的种类、幅度等即可。这样既满足利益相关群体的知情权,也最大限度地保护了违规学生的隐私。

此外,惩戒决定是否需要对受害学生进行公开,也是教育惩戒中常常遇到的问题。比如,学生通过修图技术损害女生权益并在网络传播,造成一定的影响。受害女生是否有权利要求获得惩戒决定书?笔者认为,受害女生作为直接的利益相关人,有权利知晓自己受侵犯的利益得以救济,违规学生得以惩戒,但考虑到网络传播公开性,避免“受害”女生将惩戒决定内容公开到网络,可以采用隐去受惩戒学生个人信息的前提下,告知其惩戒情况。这样可以较好地平衡二者的隐私权和知情权。

《普通高等学校学生管理规定(2017)》第58条第1款规定:“对学生的奖励、处理、处分及解除处分材料,学校应当真实完整地归入学校文书档案和本人档案。”高校需要将惩戒情况需要如实地在其学生档案中有所记录。部分高校担心将惩戒情况纳入学生个人档案,影响学生的就业和升学,在撤销对学生的惩戒后,不再在学生档案中进行相关记录,这种“人性化”的操作,显然与教育部的规定相冲突,应给予纠正。

第二节 特别程序

一、适用范围

根据《普通高等学校学生管理规定(2017)》的规定,对于警告、严重警告、记过、记大过等惩戒措施,高校可采用一般程序进行惩戒。操作实践中,一般由保卫部门出具违规事实的调查报告,学院给出初步的惩戒决定、理由及依据,学生管理部门根据调查报告、学院的初步意见,作出惩戒决定。如果事实不清或证据不足,学生管理部门可以退回要求重新调查;如果适用的依据错误,惩戒的种类或幅度不正确,可以退回学院重新讨论决定,也可直接决定。学生工作部门将惩戒决定报给分管校领导审批,审批同意后,决定即可生效。

对于开除学籍等涉及学生重大利益的教育惩戒则适用特殊程序。《普通高等学校学生管理规定(2017)》第56条规定,“对学生作出取消入学资格、取消学籍、退学、开除学籍或者其他涉及学生重大利益的处理或者处分决定的,应当提交校长办公会或者校长授权的专门会议研究决定,并应当事先进行合法性审查”。可见,涉及学生重大利益的教育惩戒,应当提交校长办公会或者校长授权的专门会议研究决定,并应当事先进行合法性审查。这一规定主要按照惩戒对学生利益的影响程度来区分,影响较小的适用普通程序,重大利益的适用这一特殊程序。

特殊程序与一般程序相比较,有更为严格的程序要求。特殊程序的“特殊性”主要体现在两个方面:一是在一般程序的基础上,还需要额外要求提交校长办公会或校长授权的专门会议研究决定,作出决定的机构更为权威;二是需要进行事先的合法性审查。只有经过合法性审查后,才能作出对学生的教育惩戒决定,合法性审查是特殊程序的必经环节。

在教育行政纠纷中,不乏高校在作出涉及学生重大利益的教育惩戒决定前,未经校长办公会决定,最终导致教育惩戒决定因违反法定程序而被撤销的情况,如在“谭某诉西南大学不服退学处理决定案”中[1],法院指出,学校在对谭某作出退学处理决定之前没有提交校长会议研究决定,属程序违法。

---

① 重庆市北碚区人民法院行政判决书,(2011)碚法行初字第14号。

二、重大利益的认定

特殊程序的适用范围是涉及学生重大利益的教育惩戒。涉及学生重大利益指的是对学生的教育权利产生重大影响或者消灭的利益,包括入学资格、毕业资格、学籍异动等情形。

(一)取消入学资格或学籍

《普通高等学校学生管理规定(2017)》第37条第1款规定,"对违反国家招生规定取得入学资格或者学籍的,学校应当取消其学籍,不得发给学历证书、学位证书;已发的学历证书、学位证书,学校应当依法予以撤销。对以作弊、剽窃、抄袭等学术不端行为或者其他不正当手段获得学历证书、学位证书的,学校应当依法予以撤销"。取消入学资格或学籍的一般分为以下两种情况。

1. 违反国家招生规定而撤销。教育是关于国家未来的百年大计,必须坚持公开透明、公平公正。2014年7月教育部公布《普通高等学校招生违规行为处理暂行办法》,明确四种情形需要取消入学资格或学籍:一是提供虚假姓名、年龄、民族、户籍等个人信息,伪造、非法获得证件、成绩证明、荣誉证书等,骗取报名资格、享受优惠政策的;二是在综合素质评价、相关申请材料中提供虚假材料、影响录取结果的;三是冒名顶替入学,由他人替考入学或者取得优惠资格的;四是其他严重违反高校招生规定的弄虚作假行为。

高校在新生入学阶段,需要按照教育部的教育,开展严格的新生入学资格复查,按照教育部的规定,每年秋季学期新生开学后的前三个月内,高校都需开展新生入学资格复查工作,检查新生入学资格是否合法合规,通过"三证合一比对""人像比对"等信息技术严防冒名顶替。复查的内容至少包括这几个方面:一是照片比对,新生来校报道的照片与招生档案照片、高考考场的进场照片是否相符;二是档案比对,新生的电子档案、准考证、纸质档案、录取考生名册、身份证等基本信息的真实性、完整性、统一性;三是加分审核,享受了高考照顾加分政策的新生,是否具备照顾的资格;四是健康复核,通过校内体检等方式,核实新生是否符合报考专业或专业类别的体检要求。

新生入学后的三个月内的资格复查阶段发现违反国家招生规定的,此时学生尚未取得学籍,高校应取消其入学资格。新生资格复查之后,才发现违反国家招生规定的,此时新生已经取得学籍,高校应按规定取消其学籍。如果是学生毕业后才发现违反国家招生规定的,由教育行政部门宣布其学历、学位证书无效,责令收回或者予以没收;涉嫌犯罪的,依法移送司法机关处理。

2. 因学术不端等行为而撤销。学术不端行为是指违反学术规范、学术道德的行为,国际上一般用来指捏造数据(fabrication)、篡改数据(falsification)和剽窃(plagiarism)三种行为。学术不端行为违背科学精神和道德,抛弃科学实验数据的真实诚信原则,损害了学校和教师队伍形象,给科学和教育事业带来严重的负面影响,是国内外高校都严厉打击的行为。教育部也专门制定了《高等学校预防与处理学术不端行为办法》,鼓励高等学校教学科研人员、管理人员、学生在科研活动中遵循实事求是的科学精神和严谨认真的治学态度,恪守学术诚信,遵循学术准则,尊重和保护他人知识产权等合法权益,维护学术诚信,促进学术创新和发展,营造鼓励创新、宽容失败、不骄不躁、风清气正的学术环境。各高校也应建立健全学术不端行为的处理机制,建立通报与相关信息公开制度。

《普通高等学校学生管理规定(2017)》将作弊、剽窃、抄袭等行为列为学术不端行为。除作弊、剽窃、抄袭外,其他不正当手段还包括规定时间内一稿多投、侵占学术成果、伪造学术履历等行为。《高等学校预防与处理学术不端行为办法》第27条将以下情况也列为学术不端行为,包括剽窃、抄袭、侵占他人学术成果;篡改他人研究成果;伪造科研数据、资料、文献、注释,或者捏造事实、编造虚假研究成果;未参加研究或创作而在研究成果、学术论文上署名,未经他人许可而不当使用他人署名,虚构合作者共同署名,或者多人共同完成研究而在成果中未注明他人工作、贡献;在申报课题、成果、奖励和职务评审评定、申请学位等过程中提供虚假学术信息;买卖论文、由他人代写或者为他人代写论文;其他根据高等学校或者有关学术组织、相关科研管理机构制定的规则,属于学术不端的行为。第28条将下列情形之一的,认定为情节严重,包括造成恶劣影响的;存在利益输送或者利益交换的;对举报人进行打击报复的;有组织实施学术不端行为的;多次实施学术不端行为的;其他造成严重后果或者恶劣影响的。

学术不端行为或者其他不正当手段获得学历证书、学位证书的,高校应当依法予以撤销。撤销学历证书、学位证书均涉及学生重大利益,在惩戒中适用特殊程序。

(二)退学

退学是高校教育惩戒中较为严厉的措施之一,涉及学生的重大利益。高校作出退学惩戒时,需要慎重严谨,做到事实清楚、证据完整、理由充分、程序合法。作出退学的教育惩戒需要适用特殊程序进行处理。高校可以对学生作出退学惩戒的情形包括以下几点。

1. 学业成绩未达到学校要求或者在学校规定的学习年限内未完成学业的。高校对学生毕业都有相关的学业成绩要求,只有学业成绩达到一定程度,才能符合毕业标准,才能给予发放毕业证书,否则只能肄业,或者给予退学处理。学业成绩既包括完成学校规定的课程学分,也包括各学科的总体绩点。对于不合格的科目,高校允许以重修的方式进行救济,如果重修后仍无法合格,则可能学生无法如期毕业。此外,学生学业的完成也不是无期限的,学生需要在规定的期限内完成学业,普通高校本科生的学业年限一般为4年,医学院普通本科一般为5年,对于本科生,高校一般允许延长1～2年完成学业,否则高校可以作出退学的决定;硕士研究生的学业年限一般为2年或者3年,延长学籍一般也是1～2年;博士研究生的学业期限一般是3年,早期高校可以延长至8年,目前绝大部分高校都将最长年限调整为6年。

2. 休学、保留学籍期满,在学校规定期限内未提出复学申请或者申请复学经复查不合格的。学生因疾病或伤残等原因不能在校学习的,或者因出国、创业等原因无法在校学习的,可以向学校提出休学、保留学籍申请。休学、保留学籍期满后,需要向学校提出复学申请,如果没有在规定的期限内向学校提出申请,学校有权作出退学决定。如果学生向学校提出复学申请,但是学校经复查,不满足复学条件的,学校有权作出退学决定。

3. 根据学校指定医院诊断,患有疾病或者意外伤残不能继续在校学习的。学生不能继续在校学习,又没有在规定的期限内提出休息、保留学籍申请,学校可以作出退学决定。如果提出休学、保留学籍申请,但是学校复核下来,认为经过休学、保留学籍之后,依然无法完成学业的,学校可以作出退学的处理。比如,公安类专业要求身体健康、四肢健全,学生如果发生严重伤残,造成终身残疾,哪怕休学治疗,返校后仍无法完成学业的,学校可以作出退学决定。

4. 未经批准连续两周未参加学校规定的教学活动的。学生无故缺席教学活动,没有履行相关请假手续,严重违反学校的教学管理规定,学校有权作出退学决定。

5. 超过学校规定期限未注册而又未履行暂缓注册手续的。学籍注册是学校管理的重要程序,学生每年有义务完成学籍注册,便于学校掌握学籍情况。学生如果没有按照学校规定的期限完成学籍注册,同时不履行暂缓注册手续的,学校有权作出退学的决定。

6. 学校规定的不能完成学业、应予退学的其他情形。

(三)开除学籍

开除学籍是比退学更为严厉的教育惩戒方式。退学是由于学生的客观不能,比如,学业能力、身体条件等原因,是一种针对学生不能继续在校学习的一种"惩戒",学生并不一定具有"主观恶意"的行为。但开除学籍是针对学生严重违反法律法规、规章或学校管理规定的行为,学生具有"主观恶意",需要承担开除学籍的后果。学校可以作出开除学籍的惩戒决定,包括以下几种情形。

1. 违反《宪法》,反对四项基本原则、破坏安定团结、扰乱社会秩序的。每一个中国公民都需要遵守《宪法》,拥护四项基本原则,自觉维护国家统一,遵守社会秩序。大学生如果违反了这些规定,就不能成为合格的公民,高校应当给予开除学籍处理,这涉及高校培养什么样的人,为谁培养人的问题,是底线的要求,没有讨论的空间。

2. 触犯国家法律,构成刑事犯罪的。刑事处罚是最严厉的法律惩戒,大学生一旦触犯国家法律,达到刑事犯罪的标准,就可见其违法行为在主观和客观方面的严重性。刑事犯罪可能需要进行羁押,学生在羁押期间显然无法完成正常学业。管制、缓刑、罚金等刑事处罚,虽然不用羁押,但其行为的严重性依然存在,作为相应的惩戒,高校应当对此类学生作出开学学籍的决定。

3. 受到治安管理处罚,情节严重、性质恶劣的。受治安管理处罚的学生,其违法行为的严重性和社会危害程度尚未达到刑事处罚的标准,但违法程度还是较高。对于受到治安管理处罚的学生,高校可以不作出开除学籍的惩戒，这也是对学生教育权利的保护，只有情节严重、性质恶劣的治安管理处罚才给予开除学籍处分，比如，卖淫嫖娼、严重的打架斗殴等。

4. 代替他人或者让他人代替自己参加考试、组织作弊、使用通讯设备或其他器材作弊、向他人出售考试试题或答案牟取利益，以及其他严重作弊或扰乱考试秩序行为的。严重作弊或扰乱考试秩序尚未达到刑事处罚或治安管理处罚条件的，可以用校纪校规进行惩戒。这里需要注意的是并非所有的考试作弊行为都可以开除学籍，一般只有替考、组织作弊、使用通信设备或器材作弊的才给予开除学籍的惩戒，普通的偷看、夹带图书、夹带资料等作弊行为，一般给予警告等处分。此外，出售考试试题或答案并且牟利的，才能给予开除学籍惩戒，如果没有牟利，一般也不给予开除学籍惩戒。

5. 学位论文、公开发表的研究成果存在抄袭、篡改、伪造等学术不端行为，情节严重的，或者代写论文、买卖论文的。学位论文和发表的研究成果存有学术不端行为，一般只有情节严重的才给予开除学籍处理，这里的情节研究，需要参考抄袭的比例，篡改、伪造的内容对全文的影响程度，是否是核心内容等情节进行认定。如果只是学术不规范，一般不予惩戒。代写、买卖论文是严重的学术不端行为，严重影响科学研究环境，需要给予开除学籍的惩戒。

6. 违反教育部规定和学校规定，严重影响学校教育教学秩序、生活秩序以及公共场所管理秩序的。比如，组织学生罢课造成严重影响的、组织抵抗学生的宿舍管理秩序等行为，严重干扰学校的秩序管理，类似这样的行为，学校可以给予开除学籍的惩戒。

7. 侵害其他个人、组织合法权益，造成严重后果的。严重的侵权行为，如偷拍女生洗澡等行为，学校可以给予开除学籍的惩戒。

8. 屡次违反学校规定受到纪律处分，经教育不改的。刑事处罚中有"累犯加重"的规则,以此类推,学生屡次违反学校规定受到纪律处分,说明受惩戒学生没有正确认识到自身的错误,且经过教育没有达到"改正"的效果,继续在校学习可能影响到学校正常的教学管理秩序,学校可以按规定给予开除学籍的惩戒。

三、合法性审查

《普通高等学校学生管理规定(2017)》对学生作出取消入学资格、取消学籍、退学、开除学籍或者其他涉及学生重大利益的处理或者处分决定的,应当提交校长办公会或者校长授权的专门会议研究决定,并应当事先进行合法性审查。合法性审查包括形式审查和实质审查两种。

(一)形式审查

形式审查主要包括是否有惩戒依据、惩戒依据是否与上位法相抵触、惩戒依据制定过程中是否符合正当程序。

1. 是否有惩戒依据。涉及学生重大利益的教育惩戒,在进行合法性审查时,首先需要审查学校是否有作出相关惩戒的校纪校规规定,规定表述是否准确、清晰,是否有歧义。如果有歧义应该作出有利于"相对人"(学生)的理解。

2. 是否与上位法相抵触。《普通高等学校学生管理规定(2017)》以列举式的方式对取消入学资格、退学、开学学籍等涉及学生重大利益的惩戒情形进行了列举。学校作出惩戒所依据的校纪校规在内容形式上是否与《普通高等学校学生管理规定(2017)》的规定相冲突是审查的重要内容之一。比如,《普通高等学校学生管理规定(2017)》规定只有利用通信设备器材作弊的,才能给予开除学籍惩戒,如果校纪校规规定作弊的一律开除,显然与上位法冲突。形式上审查是否与上位法冲突是合法性审查的主要内容之一。

3.惩戒依据制定过程是否符合正当程序。校纪校规制定的正当程序要求,体现了科学立法、民主立法的原则。学生作为校园民主的重要参与者,有权参与校纪校规的制定,高校在制定校纪校规过程中,应积极主动听取学生代表意见,按照相关程序进行表决。学生参与校纪校规的制定,既是校生之间的共识形成过程,也是对学生的教育宣传过程。学校管理机关如果单方面制定校纪校规,有可能产生学生因"不知法"而违反校纪校规的情形。

(二)实质审查

在规范性文件的合法审查中,"是否与上位法相抵触"是合法审查的关键,"与上位法相抵触"会产生违法增加公民义务或减损合法权益的后果,因此除对具体规定进行形式审查外,还需要进行实质审查。对高校学生惩戒规定进行实质审查,主要是审查学校的规定与《普通高等学校学生管理规定(2017)》相比较,是否增加了学生的义务或减损学生的合法权益,是否与上位法的立法精神和原则相违背。

《普通高等学校学生管理规定(2017)》对涉及取消录入资格、开除学籍等涉及学生重大利益的惩戒,有着严格的程序要求,通过列举式的方式对这类惩戒给予了明确的指导。这样的规定,其立法精神显然是意识到高校里校生之间的权力强弱关系。在教育惩戒里,对学生来说,高校管理者显然是相对强势的一方。因此,《普通高等学校学生管理规定(2017)》对涉及学生重大利益的惩戒,要求校长办公会议或授权的专门会议研究,同时要求进行合法性审查,显然是为了防止高校行政机关滥用惩戒权力,侵犯学生合法权益。

对涉及学生重大利益的惩戒,高校惩戒学生前,需要对学校管理规定进行合法性审查,除审查其形式上是否合法外,也要进行实质审查,主要审核学校的规定是否与上位法——《普通高等学校学生管理规定(2017)》的规定相冲突,是否与上位法的立法精神和原则相违背,是否存在加重惩戒的情形,是否存在形式合法但明显不合理的规定;如果涉及自由裁量空间,裁量的标准是否合理。

第三节 听证程序

一、程序价值

听证源于英国法律中的“自然正义”法则,在世界范围内听证已成为现代行政程序法的核心制度,是确定程序公正与否的重要标准。我国在《行政处罚法》中首次设立了听证程序制度,随后在《价格法》《行政许可法》《环境影响评价法》等法律中相继设立听证制度。在教育惩戒领域引入听证制度,能够规范高校的行为,维护学生的正当权利。

听证程序不是高校教育惩戒学生的必经程序,《普通高等学校学生管理规定(2017)》并未明确规定听证制度。21 世纪初,部分高校在惩戒学生领域引入听证制度,对学生依法惩戒进行了制度探索,通过明确规定高校学生惩戒听证规则、成立处分听证专门委员会、确立听证笔录的案卷排他原则及听证不公开等一系列措施,构建高校学生惩戒听证程序制度。中国政法大学、华东政法大学、西南政法大学等政法类高校是最早一批试点教育惩戒听证制度的高校,随后越来越多的高校制定了本校的惩戒听证规则。北京市教委也于 2005 年出台实施了《关于普通高等学校学生违纪处分程序的若干规定(试行)》。

听证的目的在于为惩戒主体与惩戒对象提供公开论辩的机会,

双方围绕违法违纪事实、证据和处分依据展开充分的质证、评议与复核，并由惩戒主体最终依据听证会记录和评议意见作出处理或处分决定。听证应当遵循公开、公正原则进行，除涉及师生员工隐私或当事人申请不公开之外，听证会应公开举行。当事人有权进行陈述和申辩，职能部门必须充分听取意见，并且不得因师生员工要求听证而加重处理或处分。

二、适用范围

不同高校关于听证程序的适用范围不尽相同，有的高校适用于所有类型的教育惩戒，比如，《华东政法大学听证暂行规则》，听证适用的范围基本涵盖了所有类型的惩戒，包括警告、严重警告、记过、留校察看和开除学籍；有的高校仅适用于涉及学生重大利益的惩戒，比如，《浙江大学听证制度实施办法（试行）》，听证的适用范围则仅限于留校察看和开除学籍两种涉及重大利益的惩戒。《普通高等学校学生管理规定（2017）》在征求意见稿中，规范了适用范围，对于处分事实不清、定性存在争议的案件，以及学生申诉处理委员会认为必要的案件，学校可以采取听证的方式，保证学生申诉处理程序的公开、公正，但最终出台的文件中，将听证制度的相关内容删除。

需要指出的是，一旦高校对于听证制度作出安排，必须在教育惩戒决定过程中予以适用，而不得以上位法没有相关规定而拒绝适用，否则将导致教育惩戒决定因违反法定程序而被撤销或确认违法。例如，在“张某诉上海理工大学开除学籍处分决定案”[①]中，《上海理工大学学生违纪处分条例》第 50 条第 2 款规定：“学生对拟处分决定有异议的，可以向学校主管部门提出申辩；其中拟给予开除

---

① 上海市杨浦区人民法院行政判决书，(2015) 杨行初字第 83 号。

学籍处分的学生有申请召开听证会的权利。”法院在判决中指出，“该规定系被告自我设定的较上位法更为严格的程序性规范，有利于充分保障受教育者的合法权益，不违背《普通高等学校学生管理规定》及《国家教育考试违规处理办法》相应条文的立法本意，被告应予遵守。”最终，被告上海理工大学因在被诉处分决定作出前未告知原告有申请听证的权利，属违反法定程序，其开除学籍的决定被撤销。

三、听证组织与人员

听证会一般由学校综合管理部门组织，一般由校长办公室或学校办公室组织。参加听证会的人员包括主持人、评议团、申请方（当事人）、调查方、证人、记录员。

主持人一般由学校指定，负责维持听证会秩序，有权责令听证参加人停止与听证内容无关或与事实认定及规定适用无关的辩论。

评议团成员由学校教师、相关部门工作人员、工会组织的代表、学生代表等组成。评议团由校长办公室或学校办公室拟定并经学校批准后成立。

申请方系要求听证的学生。听证过程中，申请方有权知悉拟作出处理或处分的事实、证据和依据，有权进行陈述、申辩，有权提供证据。

调查方系对学生违规违纪事实进行调查和提出处理或处分建议的职能部门。调查方应指派相关工作人员代表调查方参加听证会。调查方有义务说明拟作出处理或处分的事实和理由，并提供证据和规范性文件等依据。

记录员由听证会主持人在校长办公室工作人员中指定一人担任。所有听证活动均应记入听证笔录。

四、听证准备

对学生违规违纪提出惩戒建议的职能部门,在调查完毕后、作出惩戒前,应书面告知当事人有申请举行听证的权利。违规学生应在书面告知书送达回证上签字。不签字的,由职能部门在送达回证上记载,视为当事人放弃听证权利。

违规学生申请听证的,需向校长办公室提交书面申请书。逾期不提交的,视为放弃听证权利。申请书应包括听证申请人的基本情况、申请听证的事项、事由及相关证明或证据等。当事人可以委托他人代为申请。当事人可以提出不公开举行听证申请。校长办公室或学校办公室对申请材料进行形式审查,作出是否受理的书面决定并交付当事人。当事人就同一事项再次申请听证的,不予受理,并告知当事人。

校长办公室或学校办公室在决定受理后,需拟定主持人、评议团成员名单,确定听证会时间、地点,并书面通知相关人员。接到听证会通知后,调查方、申请方应将证据、依据等与听证相关的书面材料送至校长办公室或学校办公室,由校长办公室或学校办公室汇总后,将复印件送达听证会主持人、评议团成员、记录员。

五、听证回避

为保障听证程序的公平进行,在听证程序中对影响听证程序公开进行的人员应当予以主动回避和经申请回避。

主动回避是指参与违法违纪实施调查的主体不应作为听证的主持人或评议人,否则将影响听证程序公平进行。比如,《华东政法大学听证暂行规则》明确“调查方工作人员不得担任听证会主持人”“调查方工作人员不得担任评议团成员”。

经申请回避是指拟被处分学生认为听证会主持人、记录员与听证事项有利害关系,可能影响公正的,有权在收到听证告知书后申请其回避,并说明理由。

六、听证流程

(一)记录员核验参加人员信息

在正式开始听证前,应当由记录员核验出席人员身份,一般参会人员应提供必要的身份证明,监护人还应当查验能够证明其监护关系的文件,听证委托代理人还应当查验其授权委托书。

(二)向听证会主持人报告到会情况

在人员核验完成后,由记录员向主持人报告到会情况,主持人按情况处理。一般而言,申请方无正当理由未准时到场参加听证的,按放弃听证权利处理,由主持人宣布听证程序终结。申请方有正当理由无法到场参加听证的,应在举行听证会前向校长办公室或学校办公室提交书面申请,由校长办公室或学校办公室决定是否延期。申请方和评议团到会情况符合条件的,由主持人宣布听证会开始。到会情况不符合最低人数要求的,由主持人宣布延期举行。

(三)宣布听证开始

听证会主持人宣布听证纪律和听证会会场注意事项、拟被处分学生的权利和义务,介绍主持人和记录员,核实听证参加人的身份,宣布听证会开始。主持人介绍评议团成员,征询申请方意见,是否需要评议团成员回避。申请方要求回避的,应提出正当理由并经主持人同意。如果回避人员过多,导致听证无法正常进行则需延期进行。在确认参会情况正常后,由主持人介绍听证事项。

(四)陈述、质证和辩论

完整的陈述、质证、辩论过程应当包含五个环节:首先,由学校主管机构代表陈述拟被处分学生的违纪事实、拟作出处分的依据、相关证据、学生所在院系处分建议、拟处分意见，必要时院系代表可以补充陈述。其次，拟被处分学生（监护人或者委托代理人）就相关事实进行陈述和申辩，提出有关证据。再次，学校主管机构代表和拟被处分学生（监护人或者委托代理人）对听证相关证据相互进行质证。复次，学校主管机构代表和拟被处分学生（监护人或者委托代理人）就相关争议进行辩论。最后，学校主管机构代表及拟被处分学生（监护人或者委托代理人）进行最后陈述。

（五）听证结束

若申请方未经主持人同意中途退场的，视为申请方放弃听证权利，由主持人宣布听证程序终结。听证程序中，申请方或调查方提出补充相关材料且经评议团同意，或者评议团认为需要补充相关材料的，由主持人宣布听证会延期举行。听证笔录应当经听证参加人现场核对并确认签字。听证参加人认为听证笔录中有错误或者遗漏的，可以进行更正或者补充，并在更正或者补充处签名、注明日期。听证笔录经核对无误后，由听证参加人逐页签名、注明日期。听证参加人无正当理由拒绝签名的，应当由两名以上见证人将该情况在听证笔录中注明并签名、注明日期。

七、听证评议

听证结束后，调查方和申请方退场。主持人应立即召集评议团成员就听证事宜作出评议。听证评议实行少数服从多数的原则，按多数意见形成决议。记录人应当场制作评议笔录，形成书面评议意见，并由评议团全体成员签名。评议中的不同意见，须如实记入评议笔录。主持人需在规定期限内将评议意见提交给校长办公室或学校办公室。事实复杂、影响重大的，主持人可以决定延期召集评议团成员作出评议意见。校长办公室或学校办公室应在收到评议意见后,在规定的期限内将其送达相关职能部门。

第四节 惩戒解除

教育惩戒的目的不在于惩罚,而在于教育。从实现教育目的和维护学生权益的角度,部分教育惩戒应当设置一定的惩戒期限,惩戒期限届满后,即应解除相应惩戒,使当事人权利义务恢复正常状态。惩戒解除不同于撤销惩戒,后者是因惩戒行为本身存在问题,被撤销或主动撤销。

一、解除规则

惩戒解除适用于两类教育惩戒行为,一类是在惩戒对象满足一定条件后即行解除的教育惩戒形式,包括不予注册、课程考核成绩记为无效、成绩作零分处理、取消学生参加课程考核的资格、补考、重修、拒不授予学历证书或学位证书;另一类是在满足一定期限要求后应予解除的教育惩戒形式,包括学术称号、荣誉称号、奖助学金限制、警告、严重警告、记过、留校察看等。此外,包括取消入学资格、取消学籍、退学、撤销学历证书和学位证书、开除学籍、批评教育等惩戒形式不存在解除问题。

对于满足一定条件即行解除的教育惩戒形式,在一般情况下,并无疑义。在特殊情况下将面临无法解除的问题,以课程考核成绩记为无效这一惩戒形式为例,如该课程不再开设,或学生因课程时间安排冲突,无法再重新参加考核,该课程考核成绩记为无效便无法解除。

《普通高等学校学生管理规定（2017）》对除开除学籍处分以外的其他处分的期限作出了规定，"给予学生处分一般应当设置6到12个月期限，到期按学校规定程序予以解除"。换言之，高校有权依据《普通高等学校学生管理规定（2017）》，对警告、严重警告、记过、留校察看等惩戒形式的惩戒期限进行立法裁量。高校对惩戒期限的规定存在显著差异，并且对惩戒期限进行了变通。

（1）关于一般的惩戒期限。各高校通常在6个月到12个月内设置惩戒期限，如《清华大学学生纪律处分管理规定（2019）》第8条第1款规定："警告、严重警告的处分期一般为6个月；记过的处分期一般为12个月；留校察看的察看期即为处分期，一般为12个月。"《上海对外经贸大学学生违纪处分管理规定（2017）》第17条则规定："警告、严重警告、记过处分、留校察看的期限一般为12个月……"《南京大学学生违纪处分规定（2021）》第9条规定，警告、严重警告期限为6个月，记过处分期限为9个月，留校察看处分期限为12个月。可见，各类惩戒形成对应的惩戒期限并无一致规定，各高校具有一定的裁量权，在6~12个月内设置相应的惩戒期。然而，如上海对外经贸大学将各类惩戒期限统一设置为12个月的，有与《普通高等学校学生管理规定（2017）》抵触的嫌疑。

（2）关于惩戒期限的变通。各高校在原则性的惩戒期限规定外，通常规定特定情况下，惩戒期限的缩短或延长。各高校关于惩戒期限的缩短，通常包含两种情形，一是因惩戒对象有特殊表现，二是因惩戒对象毕业时惩戒期未满。

对于第一种情形，可类比《刑法》中的减刑，根据《刑法》规定，有法定的立功表现，应当予以减刑。目前，各高校通常将突出贡献或显著进步作为缩短惩戒期的法定事由，例如，《上海对外经贸大学学生违纪处分管理规定（2017）》第17条规定，有显著进步表现者，可提前解除处分。《华东政法大学学生违纪处分规定(试行)(2017)》第37条规定,有突出表现和显著进步表现者,本人可申请提前解除处分。部分高校对惩戒期作出灵活规定的同时,作出相应限制,例如,《南京大学学生违纪处分规定(2021)》对于"留校察看"的惩戒期限灵活规定作了必要限制,"学生有突出优秀表现的,由本人申请,经所在院系提交考察报告及处理建议,报学生管理部门批准,可以提前解除察看(处分期不少于六个月),由学校发文"。

对于第二种情形,主要是有利于学生的考量,针对毕业时惩戒期限尚未届满的情形,例如,《南京大学学生违纪处分规定(2021)》第39条规定:"学生受警告、严重警告和记过的处分……毕业时处分期未满的,学生可以申请提前解除处分,由原作出处分决定的机构作出提前解除处分的决定并发文。"当然,南京大学对于毕业时留校察看期限未满,并未规定可以提前解除,而是规定"学校不发给其毕业证书,根据其学业完成情况作结业处理或延迟学年"。

惩戒期限缩短的第一种情形常见于各高校纪律处分规定之中,符合教育惩戒的教育目的。在这种情形中需要注意两点,一是惩戒期限的缩短并非可以任性而为,必须满足法定条件,应针对法定条件予以列举,如《上海理工大学学生纪律处分规定(2017)》明确教育惩戒对象有"突出贡献",经过法定程序可以提前解除处分。对此,应注意缩短惩戒期限的事由应与个人品行或社会贡献挂钩,不宜仅仅注重学业贡献。二是惩戒期限的缩短应确保基本的惩戒效果,通常要求惩戒期限不得低于法定期限的一半,例如,《厦门大学学生违纪处分规定》明确"处分期限原则上不得少于六个月"。

惩戒期限延长主要见于惩戒对象在惩戒期限内有新的违规违纪行为或被发现新的违规违纪行为,因此受到新的惩戒,在此情况下,对惩戒期限进行延长或累加。例如,《南京大学学生违纪处分规定(2021)》第40条规定:“学生受警告、严重警告和记过的处分,在处分期间内发现有新的违纪行为,该行为应当给予纪律处分的,该行为按本规定予以处分,处分期限合并计算,其处分期为原处分期尚未执行的期限与新处分期限之和。”

二、解除程序

《普通高等学校学生管理规定(2017)》第57条前半句规定:“除开除学籍处分以外,给予学生处分一般应当设置6到12个月期限,到期按学校规定程序予以解除。”该条规定将解除程序的规定权限授予高校,由高校自行创设惩戒解除程序。从各高校关于解除惩戒程序规定看,主要涉及是否附条件解除以及惩戒解除的申请、审核、批准程序。

对于是否附条件,各高校规定不一。例如,《上海对外经贸大学学生违纪处分管理规定(2017)》要求“在处分期内认真悔改者可按期解除处分”,即“认真悔改”作为按期解除的条件。《厦门大学学生违纪处分规定》规定“在处分期间表现良好者可按期解除”,即“表现良好”作为按期解除的条件。部分高校区分了不同惩戒形式的解除规则,例如,《北京大学学生违纪处分办法》第14条第2款规定:“记过(含)以下处分,处分期满后自动解除。”对于留校察看,则要求“在察看期内有悔改和进步表现,未再发生违纪行为的”。自动解除并不能确保实现惩戒的教育目的,因此,可以作出附条件解除规定。所设条件应根据惩戒形式而有所区分,以留校察看和警告为例,前者所针对的违规违纪行为通常性质更为恶劣,惩戒强度应当更高,对于两类惩戒形式应设不同的解除条件。与此同时,所设条件应与惩戒内容具有相关性,即重点应考察惩戒对象的改正情况,不宜考虑不相关因素,如要求惩戒对象学习成绩优良等。

对于按期解除和提前解除,惩戒解除的申请、审核、批准程序存在差异。按期解除,通常由惩戒对象提出书面申请,所在学院提出是否同意解除的意见,经由有关部门审核决定,例如,《华东政法大学学生违纪处分规定(试行)(2017)》第38条规定:“对受警告、严重警告、记过、留校察看处分后,认真悔改,在其处分期限到期后,由本人提出解除处分的书面申请,所在学院提交该生受处分后的在校表现情况报告和是否同意解除处分的意见报学生处,学生处审核后报分管校长审核决定。”

对于提前解除,程序通常与按期解除相同,仅是设置更为严格的解除条件,也有高校创设了不同的申请、审核和批准程序,例如,上海理工大学对于按期解除,惩戒对象在期限届满时,向处分决定作出部门申请,由后者予以解除,而对于提前解除处分,《上海理工大学学生纪律处分规定(2017)》第56条规定,需由惩戒对象向处分决定作出部门申请,同时需要提交所获突出贡献相关材料,经处分决定作出部门的分管校领导召集的专门小组审定通过后,可提前解除。显然,从教育惩戒的严肃性看,对教育惩戒的提前解除应当遵循更为严格的条件和程序,但从教育惩戒的教育性看,对教育惩戒的提前解除不应设置过高门槛,以至于学生难以提前解除。对于提前解除,应当设置必要的民主监督程序,将提前解除的情况予以公开,并在民主征求意见的基础上予以解除。

三、解除效果

解除效果是指教育惩戒解除后,对惩戒对象权利与义务的影响。《普通高等学校学生管理规定(2017)》第57条后半句规定:“解除处分后,学生获得表彰、奖励及其他权益,不再受原处分的影响。”该条规定旨在恢复惩戒对象的合法权利,符合教育惩戒的教育本质,各高校对此认识高度一致,基本“照抄”该条规定。然而,该条款在各高校实践中却面临巨大分歧。

其他权益究竟指什么?是否指涉惩戒对象的一切权利?在“李某丽诉山东中医药大学不授予学士学位案”中,争议焦点之一即为“其他利益”的理解。原告李某丽因考试作弊被施以留校察看惩戒,之后,被告山东中医药大学依据《山东中医药大学学位授予工作实施细则》,以原告李某丽受到“记过(含记过)以上处分”为由拒绝授予其学士学位,原告因此起诉被告要求履行授予学士学位的义务。原告李某丽对于《普通高等学校学生管理规定(2017)》第 57 条后半句的理解是“(处分解除后)被处分学生权益不应再受到影响”,被告山东中医药大学对该条理解则为“解除处分并不等于撤销处分,该条只是说明根据其他行为表现可以受到相应的表彰和奖励”。换言之,原告李某丽认为“其他权益”包含获得学位授予的权利,被告山东中医药大学认为“其他利益”是指表彰和奖励,被告同时指出,《普通高等学校学生管理规定(2017)》第 20 条第 2 分句规定,“对有严重失信行为的,可以规定给予相应的纪律处分,对违背学术诚信的,可以对其获得学位及学术称号、荣誉等作出限制”。对此,一审法院认为,“其他权益”,应是与“表彰、奖励”等同性质、相类似的权益,而不包括被授予学士学位的权利,因为学位授予,是被授予者学术水平以及学业资格的体现。笔者认为对于“其他利益”的理解,法院的说理并不充分。

按照文义解释对“其他权益”同样很难得出明确结论。从法条上下文看,其他权益似乎对应着《普通高等学校学生管理规定(2017)》第 50 条所规定的“确定推荐免试研究生、国家奖学金、公派出国留学人选等”,如果其他权益仅指上述三类事项,略显狭窄,“等”应作“等外等”理解。值得注意的是,该条规定是 2017 年修订时新增条款，在此之前的《普通高等学校学生管理规定》并未涉及惩戒解除。在2017年修改规定时，教育部有关部门曾就《普通高等学校学生管理规定》修订答记者问，其中提到，修订的原则之一是“以学生为本，强化服务意识，切实尊重和保护学生利益”[①]结合教育惩戒的教育属性，教育惩戒解除后，学生的权利义务应当恢复到惩戒之前，与其他学生受到平等保护，享受平等的权利。因此，在“李某丽诉山东中医药大学不授予学士学位案”中，山东中医药大学依据《山东中医药大学学位授予工作实施细则(2009)》拒绝授予李某丽学士学位，并不符合《普通高等学校学生管理规定(2017)》第57条的规范内涵，归根结底，《山东中医药大学学位授予工作实施细则(2009)》中关于“违反校规校纪受记过(含记过)以上处分者”不授予学士学位的规定与《普通高等学校学生管理规定(2017)》第57条相冲突，构成不当联结。

值得注意的是，2019年修订后的《山东中医药大学学位授予工作实施细则》第9条第4款规定：“凡具有下列情况之一者，不授予学士学位：1. 触犯国家法律，构成刑事犯罪；或受到开除学籍处分；或受到学校纪律处分尚在处分期内；2. 未修满教学计划规定学分者；3. 存在考试作弊、毕业论文、毕业设计舞弊作伪等学术不端行为。”新的规定不再对于受到记过以上处分者不授予学士学位，除非尚在处分期内，与此同时，对于“存在考试作弊、毕业论文、毕业设计舞弊作伪等学术不端行为”，不授予学士学位。换言之，高校可以自主设定学位授予条件，包括对于受到惩戒的行为，但不宜将受过惩戒作为拒不授予学士学位的理由。由此，《普通高等学校学生管理

① 《教育部有关部门负责人就修订〈普通高等学校学生管理规定〉答记者问》，载教育部网，http://www.moe.gov.cn/jyb_xwfb/s271/201702/t20170216_296397.html。

规定(2017)》第 57 条与第 20 条也不再冲突,高校不得基于学生受过惩戒对其学位、学术称号以及荣誉进行限制,但可以基于其“违背学术诚信”而予以相应的权利限制。

实践中,还存在一些教育惩戒,在惩戒解除后,对学生权利仍有所限制。如对于课程考核成绩记为无效、成绩作零分处理、取消学生参加课程考核的资格等形式的惩戒,在学生经过重新学习、参加考核后,对其所取得的分数通常予以一定限制,例如,《华东政法大学全日制本科生学分制学籍管理规定》第 17 条规定,补考成绩高于 60 分(含 60 分)的以 60 分计。该类限制的主要目的是维护教学、考试秩序,如不作必要限制,教学、考试秩序将面临极大挑战,学生将可以肆意地选择是否参加、何时参加考试。

教育惩戒的解除,不同于教育惩戒的撤销,《普通高等学校学生管理规定(2017)》第 58 条第 1 款规定:“对学生的奖励、处理、处分及解除处分材料,学校应当真实完整地归入学校文书档案和本人档案。”对此,各高校基本照搬该条规定。然而,一旦将相关惩戒材料归入学生档案,不利影响将延续至学生毕业后,尤其对于就业的影响,甚至导致就业歧视,学生将极有可能失去一些比较好的工作机会。违规违纪的处理情况构成学生重要的档案信息,应当真实完整地记录,但是,如果因惩戒记录导致学生就业遭遇歧视,显然并非教育惩戒的初衷相违背。因此,可以通过完善立法规制因惩戒记录导致的就业歧视。

第九章　高校教育惩戒的监督与救济

“绝对的权力绝对导致腐败。”高校教育惩戒作为具有损益性的权力行为，必须受到约束，否则将损害学生合法权益，与立德树人的根本目标相违背。为此，一方面需要建立教育惩戒监督制度，对教育惩戒行为进行全方面的监督；另一方面，需要建立教育惩戒救济制度，为教育惩戒对象提供救济渠道。监督与救济为一体两面，教育惩戒对象寻求救济的过程，也是教育惩戒接受监督的过程。

第一节　校内申诉

申诉制度是教育惩戒对象寻求救济的主要渠道。申诉可分为校内申诉和行政申诉，校内申诉通常具有前置性地位，即非经校内申诉，不得寻求其他权利救济形式。前置并非当然，不能通过校内申诉前置以限制学生权利的救济。实践中，校内申诉制度的纠纷解决功能并未充分彰显，亟待对校内申诉机构设置和机制运行进行完善。

一、学生申诉的权利

申诉权是《宪法》赋予学生的一项程序性基本权利。《宪法》第41条第1、2款规定：“中华人民共和国公民……对于任何国家机关和国家工作人员的违法失职行为,有向有关国家机关提出申诉、控告或者检举的权利……对于公民的申诉、控告或者检举,有关国家机关必须查清事实,负责处理。任何人不得压制和打击报复。”诚然,高校并不属于国家机关,但从申诉权的本质而言,申诉权是针对公权力主体的违法失职行为的监督权利,高校相对于学生个体而言,具有实质上等同于国家机关的权力地位,如果因高校惩戒主体并非国家机关而否定学生的申诉权,显然不符合宪法保障申诉权的目的。无论从权力监督,还是权利保障的角度,都应认可学生的申诉权,并予以充分保障。

目前,教育法律法规已有关于学生申诉权的保障机制。《教育法》第 43 条规定受教育者的权利,包含“对学校给予的处分不服向有关部门提出申诉,对学校、教师侵犯其人身权、财产权等合法权益,提出申诉或者依法提起诉讼”。学生申诉的对象可以是高校处分行为,也可以是其他侵犯个人合法权益的行为。部分高校对申诉权的行使从范围上作出一定限制,如《厦门大学学生申诉办法(2018)》规定申诉对象的范围是取消入学资格、取消学籍、退学处理或违纪处分的决定,并未涵盖所有类型的教育惩戒行为。

《普通高等学校学生管理规定(2017)》第 60 条规定:“学生对学校的处理或者处分决定有异议的,可以在接到学校处理或者处分决定书之日起 10 日内,向学校学生申诉处理委员会提出书面申诉。”该条规定明确教育惩戒对象有提出申诉的权利,可视为公民申诉权保障在教育惩戒领域的具体规定。

二、学生申诉处理机构

学生申诉处理委员会是法定的校内申诉处理机构,对于学生申诉处理委员会的人员构成,立法上同样有所规定。《普通高等学校学生管理规定(2017)》第 59 条第 1、2 款规定:“学校应当成立学生申诉处理委员会,负责受理学生对处理或者处分决定不服提起的申诉。学生申诉处理委员会应当由学校相关负责人、职能部门负责人、教师代表、学生代表、负责法律事务的相关机构负责人等组成,有条件的学校,可以聘请校外法律、教育等方面专家参加。”

目前,对于学生申诉处理委员会的独立性以及人员产生方式存在较多质疑。就独立性而言,因学生申诉处理委员会与作出惩戒决定的主体同属于校内机构,两机构人员甚至存在一定重叠,很难期待其发挥独立的监督作用。同时,《普通高等学校学生管理规定(2017)》并未明确学生申诉处理委员会的职责范围,导致高校学生申诉处理委员会的权责不清。因此,若要发挥学生申诉处理委员会的监督功能,需从独立性保障、人员构成及产生方式、人员回避、机构权限上进行优化。

1. 学生申诉处理委员会独立性保障

为保证学生申诉处理委员会具有独立的外部环境,其相关经费应当具备独立性,专款专用,其他机构不得擅自干涉申诉处理委员会对经费的使用,从而减少因经费问题产生的校内行政制约。

2. 学生申诉处理委员会人员构成及产生方式

《普通高等学校学生管理规定(2017)》仅对申诉处理委员会人员构成作出建议性规定,各高校应当在学生申诉的具体办法中明确学生申诉处理委员会人员构成及产生方式。从校内委员的构成看,为了保证独立性,应该要有教师代表和学生代表参与委员会,并且不得低于一定比例,如《清华大学学生申诉处理办法》明确出席委员“三人为教师代表委员,三人为学生代表委员”,并且“出席人数七人以上且职务委员、教师代表委员、学生代表委员分别两人以上方可召开会议”。

聘任校外法律专家担任委员会成员能够在一定程度上提升其独立性,应该成为一种普遍的做法。如《上海对外经贸大学学生申诉处理办法》规定,学生申诉处理委员会委员分为常任委员和特聘委员,其中,特聘委员由校外法律、教育等方面专家担任。

为防止申诉处理委员会形成部门利益,推动高校教育惩戒纠纷的公平处理,高校应当为申诉处理委员会的成员设定一定的任期,任期届满后成员全部更新。

3. 学生申诉处理委员会成员回避

回避制度是程序正义的体现。《普通高等学校学生管理规定(2017)》并未明确规定申诉回避制度,但从程序正义和学生权益保障的角度,应当建立回避制度,各高校在申诉办法中通常明确回避制度的内容。例如,《华东政法大学学生申诉处理规定(试行)》第6条规定:"下列人员,不得担任该申诉委员会的委员:(一)做出学生处理或处分建议的部门的工作人员;(二)与申诉案件有利害关系或者与申诉人有利害关系的人员。"惩戒对象对学生申诉处理委员会组成人员有异议,认为有需要回避的情况存在,可以向学生申诉处理委员会提出回避申请。学生申诉处理委员会原则上需要进行人员调整,以保障惩戒相对人的权益。申诉委员会成员回避制度中,委员会主任的回避十分关键,对回避的有效性具有决定性意义。厦门大学在委员会成员构成中内置了回避制度,十分具有参考价值。《厦门大学学生申诉办法(2018)》第6条规定:"申诉委员会实行双主任制,主任由分管学生工作和教学工作的校领导担任。申诉事项是学生工作部门职权范围的,申诉委员会会议由分管教学工作的校领导主持,另一名主任回避……"

诚然,校内申诉作为内部处理机制,回避的有效性很难保障,从尽可能提升回避实效性的角度来说,应当聚焦于参与调查和处理的人员，以及有利害关系的学生、教师代表的回避。

4. 学生申诉处理委员会职责明确

《普通高等学校学生管理规定（2017）》并未明确学生申诉处理委员会的职权范围，然而，从防止学生申诉处理委员会滥用权力和保证充分行使复查权的角度，应当以明定的方式赋予其充分的调查权，例如，《上海对外经贸大学学生申诉处理办法》第 9 条规定：“申诉委员会履行以下职责：（一）受理本办法规定的学生申诉；（二）向有关部门和人员调查取证，查阅文件和资料；（三）对申诉进行复查处理，并做出申诉复查决定；（四）学校规定的其他职责。”

三、学生申诉处理原则

在学生申诉处理中，从维护教育惩戒对象合法权益的角度，除遵循法律保留、教育与惩戒相结合、过罚相当、正当程序等原则外，应当遵循特定的申诉处理原则。

1. 申诉不加重原则。在刑事诉讼程序中，为解除被告人的顾虑，保障其依法行使上诉权，以利于案件的正确处理，有“上诉不加刑”的规定。这一原则被推广到行政处罚、行政复议制度中，如《行政处罚法》第 45 条第 2 款规定：“行政机关不得因当事人陈述、申辩而给予更重的处罚。”《全国人民代表大会常务委员会法制工作委员会关于行政复议机关能否加重对申请人处罚问题的答复意见》（法工委复字〔2001〕21 号）中明确：“行政复议机关在对被申请人作出的行政处罚决定或者其他具体行政行为进行复议时，作出的行政复议决定不得对该行政处罚或者该具体行政行为增加处罚种类或加重对申请人的处罚。”实践中，部分高校在校内规定中明确了这一原则，例如，《南京大学学生申诉处理办法》第 13 条规定：“学校不得因申诉人提出申诉而加重对申诉人的处理。”当然，这一原则不应被滥用、误用,如在复查中发现新的事实,需要启动新的教育惩戒程序,与申诉不加重原则并不冲突。

2. 以申诉不停止执行为原则,必要时暂停执行为例外。在行政诉讼中,有救济不停止执行的原则。为了防止教育惩戒对象以申诉的方式拖延惩戒决定的执行,原则上在申诉期间不停止执行。但是,对于教育惩戒对象而言,部分教育惩戒决定一旦执行,将难以恢复到执行前的状态,因此,在申诉处理过程中,学生申诉处理委员会认为有必要,可以建议学校暂缓执行有关决定。此外,对于特殊类型的教育惩戒,从保护学生合法权益出现,且在不会造成不良影响或社会危害的情况下,在申诉期间应当暂停执行,如开除学籍的惩戒,例如,《上海师范大学全日制本科学生申诉处理办法(2021)》第24 条规定:"审查申诉期间,原纪律处分不停止执行。但开除学籍处分可以暂缓执行。"

四、学生申诉申请受理

《普通高等学校学生管理规定(2017)》第 60 条规定:"学生对学校的处理或者处分决定有异议的,可以在接到学校处理或者处分决定书之日起 10 日内,向学校学生申诉处理委员会提出书面申诉。"第 64 条规定:"自处理、处分或者复查决定书送达之日起,学生在申诉期内未提出申诉的视为放弃申诉,学校或者省级教育行政部门不再受理其提出的申诉。处理、处分或者复查决定书未告知学生申诉期限的,申诉期限自学生知道或者应当知道处理或者处分决定之日起计算,但最长不得超过 6 个月。"教育惩戒对象提出书面申诉是学生申诉处理的前提,并且有严格的时间限制,即应在接到学校处理或者处分决定书之日起 10 日内。关于申诉受理程序,《普通高等学校学生管理规定(2017)》的规定略显粗疏,有一系列问题需待各高校通过制定申诉处理办法予以明确。

第一,申诉申请是否必须由学生本人提出申请。如学生本人因故无法提交,是否可由他人代为提交,应属当然,但应限定范围,如本人委托之人或近亲属。

第二,如因不可抗力无法提起申诉,是否同样应遵循10天内的规则。对此,可借鉴行政复议相关规则,如《行政复议法》第9条第2款规定:“因不可抗力或者其他正当理由耽误法定申请期限的,申请期限自障碍消除之日起继续计算。”因此,如教育惩戒对象因不可抗力无法提出申诉申请或不知道教育惩戒决定,则不受10天的约束,如《上海师范大学全日制本科学生申诉处理办法(2021)》第13条第2款规定:“因不可抗力或者其他正当理由耽误法定申请期限的,申请期限自障碍消除之日起继续计算。”

第三,对于提交的申诉申请是否一律受理。显然,应当符合一定形式与实质条件,包括书面申诉申请应当包含哪些必要信息。例如,《厦门大学学生申诉办法(2018)》第10条规定:“学生提出申诉时,应当递交书面的申诉书。申诉书应当载明下列内容:1. 申诉人的姓名、所在院系、专业和年级、住所、联系方式、通信地址及其他基本情况;2. 申诉的请求和所根据的事实与理由;3. 证据和证据来源。”对于形式上存在瑕疵的申请书,应当给予一定期限补充或完善材料;对于不符合受理条件的,应当予以驳回并告知。当然,对于哪些属于申诉受理范围,哪些不属于申诉受理范围的情形,也应当以规定的形式予以明确。例如,《上海师范大学全日制本科学生申诉处理办法(2021)》第11条规定:“有下列情形之一的,学生可以依照本办法向学生申诉处理委员会提起申诉:(一)对学校取消其入学资格的决定不服的;(二)对学校的退学处理决定不服的;(三)对学校所作的纪律处分决定不服的;(四)法律、法规、规章规定可以提起申诉的其他事项。”同时,该办法第12条规定:“学生申诉处理委员会不受理因如下事项而提起的复查申请,但视不同情况作出不同的告知:(一)对学校不颁发毕业证书、学位证书不服的,应告知其向学校学位评定委员会提出申诉;(二)对学校因管理工作需要而向全体或某一类学生作出集体管理行为不服的,应将其意见转发有关部门或领导处理;(三)对党团组织和其他团体所作的处理或处分不服的,应告知其按党团组织和其他团体的章程及有关规定申诉;(四)已向人民法院提起诉讼,人民法院已经依法受理的,应告知其等待人民法院的判决。”

第四,是否受理申诉申请由谁决定。按照《普通高等学校学生管理规定(2017)》,似乎当然由申诉处理委员会决定。申诉处理委员会并非常设机构,通常设置相应的办公室或秘书处负责委员会日常工作,其中便包含申诉是否受理的决定。关于申诉委员会的办公室或秘书处,法律法规并无明确规定,实践中,部分高校将办公室或秘书处设在团委,例如,《厦门大学学生申诉办法(2018)》第8条规定:“申诉委员会授权校团委具体负责学生的申诉受理。”从兼顾公平与效率的角度,委员会办公室或秘书处,仅有权从形式上决定是否受理,对于实体性问题,应由委员会决定。

第五,对于已经受理的申诉申请,是否存在中止处理或终止处理的情形,亦属当然。例如,《华东政法大学学生申诉处理规定(试行)》第10条规定:“申诉人依法提起行政复议、行政诉讼或采取其他合法方式解决争议,有关行政机关、人民法院和其他争议解决机构已经受理的,申诉处理中止;已经处理的,申诉处理终止或不予受理,不再重复处理。”

五、学生申诉处理程序

《普通高等学校学生管理规定(2017)》对于申诉处理程序较为粗疏,仅规定学生申诉处理委员会作出申诉处理的期限,而未规定申诉复查程序,诸如复查的内容、复查的方式等。

首先,应明确学生申诉处理委员会复查的内容。唯有对申诉处理决定进行全面复查,才能有效地监督教育惩戒行为,保障学生合法权益,因此,审查的内容应当全面,包含实体和程序两部分,例如,《华东政法大学学生申诉处理规定(试行)》第12条规定:"申诉委员会就申诉人所受处理或者处分决定中的事实认定、证据收集和运用、处理或者处分依据的适用、处理或者处分实施的程序等进行审查。"

其次,应明确学生申诉处理委员会的调查方式。学生申诉处理委员会的调查,区别于教育惩戒决定做出前的调查,重点在于调查决定作出的证据、依据、程序等问题,因此,可以根据需要要求有关职能部门或工作机构提交与申请事项有关的证据、依据及其他必要材料;要求有关人员在规定的时间、地点就申诉事项涉及的问题作出解释和说明;举行案件调查听证会等。

最后,应明确学生申诉处理委员会的审理方式。审理通常应采取会议的方式进行,保障申诉人的陈述、申辩权,不宜采取书面审理的形式进行,审理过程应当符合正当程序原则。

目前,各高校均有关于审理的程序性规定,例如,《华东政法大学学生申诉处理规定(试行)》规定审理以会议的形式进行,"由申诉委员会主任决定或二分之一以上委员提议,申诉委员会可采用到会审查的方式,要求申诉人和对申诉人提出处理或者处分建议的部门负责人,到会进行陈述、申辩和质证"。该办法同时规定了审理的步骤。《上海师范大学全日制本科学生申诉处理办法(2021)》规定采取集体讨论的形式进行审理,“评议会议由学生申诉处理委员会主任召集和主持,有三分之二以上的成员到场会议方为有效。申诉人可申请到场,并享有现场陈述的权利”。该办法同时规定了审理的内容。

六、学生申诉处理决定

经过充分调查和公正审理后,学生申诉处理委员会应就申诉申请作出处理决定。《普通高等学校学生管理规定(2017)》第61条第2款规定:“学生申诉处理委员会经复查,认为做出处理或者处分的事实、依据、程序等存在不当,可以作出建议撤销或变更的复查意见,要求相关职能部门予以研究,重新提交校长办公会或者专门会议作出决定。”对于申诉处理决定,仍有一系列问题有待高校以校内规定的形式予以明确。

首先,申诉处理决定的类型。依据《普通高等学校学生管理规定(2017)》的规定,对于事实清楚、依据准确、程序正当的教育惩戒决定应当作出予以维持的决定;认为事实、依据、程序存在不当的,应当作出重新提交校长办公会或者专门会议的决定。那么,是否意味着申诉处理仅有这两种决定类型。对此,可参考《行政诉讼法》关于判决类型的规定,采取撤销决定、无效决定、确认违法决定等。例如,《上海对外经贸大学学生申诉处理办法(2021)》第23条第1款详细列举了各类情形以及相应的决定形式,“申诉复查应就学生所受处分或处理决定中的事实认定、证据的充分性、依据的明确性、程序的正当性、定性的准确性、处分的适当性等进行复查,区别下列不同情形,做出复查决定:(一)事实清楚、依据明确、定性准确、程序正当、处分适当的,予以维持;(二)认定事实不存在,或者原处理部门超越职权、违反学校规章制度或上位法规定做出决定的，建议予以撤销；（三）认定事实清楚，但认定情节有误、定性不准确，或者适用依据有错误的，建议变更或重新做出决定；（四）认定事实不清、证据不足，或者违反学校规定的程序和权限的，建议重新做出决定”。

其次，申诉处理决定的投票规则。对于处理决定的作出，需要进一步明确作出决定应使用何种投票规则，如不低于半数或超过2/3，对此，建议采取无记名投票，并且有超过半数同意票方能作出某种决定。

再次，申诉处理决定的载体。《普通高等学校学生管理规定（2017）》未对处理决定的形式与内容有明确规定，实践中，各高校对此规定不一，有称为“复查结论书”，如清华大学，有称“申诉处理决定书”；如上海戏剧学院，有称“申诉决定书”；也有同时称“复查结论书”和“申诉决定书”，如南京大学。而在《清华大学学生申诉处理办法》中虽同时出现“复查结论书”和“复查决定书”，所指却非同一内容，前者系由申诉处理委员会作出，后者由原处理或处分机构。对此，有必要形成相对统一的认识，对于原处理或处分机构重新作出的决定，仍应称“处理决定书”为妥。

对于申诉委员会处理决定书，《普通高等学校学生管理规定（2017）》同样未作明确规定，显然应与处理决定书有所不同，对此，《清华大学学生申诉处理办法》第25条规定：“复查结论书应当包括以下内容：（一）申诉学生的姓名、（原）班级、（原）学号和其他基本情况；（二）申诉的事项、请求和理由；（三）作出原处理或处分决定的事实、证据、依据、程序；（四）学生申诉处理委员会作出复查结论的事实、理由和依据；（五）复查结论；（六）申诉途径和期限；（七）作出复查结论的日期。”该条对于复查结论书内容的规定，颇为细致、全面，值得参考。

复次,申诉处理决定的送达。在复查决定作出后,应解决送达问题,通常可参考教育惩戒决定送达的相关规则,同时适用直接送达、留置送达、邮寄送达和公告送达等形式,然而,由于《普通高等学校学生管理规定(2017)》并未对公告送达期限作出规定,实践中各高校存在规定不一的情况,如通常规定公告60日视为送达,但如《厦门大学学生申诉办法(2018)》规定:“公告期为15日,公告期满即视为送达。”15日的公告送达期限明显过短,应以60日为妥。

最后,重新作出处理决定。对于重新作出决定,可以参考《行政诉讼法》第71条针对重新作出行政行为的规则,即“不得以同一的事实和理由作出与原行政行为基本相同的行政行为”。具体到教育惩戒决定的重新作出,应当不得以同一的事实和理由作出与原教育惩戒决定相同的教育惩戒决定。同时,对于重作决定的期限,应当予以限制,以尽快消除教育惩戒对象权利受损的现实,例如,《上海师范大学学生申诉处理办法(2021)》第31条规定:“对学生申诉处理委员会建议重新研究决定的,被申诉人应当在接到申诉复查决定书之日起20日内作出处理决定。”

第二节　行政申诉

省级教育行政部门负责指导、检查和监督本地区高等学校的学生管理工作,是高校教育惩戒行为的外在监督主体,同时负责学生行政申诉的处理。

一、行政申诉适用范围

《普通高等学校学生管理规定(2017)》第62条第1款规定:“学

生对复查决定有异议的，在接到学校复查决定书之日起15日内，可以向学校所在地省级教育行政部门提出书面申诉。”依据该规定，申诉人对于教育惩戒不服，均可以向省级教育行政部门提出申诉。实践中，需要平衡高校自主办学权与教育行政管理权，教育行政管理部门应相对约束自身权力，减少对高校自主办学权的干预。一般情况下，涉及警告、通报批评、留校察看等非取消学籍和学位类的惩戒，教育行政部门不会介入，尊重高校决定。只有涉及开除、取消学位类的惩戒类型，教育行政部门才会进行实质性审查，以保障学生权益。

二、行政申诉处理程序

《普通高等学校学生管理规定(2017)》第62条规定，申诉人向校内学生申诉处理委员会提出申诉是启动教育行政部门申诉的前提，只有对校内学生申诉处理委员的复查决定有异议，才能向教育行政部门提出申诉。申诉期限的规则与校内申诉相一致，不同之处在于，对于校内申诉复查决定不服，在接到学校复查决定书之日起15日内，可以向学校所在地省级教育行政部门提出书面申诉，不同于校内申诉的10天期限。

不同于校内申诉处理程序，调查并非教育行政部门必须程序，而是根据需要进行。《普通高等学校学生管理规定(2017)》第63条前半句规定，“省级教育行政部门在处理因对学校处理或者处分决定不服提起的学生申诉时，应当听取学生和学校的意见，并可根据需要进行必要的调查”。显然，如果教育行政部门针对教育惩戒决定开展调查，应当有权对教育惩戒决定作出的事实、证据、依据、程序进行全面调查。教育行政部门处理的过程同样需要遵循正当程序原则，以听取学生和学校意见为必要程序，然而，相关法律法规并未明确听取意见的形式,口头抑或书面。对此,笔者认为应当以口头为主,特殊情况下可以采取书面问询的方式进行。

行政申诉作出决定的期限同样有别于校内申诉处理决定作出的期限。《普通高等学校学生管理规定(2017)》第 62 条第 2 款规定:“省级教育行政部门应当在接到学生书面申诉之日起 30 个工作日内,对申诉人的问题给予处理并作出决定。”当然,校内申诉处理决定应在 15 天内作出,这只是一般性规则,存在特殊情形需要延长期限,虽然《普通高等学校学生管理规定(2017)》并未明确行政申诉是否同样存在可以延长申诉处理期限,但应当推定同样可基于特殊情形,经过审批程序对处理期限进行延长。

三、行政申诉处理决定

《普通高等学校学生管理规定(2017)》对不同情形应作何决定有较为细致的规定,第 63 条后半句规定:“根据审查结论,区别不同情况,分别作出下列处理:(一)事实清楚、依据明确、定性准确、程序正当、处分适当的,予以维持;(二)认定事实不存在,或者学校超越职权、违反上位法规定作出决定的,责令学校予以撤销;(三)认定事实清楚,但认定情节有误、定性不准确,或者适用依据有错误的,责令学校变更或者重新作出决定;(四)认定事实不清、证据不足,或者违反本规定以及学校规定的程序和权限的,责令学校重新作出决定。”

第三节　行政投诉

投诉是公民控告和检举权利的体现,受《宪法》保护。为充分保障学生的合法权益,监督高校依法行使职权,《普通高等学校学生管理规定(2017)》设立了学生行政投诉制度,具有纠正教育惩戒行为和教育惩戒立法的功能。

一、适用范围

《普通高等学校学生管理规定(2017)》第 65 条第 1 款规定:“学生认为学校及其工作人员违反本规定,侵害其合法权益的;或者学校制定的规章制度与法律法规和本规定抵触的,可以向学校所在地省级教育行政部门投诉。”该条规定明确学生行政投诉制度的适用范围:(1)学校及其工作人员违反本规定,侵害其合法权益的;(2)学校制定的规章制度与法律法规和本规定抵触的。

对于第一类情形,并非仅针对违法违规教育惩戒行为,还应包含违法违规的教育惩戒行为,不同于行政申诉制度需以校内申诉程序为前提,第一类情形可以直接针对教育惩戒决定进行投诉。此处投诉人同时是受害人,投诉是控告权的具体体现。

对于第二类情形,同样并非针对教育惩戒立法,还包含与法律法规和本规定抵触的教育惩戒立法,同时应包含学校在教育惩戒立法过程中的违法违规行为,如没有履行必要的民主程序。此处投诉人并非直接的受害人,投诉是检举权的具体体现。

二、投诉处理结果

《普通高等学校学生管理规定(2017)》第 65 条第 2 款规定:“教育主管部门在实施监督、处理申诉或者投诉过程中,发现学校及其工作人员有违反法律、法规及本规定的行为或者未按照本规定履行相应义务的,或者学校自行制定的相关管理制度、规定,侵害学生合法权益的,应当责令改正;发现存在违法违纪的,应当及时进行调查处理或者移送有关部门,依据有关法律和相关规定,追究有关责任人的责任。”依据该条规定,对于学生投诉的情况,经查证属实,教育主管部门应当责令改正或及时进行调查处理或者移送有关部门,依据有关法律和相关规定,追究有关责任人的责任。

第四节　行政复议和行政诉讼

行政复议和行政诉讼是我国监督行政机关依法行使职权,同时发挥公民权利救济功能的两项制度。具体而言,行政复议是指相对人认为行政主体的具体行政行为侵犯其合法权益,依法向该行政主体的上一级机关或法律规定的其他行政主体提出复查该具体行政行为的申请,受理申请的行政主体依照法定程序对被申请的具体行政行为进行审查,并作出相应决定的法律活动。① 行政诉讼是指公民、法人或者其他组织认为行政机关的具体行政行为违法,侵犯其合法权益时,依法向人民法院提起诉讼,由人民法院进行审理并作出裁判的活动。② 针对教育惩戒决定的行政复议和行政诉讼,并无明确的法律依据,而是随着实践的发展和法治的进步逐步确认的。

一、行政复议的适用范围

目前,对于教育惩戒的行政复议讨论并不多,有学者认为,“教育行政管理领域的申诉,是受教育者维护自身权益最主要的一个程序,它实际上是教育行政领域一种变相的行政复议,应当通过立法

① 参见叶必丰主编:《行政法与行政诉讼法》(第 3 版),中国人民大学出版社 2011 年版,第 225 页。

② 参见叶必丰主编:《行政法与行政诉讼法》(第 3 版),中国人民大学出版社 2011 年版,第 241 页。

明确确立这种申诉的行政复议地位”[①]。不可否认,行政申诉制度与行政复议制度在功能定位和运行模式具有高度的相似性。然而,从《行政复议法》规定来看,其所针对的是“具体行政行为”,从行政复议范围的相关规定看,其始终强调主体为“行政机关”的行为,而行政复议不同于行政诉讼的核心在于,前者是行政系统的内部监督程序,而后者是司法机关对行政机关的监督。一方面,高校并非行政机关;另一方面,高校与教育主管部门并非行政系统上下级之间领导与被领导关系或政府与政府部门关系,因此,教育主管部门似乎难以依据《行政复议法》对高校教育惩戒行为直接进行行政复议。

不仅如此,《行政复议法》第 8 条第 1 款明确规定:“不服行政机关作出的行政处分或者其他人事处理决定的,依照有关法律、行政法规的规定提出申诉。”可视为明确排除高校教育惩戒行为的行政复议适用。那么,行政复议制度是否无法为受到教育惩戒的主体提供法律救济? 并非如此。根据《行政复议法》的规定,公民、法人或者其他组织可以提起行政复议的行为包括“申请行政机关履行保护人身权利、财产权利、受教育权利的法定职责,行政机关没有依法履行的”,那么,无论是申诉,还是投诉,都是惩戒对象寻求行政机关保护的行为,若教育主管部门拒绝履行相应职责,教育惩戒对象可以针对教育主管部门的不作为或乱作为提起行政复议。因此,行政复议并不直接适用于教育惩戒行为救济,而是通过对申诉或投诉处理行为的监督,间接发挥权利救济功能。

二、行政诉讼的适用范围

我国《行政诉讼法》并未明确哪些教育惩戒行为可以纳入司法

---

① 耿宝建:《高校行政案件中的司法谦抑与自制》,载《行政法学研究》2013 年第 1 期。

审查的范围,“田某诉北京科技大学案”的开创性意义在于确立了高校在行政诉讼中的被告地位。此后,关于教育惩戒行为的司法审查范围一直聚讼纷纭。有学者坦言,“尽管高校属于授权行政主体或准行政主体,但究竟高校的哪些教育惩戒行为属于可诉行政行为,相关法律及规范性文件始终未给出明确答案,甚至司法机关内部的观点都不统一”①。学者沈岿认为,“对于高校惩戒行为,除那些被认定为私法性质的惩戒可求诸民事诉讼之外,当普遍承认其可审查性,先行迎入司法审查的平台。只要法院在审查强度问题上拿捏适度,并作出若干颇具影响力之判决,料来不会引发学生滥诉和高校自治的地震”②。但是,显然实践的步伐并未迈得如此之大,学者对于高校教育惩戒行为的司法审查保持着冷静,如有学者提出“现在学生起诉高校已经是被人们广泛接受的观念,若是仍将所有惩戒行为纳入行政诉讼,则会导致司法权力逾越高校自治权;并且法院不具有教育职能,不能替代高校和教育行政机关审查所有惩戒行为,会对法院造成一些不必要的负担”③。

最高人民法院法官耿宝建关于教育行政诉讼受案范围的观点颇为公允,其认为,学生对高等学校的下列经法律法规授权的行为不服的,可以提起行政诉讼:(1)高等学校不颁发学历证书、不授予证书的行为。(2)高等学校违反国家规定不依法发放奖学金、贷学金、助学金等行为。(3)取消入学资格、作退学处理、开除学籍等直接导致学生身份丧失的行为。(4)对于学生起诉高校录取行为,是否应一律纳入受案范围,目前仍然存有不小争议。学校对学生作出

---

① 陈晓宇:《高校教育惩戒校内申诉程序的建构研究》,载《高教探索》2021 年第 1 期。

② 沈岿:《析论高校惩戒学生行为的司法审查》,载《华东政法学院学报》2005 年第 6 期。

③ 车骋:《高校惩戒学生行为救济制度之建构》,载《高教探索》2021 年第 4 期。

的警告、记过、留校察看等不涉及学生身份变更的纪律处分与学籍管理决定，学生如不服，不论是否经过申诉处理，目前仍不宜纳入行政诉讼受案范围。但受教育者认为申诉决定不是依照法定程序作出的（如申诉决定未进行调查取证、未听取受教育者意见、遗漏主要证据），可以以不履行法定职责为由提起诉讼，但也只能以此作为诉讼请求和理由提起诉讼。[①] 其中，拒不颁发学历证书、学位证书，取消入学资格，作退学处理，开除学籍等属于教育惩戒行为，实践中已被纳入司法审查的范围。然而，“不依法发放奖学金、贷学金、助学金等行为”是否包含奖学金、贷学金、助学金限制行为？如果包含，意味着针对高校作出的奖学金、贷学金、助学金限制决定，同样可以考虑纳入行政诉讼受案范围。至于录取行为，与教育惩戒无关，暂且不做讨论。除上述可被纳入行政诉讼受案范围的教育惩戒行为外，教育惩戒的行政申诉处理决定同样是行政诉讼受案范围，需要指出的是，法院审查的是申诉处理决定，而非教育惩戒决定本身。

综上所言，行政诉讼的适用范围仅限于：(1)拒不颁发学历证书、学位证书；(2)取消入学资格；(3)退学；(4)开除学籍；(5)奖学金、贷学金、助学金限制五类教育惩戒行为。

实践中，有一个问题颇为值得关注，在教育惩戒的行政救济中，行政申诉或行政复议，与行政诉讼是何关系？这一问题在实践中不乏争议。例如，《国家教育考试违规处理办法》(教育部令第33号)第27条规定：“考生或者考试工作人员对教育考试机构做出的违规处理决定不服的，可以在收到处理决定之日起15日内，向其上一级教育考试机构提出复核申请；对省级教育考试机构或者承办国家教

---

① 参见耿宝建：《高校行政案件中的司法谦抑与自制》，载《行政法学研究》2013年第1期。

育考试的机构做出的处理决定不服的，也可以向省级教育行政部门或者授权承担国家教育考试的主管部门提出复核申请。”与此同时，第 29 条规定：“申请人对复核决定或者处理决定不服的，可以依法申请行政复议或者提起行政诉讼。”按照规定，申请人申请复核是行政复议或行政诉讼的前置程序。在“大连海事大学与张某鹏开除学籍处分决定案”[①]中，上诉人大连海事大学认为，被上诉人如果对开除学籍处分不服的，可以向教育行政部门申请复核，只有对教育行政部门复核决定不服的才可以依法提起行政诉讼。法院则认为，根据《普通高等学校学生管理规定(2005)》第 63 条第 1 款规定，向学校所在地省级教育行政部门提出书面申诉不是起诉前的必经程序，该案不属于法定复议前置案件。从学生权益保障的角度，在教育惩戒的行政救济制度中，教育惩戒对象对高等院校提起行政诉讼，不应以向教育行政部门提出申诉作为诉讼前置条件。

三、教育惩戒的司法审查

部分教育惩戒行为应受司法审查已成为一种共识。然而，针对教育惩戒行为应当如何审查，目前仍处于探索之中，包括审查内容、审查启动、审判依据和审查强度等问题，有待厘清。

(一)教育惩戒司法审查的内容

在行政诉讼中，法院主要针对行政行为的合法性进行审查。《行政诉讼法》第 6 条规定：“人民法院审理行政案件，对行政行为是否合法进行审查。”换言之，法院通常不对行政行为的合理性进行评价，例如，在博士学位评定争议中，法院无法对博士论文是否达到博士学位水准进行判断。不同于一般的行政机关，高校具有办学自主

---

① 辽宁省大连市中级人民法院行政判决书，(2015)大行终字第 429 号。

权,对于高校教育惩戒行为更应以合法性审查为原则,对高校行使自由裁量权予以必要的尊让,不宜过度介入教育惩戒合理性的争议之中。例如,在“龙某不服井冈山大学开除学籍处分决定案”中,一审法院两次针对井冈山大学惩戒的合理性进行评价,先是认为“被告仅因原告的这一‘考试作弊’行为(在参加全国英语四级等级考试时身上携带了处于开机状态的作弊专用无线通讯设备)就对原告作出开除学籍处分决定”实为不当,后又认为“(原告)犯错并没有达到情节严重的过错程度。学校对其直接处以最严厉的开除学籍的处分,处罚过重”[①]。因此判决撤销井冈山大学的教育惩戒决定。对此,二审法院指出,龙某的考试作弊是否属于情节严重、应否适用《井冈山大学学生违纪处分办法》第 27 条第 3 项的规定给予开除学籍处分,属于井冈山大学行使教育教学管理权限的自由裁量范围,不属人民法院行政案件司法审查范畴。[②]

近年来,合法性审查面临学生权益保障不足的质疑,有学者认为,法院针对高校惩戒行为采用合法性审查进路这一标准,已经不能满足保护学生权益和监督高校行为的需要,“其效用已递减至极低限值,故应突破传统法治主义预设的合法性窠臼,辅以正当性标准”[③]。

(二)教育惩戒司法审查的依据

《行政诉讼法》第 63 条第 1、3 款规定,“人民法院审理行政案件,以法律和行政法规、地方性法规为依据。地方性法规适用于本行政区域内发生的行政案件”,“人民法院审理行政案件,参照规章”。然而,目前法律法规关于教育惩戒的规定较为粗疏,除学位相

---

① 江西省吉安市青原区人民法院行政判决书,(2013)青行初字第 7 号。

② 参见江西省吉安市中级人民法院行政判决书,(2013)吉中行终字第 35 号。

③ 江必新:《行政程序正当性的司法审查》,载《中国社会科学》2012 年第 7 期。

关惩戒规定载于《学位条例》，其他教育惩戒决定的作出主要依据《普通高等学校学生管理规定(2017)》，作为一部部门规章，其在行政诉讼中仅具有参照适用的意义。参照适用是指在部门规章存在超越立法权限、违反上位法规定或与其他法律文件不一致时，法院在审判过程中可以拒绝适用。尽管对于《普通高等学校学生管理规定(2017)》作为部门规章，是否有权设定包括开除学籍在内的教育惩戒形式，存在一定争议，但并未对其合宪性、合法性进行审查。

在教育惩戒的司法审查中，涉及高校校纪校规是否为法院审判依据的问题。显然，校纪校规并非我国正式的法律渊源，法院不宜依据校纪校规进行审判。参照《行政诉讼法》关于法院可以对规范性文件合法性进行审查的规定，法院在审查教育惩戒行为的过程中可以对校纪校规的合法性进行审查，对于合宪、合法、合规的校纪校规，法院应当予以尊重，如《最高人民法院公报》针对甘某案所归纳的裁判主旨，"人民法院在审理此类案件时，应依据法律法规、参照规章，并可参考高等学校不违反上位法且已经正式公布的校纪校规"[①]。对于存在违宪、违法、违规嫌疑的校纪校规，法院可以指明并提出修改建议。例如，在"田某诉北京科技大学拒绝颁发毕业证、学位证案"中，一审法院在判决中指出，北京科技大学校发(94)第068号《关于严格考试管理的紧急通知》与原国家教委1990年公布的《普通高等学校学生管理规定》第29条第1款所规定的10项法定退学条件"相抵触"，该通知"应属无效"。

如果高校据以作出教育惩戒决定的校纪校规没有法律依据，应当如何认定。在"褚某诉天津师范大学不履行授予学位法定职

---

① 甘某不服暨南大学开除学籍决定案，载《最高人民法院公报》2012年第7期。

责案”[①]中,法院在判决中指出:高校依据校规进行的教育惩戒决定属于高校办学自主的范畴,在法律没有明确规定的前提下,法院无权对校规的内容进行合法性审查。对此,笔者认为法院表现得较为克制,即使没有明确的法律规定,法院也应对校纪校规的合法性进行审查,确保其不与宪法、法律的原则和精神相抵触。

(三)教育惩戒司法审查的强度

司法审查强度是指“法院对进入司法领域的行政行为介入和干预的纵向范围”[②]。在教育惩戒的司法审查实践中,法院需要提供司法救济的同时保持必要的克制,由此针对不同类型的教育惩戒行为,发展出不同的审查规则,表现为对不同类型的教育惩戒行为存在审查强度的差异。学术自由常被视为决定司法审查强度的依据,有学者认为通过最高人民法院发布的“田某案”和“何某强案”两则典型指导性案例来看,在教育惩戒的司法审查中建构了“品行标准”严格审查与“学术标准”有限审查的双重审查规则。[③] 从教育惩戒的分类来看,对纪律性惩戒实施严格审查,对学业性惩戒实施宽松审查。然而,“品行标准”与“学术标准”有时并不能绝对区分,与纪律性惩戒和学术性惩戒也并非一一对应,而法院在审查时采取的审查强度也存在明显区别。

在一些学术性惩戒中,把“品行标准”作为学术性惩戒的依据,

---

① 褚某诉天津师范大学不履行授予学位法定职责案,天津市第二中级人民法院行政判决书,(2004)二中行初字第(12)号;天津市高级人民法院行政判决书,(2004)高行终字第(44)号。

② 杨伟东:《行政行为司法审查强度研究——行政审判权纵向范围分析》,中国人民大学出版社2003年版,第6~7页。

③ 参见周佑勇:《高校惩戒学生行为的司法审查——基于最高人民法院相关指导性案例的观察》,载《南京师大学报(社会科学版)》2019年第3期。

例如，在“胡某兴诉华中农业大学不授予学位案”[①]中，华中农业大学依据《学位条例》第2条规定，将“因考试作弊受到警告（含警告）以上处分”作为不授予学位的依据之一，胡某兴因考试作弊被予以记过处分，被告华中农业大学因此拒绝授予其学位。显然，学位授予属于学术性事项，拒绝授予学位属于典型的学术性惩戒，然而，高校往往依据《关于对〈中华人民共和国学位条例〉等有关法规、规定解释的复函》（学位〔2003〕65号）将“道德标准”作为学位授予的依据，对此，司法审查实践常常采取尊重的态度，予以宽松审查。

在“杨某智与济南大学不授予学士学位纠纷上诉案”[②]，上诉人杨某智因与其他宿舍的学生打架，被给予其留校察看处分，被上诉人济南大学以上诉人“受到行政纪律处分者”为由，拒绝授予学位，被上诉人济南大学依据的是《济南大学普通全日制学生学籍管理暂行条例》（济大校字〔2005〕164号）（以下简称《济大学籍条例》）第69条规定：“有下列情况之一的毕业生，不授予学士学位：……（三）受到行政纪律处分者……”对此，原审法院认为，济南大学学位评定委员会依据上述《济大学籍条例》的规定，认定杨某智因受过留校察看处分，其情况不符合授予学士学位的条件，济南大学根据该校学位评定委员会的上述决议未向杨某智授予学士学位，并无不当。与上述宽松审查逻辑一致。对此，二审法院认为，“《济大学籍条例》第六十九条笼统而不加甄别地将‘受到行政纪律处分’作为不授予本科毕业生学士学位的条件，与《学位条例》和《中华人民共和国学位条例暂行实施办法》规定的精神不符”。最终判决责令被上诉人济南大学自该判决生效之日起一年内依法履行向上诉人杨某智颁发学士学位

---

① 湖北省武汉市中级人民法院行政判决书，（2010）武行终字第184号。

② 山东省济南市中级人民法院行政判决书，（2011）济行终字第29号。

的法定职责。在此案中,二审法院对"品行标准"进行了严格审查。

当然,即使在纯粹的学术性惩戒中,基于纯粹的学术标准,司法审查是否应保持绝对尊重,采取宽松审查?在"何某强案"中,如有的学者所提出的,如果华中科技大学规定的学术标准不是通过全国大学英语四级考试就能拿到学位证书,而是通过全国大学英语六级考试才能拿到学位证书,这个规定是否合法呢?是否符合授予学位的目的呢?司法是否仍然应秉承"何某强案"中要求的尊重态度呢?[①] 这一质疑并非毫无道理,在"柴某杰诉上海大学博士学位评定案"[②]中即涉及高校学位授予指标的争议,对此,法院认为"在不违反上位法的前提下,高校对博士学位申请者的学术衡量标准有自主自治的权力,可以设置相关规范"。从学生权利充分保护的角度来说,对学术性教育惩戒的司法审查不宜先定地认为应当宽松审查,"在学术自治边界未确定并且制定法存在漏洞的情况"[③]下,应当普遍地采取严格审查标准。

(四)教育惩戒司法审查的结果

对于教育惩戒的司法审查,应当适用《行政诉讼法》规定的判决类型。首先,对于证据确凿,适用法律、法规正确,符合法定程序的,法院应当判决驳回原告的诉讼请求。其次,教育惩戒行为存在下列情形之一的:(1)主要证据不足的;(2)适用法律、法规错误的;(3)违反法定程序的;(4)超越职权的;(5)滥用职权的;(6)明显不当的。法院可以判决撤销或者部分撤销,并可以判决被告重新作出行政行为。再次,教育惩戒行为存在下列情形之一的:(1)依法应当

① 参见车骋:《高校惩戒学生行为的司法控制——从"合法性"走向"合法性"与"正当性"》,载《东方法学》2021年第5期。

② 上海市浦东新区法院行政判决书,(2019)沪0115行初362号。

③ 沈岿:《析论高校惩戒学生行为的司法审查》,载《华东政法大学学报》2005年第6期。

撤销,但撤销会给国家利益、社会公共利益造成重大损害的;(2)程序轻微违法,但对原告权利不产生实际影响的。人民法院应当确认违法,但不撤销。最后,教育惩戒行为存在下列情形之一的:(1)教育惩戒行为违法,但不具有可撤销内容的;(2)被告改变原违法教育惩戒行为,原告仍要求确认原教育惩戒行为违法的;(3)被告不履行或者拖延履行法定职责,判决履行没有意义的。法院应当确认违法。此外,还有一类极端情形,即教育惩戒主体不具有主体资格或者没有依据等重大且明显违法情形,原告申请确认教育惩戒行为无效的,人民法院判决确认无效。对于违法或者无效的教育惩戒行为,法院可以同时判决责令被告采取补救措施;给原告造成损失的,依法判决被告承担赔偿责任。

第五节　学生权益的救济

无论是经申诉被撤销还是经司法审查被撤销,对于权益受损的学生而言,都应当及时补救,必要时应进行赔偿。目前,对于教育惩戒对象,以名誉恢复和权利恢复为其主要救济方式,赔偿的适用较为谨慎。

一、学生名誉恢复

部分教育惩戒行为,如通报批评、警告、严重警告、记过、留校察看等,对于教育惩戒对象的直接影响是声誉受损,对此,教育惩戒决定一经撤销,就应由作出教育惩戒决定的主体在相同范围内进行声誉恢复,对此,可参考《民法典》关于消除影响、恢复名誉、赔礼道歉等民事责任承担的规定,《民法典》第 1000 条第 1 款规定:“行为人因侵害人格权承担消除影响、恢复名誉、赔礼道歉等民事责任的，应当与行为的具体方式和造成的影响范围相当。”例如，在全校范围内进行通报批评的，就应由教育惩戒主体在全校范围内作出消除影响、恢复名誉的补救措施，必要时，应当进行公开赔礼道歉。

二、学生权利恢复

在各类教育惩戒行为中，开除学籍、不予录取、退学、取消学籍等行为，严重限制教育惩戒对象的受教育权；不予注册、重修、补考、留级、降级、课程考核成绩记为无效、成绩作零分处理、取消学生参加课程考核的资格等行为，在不同程度上限制了教育惩戒对象的公平受教育权；奖助学金限制，限制了教育惩戒对象的财产权；拒不授予或撤销学历证书、学位证书，严重限制了教育惩戒对象平等获得学历证书、学位证书的权利；学术称号、荣誉称号限制，限制了教育惩戒对象平等获得表彰的权利。因此，对于此类教育惩戒决定，一旦被撤销，应立即对学生的权利进行恢复。

三、学生损害赔偿

尽管《行政诉讼法》第 76 条规定：“人民法院判决确认违法或者无效的，可以同时判决责令被告采取补救措施；给原告造成损失的，依法判决被告承担赔偿责任。”但是目前，对于因违法教育惩戒行为的补救，以恢复名誉和恢复权利为主，没有明确规定可以主张精神损害赔偿。依据《国家赔偿法》的规定，国家赔偿以支付赔偿金为主要方式，针对的是侵犯公民人身自由、生命健康权和财产权，在侵犯人身自由权的同时“造成严重后果的，应当支付相应的精神损害抚慰金”，显然，教育惩戒行为并不侵犯人身自由权，因此，很难依据《国家赔偿法》主张精神损害抚慰金。依据《民法典》第 1183 条第 1

款:“侵害自然人人身权益造成严重精神损害的,被侵权人有权请求精神损害赔偿。”该条所述损害的严重程度主要取决于身体、健康被损害的程度,实践中,通常以达到伤残标准作为构成严重精神损害的主要依据。因此,精神损害赔偿的请求同样很难适用于违法教育惩戒的损害赔偿中。

对于教育惩戒对象而言,如果权利恢复已经不具有实际意义,同时无法主张经济赔偿,那么,显然无法充分保障学生的合法权益,对于作出违法惩戒行为主体而言,也不具有实际的监督意义。例如,在“甘某诉被申请人暨南大学开除学籍决定案”中,最高人民法院确认暨南大学暨学〔2006〕33 号决定违法,但对于甘某的赔偿请求,则以甘某“在本院再审期间提出的其在原审期间未提出的赔偿请求,本院依法不予审查”[1]为由,予以驳回。对于甘某而言,其得到了迟到的正义,但因开除学籍导致的人生轨迹的转变以及相应的经济损失,未能得到相应的赔偿或补偿。

---

① 最高人民法院行政判决书,(2011)行提字第12号。

附录　高校教育惩戒相关部门规章

普通高等学校学生管理规定(1990)[①]

(国家教育委员会令第7号)

第一章　总　　则

第一条　为了维护高等学校正常的教学、工作和生活秩序,保障学生身心健康,促进学生德、智、体诸方面发展,特制定本规定。

第二条　高等学校的学生应当有坚定正确的政治方向,热爱社会主义祖国,拥护中国共产党的领导,努力学习马克思主义,积极参加社会实践,走与工农相结合的道路;应当具有为国家富强和人民富裕而艰苦奋斗的献身精神;应当遵守宪法、法规、校规校纪,有良好的道德品质和文明风尚;应当勤奋学习,努力掌握现代科学文化知识。

第三条　高等学校的主要任务是为社会主义建设培养合格人才。要不断提高教育、教学质量,从严治校,优化办学环境,保证培养目标的实现。健全管理制度应同加强思想教育相结合,对学生以

---

① 1989年8月26日经原国家教育委员会办公会议通过,自1990年1月20日起施行。此规定已被2005年3月25日公布的《普通高等学校学生管理规定》(教育部令第21号)废止。

正面引导为主,警惕并抵制国外敌对势力的思想政治渗透和国内资产阶级自由化思潮的侵袭,做好教育和管理工作。

第四条　本规定所称学生管理,是指对学生入学到毕业在校阶段的管理,是对高等学校学生学习、生活、行为的规范。

第二章　学籍管理

第一节　入学与注册

第五条　普通高等学校按照招生规定录取的新生,持录取通知书和学校规定的有关证件,按期到校办理入学手续。因故不能按期入学者,应写信并附原单位或所在街道、乡镇证明,向学校请假。假期一般不得超过两周。未经请假或请假逾期报到的,以旷课论,超过两周不报到者,取消入学资格。

第六条　新生入学后,学校应在三个月内按照招生规定进行复查。经过注册后复查合格,即取得学籍。复查不符合招生条件者,由学校区别情况予以处理,直到取消入学资格。凡属徇私舞弊者,一经查实,取消学籍,予以退回。情节恶劣的,须请有关部门查究。

第七条　新生进行体检复查患有疾病者,经医疗单位证明,短期治疗可达到健康标准的,本人申请,由学校批准,可准许保留入学资格一年,并应回家医疗。保留入学资格的学生,必须在下学年开学前向学校申请入学,经县级以上医院证明,学校复查合格,方可重新办理入学手续。复查不合格或逾期不办理入学手续者,取消入学资格。

第八条　每学期开学时,学生必须按时到校办理入学手续。因故不能如期注册者,必须履行请假手续,否则以旷课论。未经请假逾期两周不注册的,按自动退学处理。

第二节　成绩考核与记载办法

第九条　学生必须参加教学计划规定的课程考核，考核成绩载入成绩记分册，并归入本人档案。

第十条　考核分为考试和考查两种。成绩的评定，采用百分制或五级制（优秀、良好、中等、及格、不及格）记分实行学分制的学校，学生按照教学计划规定学完某门课程，成绩及格，即获得该门课程的学分。

第十一条　公共体育课为必修课，不及格者应重修。体育课的成绩要以考勤与课内教学和课外锻炼活动进行综合评定。

第十二条　凡擅自缺考或考试作弊者，该课程成绩以零分计，不准正常补考，如确实有悔改表现的，经教务部门批准，在毕业前可给一次补考机会。考试作弊的，应予以纪律处分。

第十三条　学生要按时参加教学计划规定和学校统一安排、组织的一切活动。学生上课、实习、军训等都应实行考勤。不能参加者应事先经过批准。对旷课的学生，根据旷课时数及情节，给予批评教育，直至纪律处分。无故旷课累计超过某门课程教学时数三分之一者，不得参加该课程的考核，并视其具体情况决定是否给以补考机会。

第十四条　对学生思想品德的考核、鉴定，要以《高等学校学生行为准则》为主要依据，采取个人小结，师生民主评议的形式，写出有关实际表现的评语。对犯有政治思想、道德品质和其他错误的学生，按照有关规定处理。

第三节　升级与留、降级

第十五条　学生学完本学年教学计划规定的课程，经考核成绩及格，准予升级。

第十六条　学业成绩特别优秀的学生，如本人申请跳级，进行考核后，经学校批准，允许跳级。

第十七条　学生考核不及格的课程，按学校的规定补考。一学期或连续两学期累计有三门课程或两门主要课程不及格者，应予留、降级。一年级学生第一学期不及格课程达到留、降级规定时，可跟班试读，准予第一学年结束时再补考一次。补考后视全年成绩决定升级或留级。

公共体育课不及格，不计入留、降级课程门数。

第十八条　实行学分制的学校，学生所修课程未达到规定学分数的，可编入下一年级。

第十九条　本科学生在校学习期间留、降级不得连续两次，累计不得超过两次；专科学生在校学习期间只能留、降级一次。

第四节　转系（专业）与转学

第二十条　学生有下列情况之一者，可允许转系（专业）、转学：（一）学生确有专长，转系（专业）、转学更能发挥其专长者；（二）学生入学后发现某种疾病或生理缺陷，经学校指定的医疗单位检查证明，不能在原系（专业）学习，但尚能在本校或其他高等学校别的系（专业）学习者；（三）经学校认可，学生确有某种特殊困难，不转系（专业）或不转学则无法继续学习者。根据毕业生分配制度的改革和社会对人才需求情况的发展变化，必要时学校可以适当调整部分学生的专业、系。

第二十一条　学生转系（专业），转学均由本人向所在系申请。转系（专业）转学的手续，按下列办法办理：（一）学生在本校范围内转系（专业），由系主任提出，所在系（专业）推荐，拟转入系（专业）审核同意，由学校教务部门审批。（二）转入其他学校者，经两校同意,还须由学校所在省(自治区、直辖市)主管高教部门批准(跨省市者须两地主管高校部门批准)。并由转入省(自治区、直辖市)抄送转入校所在地区公安、粮油部门。学生转系(专业)、转学的手续,应在每学年开学前办理。

第二十二条 有下列情况之一者,不予考虑转系(专业)、转学:(一)新生入学未满一学期者;(二)由一般院校转入重点院校者;(三)由专科转入本科者;(四)本科三年级(含三年级)以上或专科二年级(含二年级)以上者;(五)师范院校(学校认为不宜学师范者除外)转入其他院校者;(六)自费转入公费者;(七)无正当理由者。

第五节 休学、停学与复学

第二十三条 学生有下列情况之一者,应予休学:(一)因病经指定医院诊断,须停课治疗、休养占一学期总学时三分之一以上者;(二)根据考勤,一学期请假、缺课超过该学期总学时三分之一者;(三)因某种特殊原因,本人申请或学校认为必须休学者。

第二十四条 学生休学一般以一年为期(因病经学校批准,可连续休学两年),累计不得超过两年。

第二十五条 休学学生的有关问题,按照下列规定办理:(一)休学学生,原来享受专业奖学金、定向奖学金的按最低等级发放;特殊专业的伙食补助停发。实行贷学金的院校,休学学生不享受贷学金;(二)因病休学的学生,应回家疗养。病休期间享受公费医疗一年,连续病休第二年停止公费医疗,医疗费用自理。享受公费医疗期间,应在当地公立医院就诊,凭医院正式单据向学校报销;(三)学生休学回家,往返路费自理;(四)休学学生的户口不迁出学校。

第二十六条 学生因特殊困难等原因须中途停学,但又不符合休学条件,经本人申请,学校批准,可保留学籍一年。保留学籍期满不办理复学手续者,取消学籍。保留学籍的学生不享受在校生和休学生待遇。

第二十七条　学生复学按下列规定办理:(一)因伤病休学的学生,申请复学时必须由县级以上医院诊断,证明恢复健康,并经学校复查合格,方可复学;(二)学生休学期满,应于学期开学前持有关证件,向学校申请复学;(三)休学期间,如有严重违法乱纪行为者,应取消复学资格。

第二十八条　学生在保留入学资格、保留学籍、休学期间,不得报考其他学校。

第六节　退　　学

第二十九条　学生有下列情形之一者,应予退学:(一)一学期或连同以前各学期考试成绩不合格课程有三门主要课程或四门(含四门)以上课程不及格者;(二)实行学分制的学校,不及格课程学分达到退学规定学分数者;(三)连续留、降级或留、降级累计超过两次者;(四)不论何种原因,在校学习时间超过其学制两年者;(五)休学期满不办理复学手续者;(六)复学经复查不合格不准复学者;(七)经学校动员,因病该休学而不休学,且在一学年内缺课超过该学年总学时三分之一者;(八)经过指定医院就诊,患有精神病、癫痫病等疾病者;(九)意外伤残不能再坚持学习者;(十)本人申请退学,经说服教育无效者。按本条规定处理的学生,对学生不是一种处分。

第三十条　在校期间擅自结婚而未办理退学手续的学生,作退学处理。

第三十一条　退学学生,由学校审批。

第三十二条　学生退学的善后问题,按下列规定办理:(一)退学和因各种原因处理离校的学生,回家长或抚养人所在地落户。入学前是在职职工的,参加工作后的工龄与入学前的工龄合并计算;(二)经诊断为精神病等不符合体检标准之疾病(包括意外致残)者,由家长或抚养人负责领回;(三)退学的学生发给退学证明,并根据学习年限发给肄业证书和退学证明。

第三十三条 取消学籍或退学的学生,均不得申请复学。

第七节 毕 业

第三十四条 学生毕业时作全面鉴定,其内容包括德、智、体三方面。包括政治态度、思想意识、道德品质以及学习、劳动和健康状况等方面。

第三十五条 具有学籍的学生,德、体合格,学完或提前学完教学计划规定的全部课程,考试及格或修满规定的学分,准予毕业,发给毕业证书。本科生按照《中华人民共和国学位条例》规定的条件授予学士学位。

第三十六条 公共体育课不及格者,不准毕业,作结业处理,发给结业证书。

第三十七条 毕业时不及格的课程未达到留级规定或未修满学分者,作结业处理,发给结业证书。结业后按学校的规定补考,及格后换发毕业证书。

第三十八条 无学籍学生不得发给任何形式的毕业证书。

第三章 课外活动

第一节 学生社团

第三十九条 学生社团是本校学生自愿组织的群众性团体。

在校学生可以申请加入。学生成立社团,必须提出社团宗旨、章程、活动内容、形式和负责人的书面申请,报学校批准。

第四十条　学校鼓励和提倡学生社团开展科技、文化、艺术、体育等活动。

第四十一条　学生社团必须服从学校的领导和管理。学生社团在宪法、法律和校纪校规范围内活动,不得从事与本社团宗旨无关的活动。

第四十二条　学生社团邀请校外人员到学校进行社会政治和学术活动,均须经学校同意。

第四十三条　学生社团和个人创办面向校内的刊物,须经学校批准,并接受学校管理。学生建立跨学校、跨地区的团体和举办面向校外的刊物,须经政府主管部门批准。学校禁止非法组织活动和出版非法刊物。

第二节　文娱体育

第四十四条　学校提倡和支持学生开展有益于身心健康的文娱体育活动。学生文娱体育活动不得影响正常的教学秩序和生活秩序。邀请校外文艺团体到校演出,须经学校批准。

第四十五条　学校引导学生养成高尚、健康的审美情趣,树立正确的审美观念,提高识别美丑的能力。严禁传播、复制、观看、贩卖反动、淫秽书刊和声像制品。

第四十六条　学校规定学生参加适当的体育锻炼,鼓励学生参加体育竞赛活动。

第三节　勤工俭学

第四十七条　学校提倡和支持学生开展勤工俭学活动,依法保护学生以诚实劳动和服务获得的收入。学生勤工俭学活动的主要内容是,与专业学习相结合的科学技术和文化服务;有利于培养劳动观念和自立精神的劳动服务。依照学校和工商行政管理规定,学生可以参加学校组织的各种勤工俭学活动。

第四十八条 学生应树立劳动观念,虚心向工、农、兵学习。学校提倡学生积极参加公益劳动、生产劳动和假期社会实践活动。

第四十九条 除商业和旅游类校(院)系科(专业)可举办实习商店外,学生个人不得从事经商活动。

第四节 社会活动

第五十条 鼓励学生对学校工作提出批评和建议,支持学生参加学校民主管理。学生对国家政务和社会事务的意见和建议,学校应负责向上级组织和有关部门反映。

第五十一条 学生对有关切身利益的问题,应通过正常渠道积极向学校和当地政府反映。

第五十二条 学生举行游行、示威活动,按法律程序的规定进行。学校有权依法劝阻或制止未经批准的游行、示威等活动。

第五十三条 校园内禁止张贴大、小字报。

第五十四条 任何组织和个人均不得在学校进行宗教活动。

第四章 校园秩序

第五十五条 学生必须遵守校园管理制度,爱护校园公共设施,维护校园正常秩序;讲究文明礼貌,公共卫生;团结同学,关心集体,热爱劳动;创造整洁、优美、安静、安全的学习和生活环境。

第五十六条 出入校门遵守学校门卫制度,主动接受门卫管理。

第五十七条　禁止酗酒、赌博、打架斗殴、聚众喧哗，树立良好的社会道德风尚。

第五十八条　图书馆、阅览室、教室、试验室、宿舍等是学生学习、生活的场所，其设备是国家财产，学生有责任爱惜和保护，损坏应予赔偿。

第五十九条　学校要健全学生宿舍管理制度，指定职能部门负责管理。学生须遵守宿舍管理制度。未经学校同意，学生宿舍不得留宿外人，注意人身、财产安全。

第六十条　尊敬师长，尊重教职工人员的劳动，服从管理。

第五章　奖励与处分

第六十一条　对德智体诸方面发展或思想品德、学业成绩、锻炼身体、课外活动等某一方面表现突出的学生，可分别授予“三好学生”称号和其他单项荣誉称号。实行精神鼓励和物质奖励相结合，以精神鼓励为主的办法。表扬和奖励的方式有：口头表扬，通报表扬，发给奖状、证书、奖章、奖品和奖学金等。

第六十二条　对犯有错误的学生，学校可视其情节轻重给以批评教育或纪律处分。处分分下列六种：(1)警告；(2)严重警告；(3)记过；(4)留校察看；(5)勒令退学；(6)开除学籍。留校察看以一年为期。受留校察看处分的学生，一年内有显著进步表现的，可解除留校察看；经教育不改的可勒令退学或开除学籍。

第六十三条　有下列情形之一的学生，可酌情给予勒令退学或开除学籍的处分：(一)有反对四项基本原则的反动言论和行为者；组织和煽动闹事、扰乱社会秩序、破坏安定团结、侮辱和诽谤他人而坚持不改者；(二)触犯国家刑律，构成刑事犯罪者；(三)破坏公共财产，偷窃国家、集体、私人财物造成严重损失和危害者；(四)有偷窃行为而又屡教不改者;酗酒、赌博、打架斗殴,情节严重者。

第六十四条 对犯错误的学生,要热情帮助,严格要求。处理时要持慎重态度,坚持调查研究,实事求是,善于将思想认识问题同政治立场问题相区别,处分要适当。处理结论要同本人见面,允许本人申辩、申诉和保留不同意见。对本人的申诉,学校有责任进行复查。

第六十五条 对学生作出勒令退学、开除学籍的处分,由学校审批,报省、自治区、直辖市主管高教部门备案。其中因政治问题而作出勒令退学、开除学籍处分的,须报经省、自治区、直辖市党委有关部门同意,由省、自治区、直辖市主管高教部门审批。勒令退学、开除学籍的学生,其善后问题按照退学学生的有关规定处理。

第六十六条 对学生的鉴定、奖励、处分材料,均归入本人档案,不得撤销。

第六十七条 勒令退学的学生只发给学历证明;开除学籍的不发给学历证明。

第六章 附 则

第六十八条 各省、自治区、直辖市教育行政部门和各高等学校可根据本规定制定实施细则。

第六十九条 本规定由国家教育委员会解释。

第七十条 本规定自1990年1月20日起施行。

普通高等学校学生管理规定(2005)[①]

(教育部令第21号)

第一章　总　　则

第一条　为维护普通高等学校正常的教育教学秩序和生活秩序,保障学生身心健康,促进学生德、智、体、美全面发展,依据教育法、高等教育法以及其他有关法律、法规,制定本规定。

第二条　本规定适用于普通高等学校、承担研究生教育任务的科学研究机构(以下称高等学校或学校)对接受普通高等学历教育的研究生和本科、专科(高职)学生的管理。

第三条　高等学校要以培养人才为中心,按照国家教育方针,遵循教育规律,不断提高教育质量;要依法治校,从严管理,健全和完善管理制度,规范管理行为;要将管理与加强教育相结合,不断提高管理水平,努力培养社会主义合格建设者和可靠接班人。

第四条　高等学校学生应当努力学习马克思列宁主义、毛泽东思想、邓小平理论和"三个代表"重要思想,确立在中国共产党领导下走中国特色社会主义道路、实现中华民族伟大复兴的共同理想和坚定信念;应当树立爱国主义思想,具有团结统一、爱好和平、勤劳勇敢、自强不息的精神;应当遵守宪法、法律、法规,遵守公民道德规范,遵守《高等学校学生行为准则》,遵守学校管理制度,具有良好的道德

① 经2005年2月4日部长办公会议讨论通过,于2005年3月25日发布,自2005年9月1日起施行。此规定已被2017年2月4日公布的《普通高等学校学生管理规定》(教育部令第41号)废止。

品质和行为习惯;应当刻苦学习,勇于探索,积极实践,努力掌握现代科学文化知识和专业技能;应当积极锻炼身体,具有健康体魄。

第二章　学生的权利与义务

第五条　学生在校期间依法享有下列权利:

(一)参加学校教育教学计划安排的各项活动,使用学校提供的教育教学资源;

(二)参加社会服务、勤工助学,在校内组织、参加学生团体及文娱体育等活动;

(三)申请奖学金、助学金及助学贷款;

(四)在思想品德、学业成绩等方面获得公正评价,完成学校规定学业后获得相应的学历证书、学位证书;

(五)对学校给予的处分或者处理有异议,向学校、教育行政部门提出申诉;对学校、教职员工侵犯其人身权、财产权等合法权益,提出申诉或者依法提起诉讼;

(六)法律、法规规定的其他权利。

第六条　学生在校期间依法履行下列义务:

(一)遵守宪法、法律、法规;

(二)遵守学校管理制度;

(三)努力学习,完成规定学业;

(四)按规定缴纳学费及有关费用,履行获得贷学金及助学金的相应义务;

(五)遵守学生行为规范,尊敬师长,养成良好的思想品德和行为习惯;

(六)法律、法规规定的其他义务。

第三章　学籍管理

第一节　入学与注册

第七条　按国家招生规定录取的新生,持录取通知书,按学校有关要求和规定的期限到校办理入学手续。因故不能按期入学者,应当向学校请假。未请假或者请假逾期者,除因不可抗力等正当事由以外,视为放弃入学资格。

第八条　新生入学后,学校在三个月内按照国家招生规定对其进行复查。复查合格者予以注册,取得学籍。复查不合格者,由学校区别情况,予以处理,直至取消入学资格。凡属弄虚作假、徇私舞弊取得学籍者,一经查实,学校应当取消其学籍。情节恶劣的,应当请有关部门查究。

第九条　对患有疾病的新生,经学校指定的二级甲等以上医院(下同)诊断不宜在校学习的,可以保留入学资格一年。保留入学资格者不具有学籍。在保留入学资格期内经治疗康复,可以向学校申请入学,由学校指定医院诊断,符合体检要求,经学校复查合格后,重新办理入学手续。复查不合格或者逾期不办理入学手续者,取消入学资格。

第十条　每学期开学时,学生应当按学校规定办理注册手续。不能如期注册者,应当履行暂缓注册手续。未按学校规定缴纳学费或者其他不符合注册条件的不予注册。家庭经济困难的学生可以申请贷款或者其他形式资助,办理有关手续后注册。

第二节　考核与成绩记载

第十一条　学生应当参加学校教育教学计划规定的课程和各

种教育教学环节(以下统称课程)的考核,考核成绩记入成绩册,并归入本人档案。

第十二条 考核分为考试和考查两种。考核和成绩评定方式,以及考核不合格的课程是否重修或者补考,由学校规定。

第十三条 学生思想品德的考核、鉴定,要以《高等学校学生行为准则》为主要依据,采取个人小结,师生民主评议等形式进行。

学生体育课的成绩应当根据考勤、课内教学和课外锻炼活动的情况综合评定。

第十四条 学生学期或者学年所修课程或者应修学分数以及升级、跳级、留级、降级、重修等要求,由学校规定。

第十五条 学生可以根据学校有关规定,申请辅修其他专业或者选修其他专业课程。

学生可以根据校际间协议跨校修读课程。在他校修读的课程成绩(学分)由本校审核后予以承认。

第十六条 学生严重违反考核纪律或者作弊的,该课程考核成绩记为无效,并由学校视其违纪或者作弊情节,给予批评教育和相应的纪律处分。给予警告、严重警告、记过及留校察看处分的,经教育表现较好,在毕业前对该课程可以给予补考或者重修机会。

第十七条 学生不能按时参加教育教学计划规定的活动,应当事先请假并获得批准。未经批准而缺席者,根据学校有关规定给予批评教育,情节严重的给予纪律处分。

第三节 转专业与转学

第十八条 学生可以按学校的规定申请转专业。学生转专业由所在学校批准。

学校根据社会对人才需求情况的发展变化,经学生同意,必要时可以适当调整学生所学专业。

第十九条 学生一般应当在被录取学校完成学业。如患病或者确有特殊困难,无法继续在本校学习的,可以申请转学。

第二十条 学生有下列情形之一,不得转学:

(一)入学未满一学期的;

(二)由招生时所在地的下一批次录取学校转入上一批次学校、由低学历层次转为高学历层次的;

(三)招生时确定为定向、委托培养的;

(四)应予退学的;

(五)其他无正当理由的。

第二十一条 学生转学,经两校同意,由转出学校报所在地省级教育行政部门确认转学理由正当,可以办理转学手续;跨省转学者由转出地省级教育行政部门商转入地省级教育行政部门,按转学条件确认后办理转学手续。须转户口的由转入地省级教育行政部门将有关文件抄送转入校所在地公安部门。

第四节 休学与复学

第二十二条 学生可以分阶段完成学业。学生在校最长年限(含休学)由学校规定。

第二十三条 学生申请休学或者学校认为应当休学者,由学校批准,可以休学。休学次数和期限由学校规定。

第二十四条 学生应征参加中国人民解放军(含中国人民武装警察部队),学校应当保留其学籍至退役后一年。

第二十五条 休学学生应当办理休学手续离校,学校保留其学籍。学生休学期间,不享受在校学习学生待遇。休学学生患病,其医疗费按学校规定处理。

第二十六条 学生休学期满,应当于学期开学前向学校提出复学申请,经学校复查合格,方可复学。

第五节 退 学

第二十七条 学生有下列情形之一,应予退学:

(一)学业成绩未达到学校要求或者在学校规定年限内(含休学)未完成学业的;

(二)休学期满,在学校规定期限内未提出复学申请或者申请复学经复查不合格的;

(三)经学校指定医院诊断,患有疾病或者意外伤残无法继续在校学习的;

(四)未请假离校连续两周未参加学校规定的教学活动的;

(五)超过学校规定期限未注册而又无正当事由的;

(六)本人申请退学的。

第二十八条 对学生的退学处理,由校长会议研究决定。

对退学的学生,由学校出具退学决定书并送交本人,同时报学校所在地省级教育行政部门备案。

第二十九条 退学的本专科学生,按学校规定期限办理退学手续离校,档案、户口退回其家庭户籍所在地。

退学的研究生,按已有毕业学历和就业政策可以就业的,由学校报所在地省级毕业生就业部门办理相关手续;在学校规定期限内没有聘用单位的,档案、户口退回其家庭户籍所在地。

第三十条 学生对退学处理有异议的,参照本规定第六十一条、第六十二条、第六十三条、第六十四条办理。

第六节 毕业、结业与肄业

第三十一条 学生在学校规定年限内,修完教育教学计划规定内容,德、智、体达到毕业要求,准予毕业,由学校发给毕业证书。

第三十二条 学生在学校规定年限内,修完教育教学计划规定内容,未达到毕业要求,准予结业,由学校发给结业证书。结业后是否可以补考、重修或者补作毕业设计、论文、答辩,以及是否颁发毕业证书,由学校规定。对合格后颁发的毕业证书,毕业时间按发证日期填写。

第三十三条 符合学位授予条件者,学位授予单位应当颁发学位证书。

第三十四条 学满一学年以上退学的学生,学校应当颁发肄业证书。

第三十五条 学校应当严格按照招生时确定的办学类型和学习形式,填写、颁发学历证书、学位证书。

第三十六条 学校应当执行高等教育学历证书电子注册管理制度,每年将颁发的毕(结)业证书信息报所在地省级教育行政部门注册,并由省级教育行政部门报国务院教育行政部门备案。

第三十七条 对完成本专业学业同时辅修其他专业并达到该专业辅修要求者,由学校发给辅修专业证书。

第三十八条 对违反国家招生规定入学者,学校不得发给学历证书、学位证书;已发的学历证书、学位证书,学校应当予以追回并报教育行政部门宣布证书无效。

第三十九条 毕业、结业、肄业证书和学位证书遗失或者损坏,经本人申请,学校核实后应当出具相应的证明书。证明书与原证书具有同等效力。

第四章　校园秩序与课外活动

第四十条　学校应当维护校园正常秩序,保障学生的正常学习和生活。

第四十一条　学校应当建立和完善学生参与民主管理的组织形式,支持和保障学生依法参与学校民主管理。

第四十二条　学生应当自觉遵守公民道德规范,自觉遵守学校管理制度,创造和维护文明、整洁、优美、安全的学习和生活环境。

学生不得有酗酒、打架斗殴、赌博、吸毒,传播、复制、贩卖非法书刊和音像制品等违反治安管理规定的行为;不得参与非法传销和进行邪教、封建迷信活动;不得从事或者参与有损大学生形象、有损社会公德的活动。

第四十三条　任何组织和个人不得在学校进行宗教活动。

第四十四条　学生可以在校内组织、参加学生团体。学生成立团体,应当按学校有关规定提出书面申请,报学校批准。

学生团体应当在宪法、法律、法规和学校管理制度范围内活动,接受学校的领导和管理。

第四十五条　学校提倡并支持学生及学生团体开展有益于身心健康的学术、科技、艺术、文娱、体育等活动。

学生进行课外活动不得影响学校正常的教育教学秩序和生活秩序。

第四十六条　学校应当鼓励、支持和指导学生参加社会实践、社会服务和开展勤工助学活动,并根据实际情况给予必要帮助。

学生参加勤工助学活动应当遵守法律、法规以及学校、用工单位的管理制度,履行勤工助学活动的有关协议。

第四十七条　学生举行大型集会、游行、示威等活动,应当按法律程序和有关规定获得批准。对未获批准的,学校应当依法劝阻或者制止。

第四十八条　学生使用计算机网络,应当遵循国家和学校关于网络使用的有关规定,不得登录非法网站、传播有害信息。

第四十九条　学校应当建立健全学生住宿管理制度。学生应当遵守学校关于学生住宿管理的规定。

第五章　奖励与处分

第五十条　学校、省(自治区、直辖市)和国家有关部门应当对在德、智、体、美等方面全面发展或者在思想品德、学业成绩、科技创造、锻炼身体及社会服务等方面表现突出的学生,给予表彰和奖励。

第五十一条　对学生的表彰和奖励可以采取授予"三好学生"称号或者其他荣誉称号、颁发奖学金等多种形式,给予相应的精神鼓励或者物质奖励。

第五十二条　对有违法、违规、违纪行为的学生,学校应当给予批评教育或者纪律处分。

学校给予学生的纪律处分,应当与学生违法、违规、违纪行为的性质和过错的严重程度相适应。

第五十三条　纪律处分的种类分为:

(一)警告;

(二)严重警告;

(三)记过;

(四)留校察看;

(五)开除学籍。

第五十四条　学生有下列情形之一,学校可以给予开除学籍处分:

(一)违反宪法,反对四项基本原则、破坏安定团结、扰乱社会秩序的;

(二)触犯国家法律,构成刑事犯罪的;

(三)违反治安管理规定受到处罚,性质恶劣的;

(四)由他人代替考试、替他人参加考试、组织作弊、使用通讯设备作弊及其他作弊行为严重的;

(五)剽窃、抄袭他人研究成果,情节严重的;

(六)违反学校规定,严重影响学校教育教学秩序、生活秩序以及公共场所管理秩序,侵害其他个人、组织合法权益,造成严重后果的;

(七)屡次违反学校规定受到纪律处分,经教育不改的。

第五十五条 学校对学生的处分,应当做到程序正当、证据充分、依据明确、定性准确、处分适当。

第五十六条 学校在对学生作出处分决定之前,应当听取学生或者其代理人的陈述和申辩。

第五十七条 学校对学生作出开除学籍处分决定,应当由校长会议研究决定。

第五十八条 学校对学生作出处分,应当出具处分决定书,送交本人。开除学籍的处分决定书报学校所在地省级教育行政部门备案。

第五十九条 学校对学生作出的处分决定书应当包括处分和处分事实、理由及依据,并告知学生可以提出申诉及申诉的期限。

第六十条 学校应当成立学生申诉处理委员会,受理学生对取消入学资格、退学处理或者违规、违纪处分的申诉。

学生申诉处理委员会应当由学校负责人、职能部门负责人、教师代表、学生代表组成。

第六十一条　学生对处分决定有异议的，在接到学校处分决定书之日起5个工作日内，可以向学校学生申诉处理委员会提出书面申诉。

第六十二条　学生申诉处理委员会对学生提出的申诉进行复查，并在接到书面申诉之日起15个工作日内，作出复查结论并告知申诉人。需要改变原处分决定的，由学生申诉处理委员会提交学校重新研究决定。

第六十三条　学生对复查决定有异议的，在接到学校复查决定书之日起15个工作日内，可以向学校所在地省级教育行政部门提出书面申诉。

省级教育行政部门在接到学生书面申诉之日起30个工作日内，应当对申诉人的问题给予处理并答复。

第六十四条　从处分决定或者复查决定送交之日起，学生在申诉期内未提出申诉的，学校或者省级教育行政部门不再受理其提出的申诉。

第六十五条　被开除学籍的学生，由学校发给学习证明。学生按学校规定期限离校，档案、户口退回其家庭户籍所在地。

第六十六条　对学生的奖励、处分材料，学校应当真实完整地归入学校文书档案和本人档案。

第六章　附　　则

第六十七条　对接受成人高等学历教育的学生、港澳台侨学生、留学生的管理参照本规定实施。

第六十八条　高等学校应当根据本规定制定或修改学校的学生管理规定，报主管教育行政部门备案（中央部委属校同时抄报所在地省级教育行政部门），并及时向学生公布。

省级教育行政部门根据本规定,指导、检查和督促本地区高等学校实施学生管理。

第六十九条 本规定自2005年9月1日起施行。原国家教育委员会发布的《普通高等学校学生管理规定》(国家教育委员会令第7号)、《研究生学籍管理规定》(教学〔1995〕4号)同时废止。其他有关文件规定与本规定不一致的,以本规定为准。

普通高等学校学生管理规定(2017)[①]

(教育部令第41号)

第一章 总 则

第一条 为规范普通高等学校学生管理行为,维护普通高等学校正常的教育教学秩序和生活秩序,保障学生合法权益,培养德、智、体、美等方面全面发展的社会主义建设者和接班人,依据教育法、高等教育法以及有关法律、法规,制定本规定。

第二条 本规定适用于普通高等学校、承担研究生教育任务的科学研究机构(以下称学校)对接受普通高等学历教育的研究生和本科、专科(高职)学生(以下称学生)的管理。

第三条 学校要坚持社会主义办学方向,坚持马克思主义的指导地位,全面贯彻国家教育方针;要坚持以立德树人为根本,以理想信念教育为核心,培育和践行社会主义核心价值观,弘扬中华优秀传统文

① 2016年12月16日经教育部2016年第49次部长办公会议修订通过,自2017年9月1日起施行。

化和革命文化、社会主义先进文化，培养学生的社会责任感、创新精神和实践能力；要坚持依法治校，科学管理，健全和完善管理制度，规范管理行为，将管理与育人相结合，不断提高管理和服务水平。

第四条　学生应当拥护中国共产党领导，努力学习马克思列宁主义、毛泽东思想、中国特色社会主义理论体系，深入学习习近平总书记系列重要讲话精神和治国理政新理念新思想新战略，坚定中国特色社会主义道路自信、理论自信、制度自信、文化自信，树立中国特色社会主义共同理想；应当树立爱国主义思想，具有团结统一、爱好和平、勤劳勇敢、自强不息的精神；应当增强法治观念，遵守宪法、法律、法规，遵守公民道德规范，遵守学校管理制度，具有良好的道德品质和行为习惯；应当刻苦学习，勇于探索，积极实践，努力掌握现代科学文化知识和专业技能；应当积极锻炼身体，增进身心健康，提高个人修养，培养审美情趣。

第五条　实施学生管理，应当尊重和保护学生的合法权利，教育和引导学生承担应尽的义务与责任，鼓励和支持学生实行自我管理、自我服务、自我教育、自我监督。

第二章　学生的权利与义务

第六条　学生在校期间依法享有下列权利：

（一）参加学校教育教学计划安排的各项活动，使用学校提供的教育教学资源；

（二）参加社会实践、志愿服务、勤工助学、文娱体育及科技文化创新等活动，获得就业创业指导和服务；

（三）申请奖学金、助学金及助学贷款；

（四）在思想品德、学业成绩等方面获得科学、公正评价，完成学校规定学业后获得相应的学历证书、学位证书；

（五）在校内组织、参加学生团体，以适当方式参与学校管理，对学校与学生权益相关事务享有知情权、参与权、表达权和监督权；

（六）对学校给予的处理或者处分有异议，向学校、教育行政部门提出申诉，对学校、教职员工侵犯其人身权、财产权等合法权益的行为，提出申诉或者依法提起诉讼；

（七）法律、法规及学校章程规定的其他权利。

第七条 学生在校期间依法履行下列义务：

（一）遵守宪法和法律、法规；

（二）遵守学校章程和规章制度；

（三）恪守学术道德，完成规定学业；

（四）按规定缴纳学费及有关费用，履行获得贷学金及助学金的相应义务；

（五）遵守学生行为规范，尊敬师长，养成良好的思想品德和行为习惯；

（六）法律、法规及学校章程规定的其他义务。

第三章 学籍管理

第一节 入学与注册

第八条 按国家招生规定录取的新生，持录取通知书，按学校有关要求和规定的期限到校办理入学手续。因故不能按期入学的，应当向学校请假。未请假或者请假逾期的，除因不可抗力等正当事由以外，视为放弃入学资格。

第九条 学校应当在报到时对新生入学资格进行初步审查，审查合格的办理入学手续，予以注册学籍；审查发现新生的录取通知、考生信息等证明材料，与本人实际情况不符，或者有其他违反国家招生考试规定情形的，取消入学资格。

第十条　新生可以申请保留入学资格。保留入学资格期间不具有学籍。保留入学资格的条件、期限等由学校规定。

新生保留入学资格期满前应向学校申请入学，经学校审查合格后，办理入学手续。审查不合格的，取消入学资格；逾期不办理入学手续且未有因不可抗力延迟等正当理由的，视为放弃入学资格。

第十一条　学生入学后，学校应当在3个月内按照国家招生规定进行复查。复查内容主要包括以下方面：

（一）录取手续及程序等是否合乎国家招生规定；

（二）所获得的录取资格是否真实、合乎相关规定；

（三）本人及身份证明与录取通知、考生档案等是否一致；

（四）身心健康状况是否符合报考专业或者专业类别体检要求，能否保证在校正常学习、生活；

（五）艺术、体育等特殊类型录取学生的专业水平是否符合录取要求。

复查中发现学生存在弄虚作假、徇私舞弊等情形的，确定为复查不合格，应当取消学籍；情节严重的，学校应当移交有关部门调查处理。

复查中发现学生身心状况不适宜在校学习，经学校指定的二级甲等以上医院诊断，需要在家休养的，可以按照第十条的规定保留入学资格。

复查的程序和办法，由学校规定。

第十二条　每学期开学时，学生应当按学校规定办理注册手续。不能如期注册的，应当履行暂缓注册手续。未按学校规定缴纳学费或者有其他不符合注册条件的，不予注册。

家庭经济困难的学生可以申请助学贷款或者其他形式资助，办理有关手续后注册。

学校应当按照国家有关规定为家庭经济困难学生提供教育救助,完善学生资助体系,保证学生不因家庭经济困难而放弃学业。

第二节　考核与成绩记载

第十三条　学生应当参加学校教育教学计划规定的课程和各种教育教学环节(以下统称课程)的考核,考核成绩记入成绩册,并归入学籍档案。

考核分为考试和考查两种。考核和成绩评定方式,以及考核不合格的课程是否重修或者补考,由学校规定。

第十四条　学生思想品德的考核、鉴定,以本规定第四条为主要依据,采取个人小结、师生民主评议等形式进行。

学生体育成绩评定要突出过程管理,可以根据考勤、课内教学、课外锻炼活动和体质健康等情况综合评定。

第十五条　学生每学期或者每学年所修课程或者应修学分数以及升级、跳级、留级、降级等要求,由学校规定。

第十六条　学生根据学校有关规定,可以申请辅修校内其他专业或者选修其他专业课程;可以申请跨校辅修专业或者修读课程,参加学校认可的开放式网络课程学习。学生修读的课程成绩(学分),学校审核同意后,予以承认。

第十七条　学生参加创新创业、社会实践等活动以及发表论文、获得专利授权等与专业学习、学业要求相关的经历、成果,可以折算为学分,计入学业成绩。具体办法由学校规定。

学校应当鼓励、支持和指导学生参加社会实践、创新创业活动,可以建立创新创业档案、设置创新创业学分。

第十八条　学校应当健全学生学业成绩和学籍档案管理制度,

真实、完整地记载、出具学生学业成绩，对通过补考、重修获得的成绩，应当予以标注。

学生严重违反考核纪律或者作弊的，该课程考核成绩记为无效，并应视其违纪或者作弊情节，给予相应的纪律处分。给予警告、严重警告、记过及留校察看处分的，经教育表现较好，可以对该课程给予补考或者重修机会。

学生因退学等情况中止学业，其在校学习期间所修课程及已获得学分，应当予以记录。学生重新参加入学考试、符合录取条件，再次入学的，其已获得学分，经录取学校认定，可以予以承认。具体办法由学校规定。

第十九条　学生应当按时参加教育教学计划规定的活动。不能按时参加的，应当事先请假并获得批准。无故缺席的，根据学校有关规定给予批评教育，情节严重的，给予相应的纪律处分。

第二十条　学校应当开展学生诚信教育，以适当方式记录学生学业、学术、品行等方面的诚信信息，建立对失信行为的约束和惩戒机制；对有严重失信行为的，可以规定给予相应的纪律处分，对违背学术诚信的，可以对其获得学位及学术称号、荣誉等作出限制。

第三节　转专业与转学

第二十一条　学生在学习期间对其他专业有兴趣和专长的，可以申请转专业；以特殊招生形式录取的学生，国家有相关规定或者录取前与学校有明确约定的，不得转专业。

学校应当制定学生转专业的具体办法，建立公平、公正的标准和程序，健全公示制度。学校根据社会对人才需求情况的发展变化，需要适当调整专业的，应当允许在读学生转到其他相关专业就读。

休学创业或退役后复学的学生,因自身情况需要转专业的,学校应当优先考虑。

第二十二条 学生一般应当在被录取学校完成学业。因患病或者有特殊困难、特别需要,无法继续在本校学习或者不适应本校学习要求的,可以申请转学。有下列情形之一,不得转学:

(一)入学未满一学期或者毕业前一年的;

(二)高考成绩低于拟转入学校相关专业同一生源地相应年份录取成绩的;

(三)由低学历层次转为高学历层次的;

(四)以定向就业招生录取的;

(五)研究生拟转入学校、专业的录取控制标准高于其所在学校、专业的;

(六)无正当转学理由的。

学生因学校培养条件改变等非本人原因需要转学的,学校应当出具证明,由所在地省级教育行政部门协调转学到同层次学校。

第二十三条 学生转学由学生本人提出申请,说明理由,经所在学校和拟转入学校同意,由转入学校负责审核转学条件及相关证明,认为符合本校培养要求且学校有培养能力的,经学校校长办公会或者专题会议研究决定,可以转入。研究生转学还应当经拟转入专业导师同意。

跨省转学的,由转出地省级教育行政部门商转入地省级教育行政部门,按转学条件确认后办理转学手续。须转户口的由转入地省级教育行政部门将有关文件抄送转入学校所在地的公安机关。

第二十四条 学校应当按照国家有关规定,建立健全学生转学的具体办法;对转学情况应当及时进行公示,并在转学完成后3个月内,由转入学校报所在地省级教育行政部门备案。

省级教育行政部门应当加强对区域内学校转学行为的监督和管理,及时纠正违规转学行为。

第四节　休学与复学

第二十五条　学生可以分阶段完成学业,除另有规定外,应当在学校规定的最长学习年限(含休学和保留学籍)内完成学业。

学生申请休学或者学校认为应当休学的,经学校批准,可以休学。休学次数和期限由学校规定。

第二十六条　学校可以根据情况建立并实行灵活的学习制度。对休学创业的学生,可以单独规定最长学习年限,并简化休学批准程序。

第二十七条　新生和在校学生应征参加中国人民解放军(含中国人民武装警察部队),学校应当保留其入学资格或者学籍至退役后2年。

学生参加学校组织的跨校联合培养项目,在联合培养学校学习期间,学校同时为其保留学籍。

学生保留学籍期间,与其实际所在的部队、学校等组织建立管理关系。

第二十八条　休学学生应当办理手续离校。学生休学期间,学校应为其保留学籍,但不享受在校学习学生待遇。因病休学学生的医疗费按国家及当地的有关规定处理。

第二十九条　学生休学期满前应当在学校规定的期限内提出复学申请,经学校复查合格,方可复学。

第五节　退　　学

第三十条　学生有下列情形之一,学校可予退学处理:

（一）学业成绩未达到学校要求或者在学校规定的学习年限内未完成学业的；

（二）休学、保留学籍期满，在学校规定期限内未提出复学申请或者申请复学经复查不合格的；

（三）根据学校指定医院诊断，患有疾病或者意外伤残不能继续在校学习的；

（四）未经批准连续两周未参加学校规定的教学活动的；

（五）超过学校规定期限未注册而又未履行暂缓注册手续的；

（六）学校规定的不能完成学业、应予退学的其他情形。

学生本人申请退学的，经学校审核同意后，办理退学手续。

第三十一条 退学学生，应当按学校规定期限办理退学手续离校。退学的研究生，按已有毕业学历和就业政策可以就业的，由学校报所在地省级毕业生就业部门办理相关手续；在学校规定期限内没有聘用单位的，应当办理退学手续离校。

退学学生的档案由学校退回其家庭所在地，户口应当按照国家相关规定迁回原户籍地或者家庭户籍所在地。

第六节 毕业与结业

第三十二条 学生在学校规定学习年限内，修完教育教学计划规定内容，成绩合格，达到学校毕业要求的，学校应当准予毕业，并在学生离校前发给毕业证书。

符合学位授予条件的，学位授予单位应当颁发学位证书。

学生提前完成教育教学计划规定内容，获得毕业所要求的学分，可以申请提前毕业。学生提前毕业的条件，由学校规定。

第三十三条 学生在学校规定学习年限内，修完教育教学计划规定内容，但未达到学校毕业要求的，学校可以准予结业，发给结业证书。

结业后是否可以补考、重修或者补作毕业设计、论文、答辩，以及是否颁发毕业证书、学位证书，由学校规定。合格后颁发的毕业证书、学位证书，毕业时间、获得学位时间按发证日期填写。

对退学学生，学校应当发给肄业证书或者写实性学习证明。

第七节　学业证书管理

第三十四条　学校应当严格按照招生时确定的办学类型和学习形式，以及学生招生录取时填报的个人信息，填写、颁发学历证书、学位证书及其他学业证书。

学生在校期间变更姓名、出生日期等证书需填写的个人信息的，应当有合理、充分的理由，并提供有法定效力的相应证明文件。学校进行审查，需要学生生源地省级教育行政部门及有关部门协助核查的，有关部门应当予以配合。

第三十五条　学校应当执行高等教育学籍学历电子注册管理制度，完善学籍学历信息管理办法，按相关规定及时完成学生学籍学历电子注册。

第三十六条　对完成本专业学业同时辅修其他专业并达到该专业辅修要求的学生，由学校发给辅修专业证书。

第三十七条　对违反国家招生规定取得入学资格或者学籍的，学校应当取消其学籍，不得发给学历证书、学位证书；已发的学历证书、学位证书，学校应当依法予以撤销。对以作弊、剽窃、抄袭等学术不端行为或者其他不正当手段获得学历证书、学位证书的，学校应当依法予以撤销。

被撤销的学历证书、学位证书已注册的，学校应当予以注销并报教育行政部门宣布无效。

第三十八条 学历证书和学位证书遗失或者损坏，经本人申请，学校核实后应当出具相应的证明书。证明书与原证书具有同等效力。

第四章 校园秩序与课外活动

第三十九条 学校、学生应当共同维护校园正常秩序，保障学校环境安全、稳定，保障学生的正常学习和生活。

第四十条 学校应当建立和完善学生参与管理的组织形式，支持和保障学生依法、依章程参与学校管理。

第四十一条 学生应当自觉遵守公民道德规范，自觉遵守学校管理制度，创造和维护文明、整洁、优美、安全的学习和生活环境，树立安全风险防范和自我保护意识，保障自身合法权益。

第四十二条 学生不得有酗酒、打架斗殴、赌博、吸毒，传播、复制、贩卖非法书刊和音像制品等违法行为；不得参与非法传销和进行邪教、封建迷信活动；不得从事或者参与有损大学生形象、有悖社会公序良俗的活动。

学校发现学生在校内有违法行为或者严重精神疾病可能对他人造成伤害的，可以依法采取或者协助有关部门采取必要措施。

第四十三条 学校应当坚持教育与宗教相分离原则。任何组织和个人不得在学校进行宗教活动。

第四十四条 学校应当建立健全学生代表大会制度，为学生会、研究生会等开展活动提供必要条件，支持其在学生管理中发挥作用。

学生可以在校内成立、参加学生团体。学生成立团体，应当按学校有关规定提出书面申请，报学校批准并施行登记和年检制度。

学生团体应当在宪法、法律、法规和学校管理制度范围内活动，接受学校的领导和管理。学生团体邀请校外组织、人员到校举办讲座等活动,需经学校批准。

第四十五条　学校提倡并支持学生及学生团体开展有益于身心健康、成长成才的学术、科技、艺术、文娱、体育等活动。

学生进行课外活动不得影响学校正常的教育教学秩序和生活秩序。

学生参加勤工助学活动应当遵守法律、法规以及学校、用工单位的管理制度,履行勤工助学活动的有关协议。

第四十六条　学生举行大型集会、游行、示威等活动,应当按法律程序和有关规定获得批准。对未获批准的,学校应当依法劝阻或者制止。

第四十七条　学生应当遵守国家和学校关于网络使用的有关规定,不得登录非法网站和传播非法文字、音频、视频资料等,不得编造或者传播虚假、有害信息;不得攻击、侵入他人计算机和移动通讯网络系统。

第四十八条　学校应当建立健全学生住宿管理制度。学生应当遵守学校关于学生住宿管理的规定。鼓励和支持学生通过制定公约,实施自我管理。

第五章　奖励与处分

第四十九条　学校、省(区、市)和国家有关部门应当对在德、智、体、美等方面全面发展或者在思想品德、学业成绩、科技创造、体育竞赛、文艺活动、志愿服务及社会实践等方面表现突出的学生,给予表彰和奖励。

第五十条　对学生的表彰和奖励可以采取授予“三好学生”称号或者其他荣誉称号、颁发奖学金等多种形式,给予相应的精神鼓励或者物质奖励。

学校对学生予以表彰和奖励,以及确定推荐免试研究生、国家奖学金、公派出国留学人选等赋予学生利益的行为,应当建立公开、公平、公正的程序和规定,建立和完善相应的选拔、公示等制度。

第五十一条 对有违反法律法规、本规定以及学校纪律行为的学生,学校应当给予批评教育,并可视情节轻重,给予如下纪律处分:

(一)警告;

(二)严重警告;

(三)记过;

(四)留校察看;

(五)开除学籍。

第五十二条 学生有下列情形之一,学校可以给予开除学籍处分:

(一)违反宪法,反对四项基本原则、破坏安定团结、扰乱社会秩序的;

(二)触犯国家法律,构成刑事犯罪的;

(三)受到治安管理处罚,情节严重、性质恶劣的;

(四)代替他人或者让他人代替自己参加考试、组织作弊、使用通讯设备或其他器材作弊、向他人出售考试试题或答案牟取利益,以及其他严重作弊或扰乱考试秩序行为的;

(五)学位论文、公开发表的研究成果存在抄袭、篡改、伪造等学术不端行为,情节严重的,或者代写论文、买卖论文的;

(六)违反本规定和学校规定,严重影响学校教育教学秩序、生活秩序以及公共场所管理秩序的;

(七)侵害其他个人、组织合法权益,造成严重后果的;

（八）屡次违反学校规定受到纪律处分，经教育不改的。

第五十三条　学校对学生作出处分，应当出具处分决定书。处分决定书应当包括下列内容：

（一）学生的基本信息；

（二）作出处分的事实和证据；

（三）处分的种类、依据、期限；

（四）申诉的途径和期限；

（五）其他必要内容。

第五十四条　学校给予学生处分，应当坚持教育与惩戒相结合，与学生违法、违纪行为的性质和过错的严重程度相适应。学校对学生的处分，应当做到证据充分、依据明确、定性准确、程序正当、处分适当。

第五十五条　在对学生作出处分或者其他不利决定之前，学校应当告知学生作出决定的事实、理由及依据，并告知学生享有陈述和申辩的权利，听取学生的陈述和申辩。

处理、处分决定以及处分告知书等，应当直接送达学生本人，学生拒绝签收的，可以以留置方式送达；已离校的，可以采取邮寄方式送达；难于联系的，可以利用学校网站、新闻媒体等以公告方式送达。

第五十六条　对学生作出取消入学资格、取消学籍、退学、开除学籍或者其他涉及学生重大利益的处理或者处分决定的，应当提交校长办公会或者校长授权的专门会议研究决定，并应当事先进行合法性审查。

第五十七条　除开除学籍处分以外，给予学生处分一般应当设置 6 到 12 个月期限，到期按学校规定程序予以解除。解除处分后，学生获得表彰、奖励及其他权益，不再受原处分的影响。

第五十八条 对学生的奖励、处理、处分及解除处分材料,学校应当真实完整地归入学校文书档案和本人档案。

被开除学籍的学生,由学校发给学习证明。学生按学校规定期限离校,档案由学校退回其家庭所在地,户口应当按照国家相关规定迁回原户籍地或者家庭户籍所在地。

第六章 学生申诉

第五十九条 学校应当成立学生申诉处理委员会,负责受理学生对处理或者处分决定不服提起的申诉。

学生申诉处理委员会应当由学校相关负责人、职能部门负责人、教师代表、学生代表、负责法律事务的相关机构负责人等组成,可以聘请校外法律、教育等方面专家参加。

学校应当制定学生申诉的具体办法,健全学生申诉处理委员会的组成与工作规则,提供必要条件,保证其能够客观、公正地履行职责。

第六十条 学生对学校的处理或者处分决定有异议的,可以在接到学校处理或者处分决定书之日起10日内,向学校学生申诉处理委员会提出书面申诉。

第六十一条 学生申诉处理委员会对学生提出的申诉进行复查,并在接到书面申诉之日起15日内作出复查结论并告知申诉人。情况复杂不能在规定限期内作出结论的,经学校负责人批准,可延长15日。学生申诉处理委员会认为必要的,可以建议学校暂缓执行有关决定。

学生申诉处理委员会经复查,认为做出处理或者处分的事实、依据、程序等存在不当,可以作出建议撤销或变更的复查意见,要求相关职能部门予以研究,重新提交校长办公会或者专门会议作出决定。

第六十二条 学生对复查决定有异议的,在接到学校复查决定书之日起15日内,可以向学校所在地省级教育行政部门提出书面申诉。

省级教育行政部门应当在接到学生书面申诉之日起30个工作日内,对申诉人的问题给予处理并作出决定。

第六十三条　省级教育行政部门在处理因对学校处理或者处分决定不服提起的学生申诉时,应当听取学生和学校的意见,并可根据需要进行必要的调查。根据审查结论,区别不同情况,分别作出下列处理:

(一)事实清楚、依据明确、定性准确、程序正当、处分适当的,予以维持;

(二)认定事实不存在,或者学校超越职权、违反上位法规定作出决定的,责令学校予以撤销;

(三)认定事实清楚,但认定情节有误、定性不准确,或者适用依据有错误的,责令学校变更或者重新作出决定;

(四)认定事实不清、证据不足,或者违反本规定以及学校规定的程序和权限的,责令学校重新作出决定。

第六十四条　自处理、处分或者复查决定书送达之日起,学生在申诉期内未提出申诉的视为放弃申诉,学校或者省级教育行政部门不再受理其提出的申诉。

处理、处分或者复查决定书未告知学生申诉期限的,申诉期限自学生知道或者应当知道处理或者处分决定之日起计算,但最长不得超过6个月。

第六十五条　学生认为学校及其工作人员违反本规定,侵害其合法权益的;或者学校制定的规章制度与法律法规和本规定抵触的,可以向学校所在地省级教育行政部门投诉。

教育主管部门在实施监督或者处理申诉、投诉过程中,发现学校及其工作人员有违反法律、法规及本规定的行为或者未按照本规定履行相应义务的,或者学校自行制定的相关管理制度、规定,侵害学生合法权益的,应当责令改正;发现存在违法违纪的,应当及时进行调查处理或者移送有关部门,依据有关法律和相关规定,追究有关责任人的责任。

第七章　附　　则

第六十六条　学校对接受高等学历继续教育的学生、港澳台侨学生、留学生的管理,参照本规定执行。

第六十七条　学校应当根据本规定制定或修改学校的学生管理规定或者纪律处分规定,报主管教育行政部门备案(中央部委属校同时抄报所在地省级教育行政部门),并及时向学生公布。

省级教育行政部门根据本规定,指导、检查和监督本地区高等学校的学生管理工作。

第六十八条　本规定自2017年9月1日起施行。原《普通高等学校学生管理规定》(教育部令第21号)同时废止。其他有关文件规定与本规定不一致的,以本规定为准。

国家教育考试违规处理办法①

(教育部令第18号)

第一章　总　　则

第一条　为规范对国家教育考试违规行为的认定与处理,维护

① 经2004年5月10日部长办公会讨论通过,于2004年5月19日发布,自2004年5月19日起实施。

国家教育考试的公平、公正，保障参加国家教育考试的人员（以下简称考生）、从事和参与国家教育考试工作的人员（以下简称考试工作人员）的合法权益，根据《中华人民共和国教育法》及相关法律、行政法规，制定本办法。

第二条　本办法所称国家教育考试是指普通和成人高等学校招生考试、全国硕士研究生招生考试、高等教育自学考试等，由国务院教育行政部门确定实施，由经批准的教育考试机构承办，在全国范围内统一举行的教育考试。

第三条　对参加国家教育考试的考生以及考试工作人员、其他相关人员，违反考试管理规定和考场纪律，影响考试公平、公正行为的认定与处理，适用本办法。

对国家教育考试违规行为的认定与处理应当公开公平、合法适当。

第四条　国务院教育行政部门及地方各级人民政府教育行政部门负责全国或者本地区国家教育考试组织工作的管理与监督。

承办国家教育考试的各级教育考试机构负责有关考试的具体实施，依据本办法，负责对考试违规行为的认定与处理。

第二章　违规行为的认定与处理

第五条　考生不遵守考场纪律，不服从考试工作人员的安排与要求，有下列行为之一的，应当认定为考试违纪：

（一）携带规定以外的物品进入考场或者未放在指定位置的；

（二）未在规定的座位参加考试的；

（三）考试开始信号发出前答题或者考试结束信号发出后继续答题的；

（四）在考试过程中旁窥、交头接耳、互打暗号或者手势的；

（五）在考场或者教育考试机构禁止的范围内，喧哗、吸烟或者实施其他影响考场秩序的行为的；

（六）未经考试工作人员同意在考试过程中擅自离开考场的；

（七）将试卷、答卷（含答题卡、答题纸等，下同）、草稿纸等考试用纸带出考场的；

（八）用规定以外的笔或者纸答题或者在试卷规定以外的地方书写姓名、考号或者以其他方式在答卷上标记信息的；

（九）其他违反考场规则但尚未构成作弊的行为。

第六条　考生违背考试公平、公正原则，以不正当手段获得或者试图获得试题答案、考试成绩，有下列行为之一的，应当认定为考试作弊：

（一）携带与考试内容相关的文字材料或者存储有与考试内容相关资料的电子设备参加考试的；

（二）抄袭或者协助他人抄袭试题答案或者与考试内容相关的资料的；

（三）抢夺、窃取他人试卷、答卷或者强迫他人为自己抄袭提供方便的；

（四）在考试过程中使用通讯设备的；

（五）由他人冒名代替参加考试的；

（六）故意销毁试卷、答卷或者考试材料的；

（七）在答卷上填写与本人身份不符的姓名、考号等信息的；

（八）传、接物品或者交换试卷、答卷、草稿纸的；

（九）其他作弊行为。

第七条　教育考试机构、考试工作人员在考试过程中或者在考试结束后发现下列行为之一的，应当认定相关的考生实施了考试作弊行为：

（一）通过伪造证件、证明、档案及其他材料获得考试资格和考试成绩的；

（二）评卷过程中被发现同一科目同一考场有两份以上（含两份）答卷答案雷同的；

（三）考场纪律混乱、考试秩序失控，出现大面积考试作弊现象的；

（四）考试工作人员协助实施作弊行为，事后查实的；

（五）其他应认定为作弊的行为。

第八条　考生及其他人员应当自觉维护考试工作场所的秩序，服从考试工作人员的管理，不得有下列扰乱考场及考试工作场所秩序的行为：

（一）故意扰乱考点、考场、评卷场所等考试工作场所秩序；

（二）拒绝、妨碍考试工作人员履行管理职责；

（三）威胁、侮辱、诽谤、诬陷考试工作人员或其他考生；

（四）其他扰乱考试管理秩序的行为。

第九条　考生有第五条所列考试违纪行为之一的，取消该科目的考试成绩。

考生有第六条、第七条所列考试作弊行为之一的，其当次报名参加考试的各科成绩无效；参加高等教育自学考试考生，视情节轻重，可同时给予停考一至三年，或者延迟毕业时间一至三年的处理，停考期间考试成绩无效。

第十条　考生有第八条所列行为之一的，应当终止其继续参加本科目考试，其当次报名参加考试的各科成绩无效；考生及其他人员的行为违反《治安管理处罚条例》的，由公安机关进行处理；构成犯罪的，由司法机关依法追究刑事责任。

第十一条　考生以作弊行为获得的考试成绩并由此取得相应的学位证书、学历证书及其他学业证书、资格资质证书或者入学资格的，由证书颁发机关宣布证书无效，责令收回证书或者予以没收；已经被录取或者入学的，由录取学校取消录取资格或者其学籍。

第十二条 代替他人或由他人代替参加国家教育考试，是在校生的，由所在学校按有关规定严肃处理，直至开除学籍；其他人员，由教育考试机构建议其所在单位给予行政处分，直至开除或解聘，教育考试机构按照作弊行为记录并向有关单位公开其个人基本信息。

第十三条 考试工作人员应当认真履行工作职责，在考试管理、组织及评卷等工作过程中，有下列行为之一的，应当停止其参加当年及下一年度的国家教育考试工作，并由教育考试机构或者建议其所在单位视情节轻重分别给予相应的行政处分：

（一）应回避考试工作却隐瞒不报的；

（二）擅自变更考试时间、地点或者考试安排的；

（三）提示或暗示考生答题的；

（四）擅自将试题、答卷或者有关内容带出考场或者传递给他人的；

（五）在评卷、统分中严重失职，造成明显的错评、漏评或者积分误差的；

（六）在评卷中擅自更改评分细则或者不按评分细则进行评卷的；

（七）因未认真履行职责，造成所负责考场出现雷同卷的；

（八）擅自泄露评卷、统分等应予保密的情况的；

（九）其他违反监考、评卷等管理规定的行为。

第十四条 考试工作人员有下列作弊行为之一的，应当停止其参加国家教育考试工作，由教育考试机构或者其所在单位视情节轻重分别给予相应的行政处分，并调离考试工作岗位；情节严重，构成犯罪的，由司法机关依法追究刑事责任：

(一)为不具备参加国家教育考试条件的人员提供假证明、证件、档案，使其取得考试资格或者考试工作人员资格的；

(二)因玩忽职守，致使考生未能如期参加考试的或者使考试工作遭受重大损失的；

(三)利用监考或者从事考试工作之便，为考生作弊提供条件的；

(四)伪造、变造考生档案(含电子档案)的；

(五)在场外组织答卷、为考生提供答案的；

(六)指使、纵容或者伙同他人作弊的；

(七)偷换、涂改考生答卷、考试成绩或者考场原始记录材料的；

(八)擅自更改或者编造、虚报考试数据、信息的；

(九)利用考试工作便利，索贿、受贿、以权徇私的；

(十)诬陷、打击报复考生的。

第十五条　因教育考试机构管理混乱、考试工作人员玩忽职守，造成考点或者考场纪律混乱，作弊现象严重；或者同一考点同一时间的考试有五分之一(含五分之一)以上考场存在雷同卷的，由教育行政部门取消该考点当年及下一年度承办国家教育考试的资格；高等教育自学考试考区内一个或者一个以上专业考试纪律混乱，作弊现象严重，由高等教育自学考试管理机构给予该考区警告或者停考该考区相应专业一至三年的处理。

对出现大规模作弊情况的考场、考点的相关责任人、负责人及所属考区的负责人，有关部门应当分别给予相应的行政处分；情节严重，构成犯罪的，由司法机关依法追究刑事责任。

第十六条　违反保密规定，造成国家教育考试的试题、答案及评分参考(包括副题及其答案及评分参考，下同)丢失、泄密，或者使考生答卷在保密期限内发生重大事故的，由有关部门视情节轻重，分别给予责任人和有关负责人行政处分；构成犯罪的，由司法机关依法追究刑事责任。

盗窃、损毁、传播在保密期限内的国家教育考试试题、答案及评分参考、考生答卷、考试成绩的，由有关部门依法追究有关人员的责任；构成犯罪的，由司法机关依法追究刑事责任。

第十七条 在职人员及其他人员有下列行为之一的，由教育考试机构建议其所在单位给予行政处分或者由有关部门处理；构成犯罪的，由司法机关依法追究刑事责任：

（一）指使、纵容、授意考试工作人员放松考试纪律，致使考场秩序混乱、作弊严重的；

（二）代替他人或者由他人代替参加国家教育考试的；

（三）参与或者组织他人进行考试作弊的；

（四）利用职权，包庇、掩盖作弊行为或者胁迫他人作弊的；

（五）以打击、报复、诬陷、威胁等手段侵犯考试工作人员、考生人身权利的；

（六）向考试工作人员行贿的；

（七）故意损坏考试设施的；

（八）扰乱、妨害考场、评卷点及有关考试工作场所秩序后果严重的。

第三章　违规行为认定与处理程序

第十八条 考试工作人员在考试过程中发现考生实施本办法第五条、第六条所列考试违纪、作弊行为的，应当及时予以纠正并如实记录；对考生用于作弊的材料、工具等，应予暂扣。

考生违规记录作为认定考生违规事实的依据，应当由两名以上

(含两名)监考员或者考场巡视员、督考员签字确认。

考试工作人员应当向违纪考生告知违规记录的内容,对暂扣的考生物品应填写收据。

第十九条 教育考试机构发现本办法第七条、第八条所列行为的,应当由两名以上(含两名)工作人员进行事实调查,收集、保存相应的证据材料,并在调查事实和证据的基础上,对所涉及考生的违规行为进行认定。

第二十条 考点汇总考生违规记录,汇总情况经考点主考签字认定后,报送上级教育考试机构依据本办法的规定进行处理。

第二十一条 考生在普通和成人高等学校招生考试、高等教育自学考试中,出现第五条所列考试违纪行为的,由省级教育考试机构或者地(市)级教育考试机构做出处理决定,由地(市)级教育考试机构做出的处理决定应报省级教育考试机构备案;出现第六条、第七条所列考试作弊行为的,由地(市)级教育考试机构签署意见,报省级教育考试机构处理,省级教育考试机构也可以要求地(市)级教育考试机构报送材料及证据,直接进行处理;出现本办法第八条所列扰乱考试秩序行为的,由地(市)级教育考试机构签署意见,报省级教育考试机构按照前款规定处理,对考生及其他人员违反治安管理法律法规的行为,由当地公安部门处理;评卷过程中发现考生有本办法第七条所列考试作弊行为的,由省级教育考试机构做出处理决定,并通知地(市)级教育考试机构。

参加其他国家教育考试考生违规行为的处理由承办有关国家教育考试的考试机构参照前款规定具体确定。

第二十二条 教育行政部门和其他有关部门在考点、考场出现大面积作弊情况或者需要对教育考试机构实施监督的情况下,应当直接介入调查和处理。

发生第十四、十五、十六条所列案件，情节严重的，由省级教育行政部门会同有关部门共同处理，并及时报告国务院教育行政部门；必要时，国务院教育行政部门参与或者直接进行处理。

第二十三条 考试工作人员在考场、考点及评卷过程中有违反本办法的行为的，考点主考、评卷点负责人应当暂停其工作，并报相应的教育考试机构处理。

第二十四条 在其他与考试相关的场所违反有关规定的考生，由地(市)级教育考试机构或者省级教育考试机构做出处理决定；地(市)级教育考试机构做出的处理决定应报省级教育考试机构备案。

在其他与考试相关的场所违反有关规定的考试工作人员，由所在单位根据地(市)级教育考试机构或者省级教育考试机构提出的处理意见，进行处理，处理结果应当向提出处理的教育考试机构通报。

第二十五条 教育考试机构在对考试违规的个人或者单位做出处理决定前，应当复核违规事实和相关证据，告知被处理人或者单位做出处理决定的理由和依据；被处理人或者单位对所认定的违规事实认定存在异议的，应当给予其陈述和申辩的机会。

被处理人受到停考处理的，可以要求举行听证。

第二十六条 教育考试机构做出处理决定应制作考试违规处理决定书，载明被处理人的姓名或者单位名称、处理事实根据和法律依据、处理决定的内容、救济途径以及做出处理决定的机构名称和做出处理决定的时间。

考试违规处理决定书应当及时送达被处理人。

第二十七条 考生或者考试工作人员对教育考试机构做出的违规处理决定不服的，可以在收到处理决定之日起十五日内，向其上一级教育考试机构提出复核申请；对省级教育考试机构或者承办国家教育考试的机构做出的处理决定不服的，也可以向省级教育行政部门或者授权承担国家教育考试的主管部门提出复核申请。

第二十八条　受理复核申请的教育考试机构、教育行政部门应对处理决定所认定的违规事实和适用的依据等进行审查，并在受理后三十日内，按照下列规定作出复核决定：

（一）处理决定认定事实清楚、证据确凿，适用依据正确，程序合法，内容适当的，决定维持；

（二）处理决定有下列情况之一的，决定撤销或者变更：

1. 违规事实认定不清、证据不足的；

2. 适用依据错误的；

3. 违反本办法规定的处理程序的。

做出决定的教育考试机构对因错误的处理决定给考生造成的损失，应当予以补救。

第二十九条　申请人对复核决定或者处理决定不服的，可以依据《行政复议法》和《行政诉讼法》的有关规定，申请行政复议或者行政诉讼。

第三十条　教育考试机构应当建立考生诚信档案，记录、保留在国家教育考试中作弊考生的相关信息。

教育考试机构应当接受社会有关方面对考生诚信档案的查询，并及时向招生机构提供相关信息。

第三十一条　省级教育考试机构应当及时汇总本地区违反规定的考生及考试工作人员的处理情况，并向国家教育考试机构报告。

第四章　附　　则

第三十二条　本办法所称考场是指实施考试的封闭空间；所称

考点是指设置若干考场独立进行考务活动的特定场所；所称考区是指由省级教育考试机构设置，由若干考点组成，进行国家教育考试实施工作的特定地区。

第三十三条 非全日制攻读硕士学位全国考试、中国人民解放军高等教育自学考试及其他各级各类教育考试的违规处理可以参照本办法执行。

第三十四条 本办法自发布之日起施行。此前教育部颁布的各有关国家教育考试的违规处理规定同时废止。

国家教育考试违规处理办法①

（教育部令第33号）

第一章 总 则

第一条 为规范对国家教育考试违规行为的认定与处理，维护国家教育考试的公平、公正，保障参加国家教育考试的人员（以下简称考生）、从事和参与国家教育考试工作的人员（以下简称考试工作人员）的合法权益，根据《中华人民共和国教育法》及相关法律、行政法规，制定本办法。

第二条 本办法所称国家教育考试是指普通和成人高等学校招生考试、全国硕士研究生招生考试、高等教育自学考试等，由国务院教育行政部门确定实施，由经批准的实施教育考试的机构承办，

① 2004年5月19日中华人民共和国教育部令第18号发布，根据2012年1月5日《教育部关于修改〈国家教育考试违规处理办法〉的决定》修正。

面向社会公开、统一举行，其结果作为招收学历教育学生或者取得国家承认学历、学位证书依据的测试活动。

第三条　对参加国家教育考试的考生以及考试工作人员、其他相关人员，违反考试管理规定和考场纪律，影响考试公平、公正行为的认定与处理，适用本办法。

对国家教育考试违规行为的认定与处理应当公开公平、合法适当。

第四条　国务院教育行政部门及地方各级人民政府教育行政部门负责全国或者本地区国家教育考试组织工作的管理与监督。

承办国家教育考试的各级教育考试机构负责有关考试的具体实施，依据本办法，负责对考试违规行为的认定与处理。

第二章　违规行为的认定与处理

第五条　考生不遵守考场纪律，不服从考试工作人员的安排与要求，有下列行为之一的，应当认定为考试违纪：

（一）携带规定以外的物品进入考场或者未放在指定位置的；

（二）未在规定的座位参加考试的；

（三）考试开始信号发出前答题或者考试结束信号发出后继续答题的；

（四）在考试过程中旁窥、交头接耳、互打暗号或者手势的；

（五）在考场或者教育考试机构禁止的范围内，喧哗、吸烟或者实施其他影响考场秩序的行为的；

（六）未经考试工作人员同意在考试过程中擅自离开考场的；

（七）将试卷、答卷（含答题卡、答题纸等，下同）、草稿纸等考试用纸带出考场的；

（八）用规定以外的笔或者纸答题或者在试卷规定以外的地方

书写姓名、考号或者以其他方式在答卷上标记信息的;

(九)其他违反考场规则但尚未构成作弊的行为。

第六条 考生违背考试公平、公正原则,在考试过程中有下列行为之一的,应当认定为考试作弊:

(一)携带与考试内容相关的材料或者存储有与考试内容相关资料的电子设备参加考试的;

(二)抄袭或者协助他人抄袭试题答案或者与考试内容相关的资料的;

(三)抢夺、窃取他人试卷、答卷或者胁迫他人为自己抄袭提供方便的;

(四)携带具有发送或者接收信息功能的设备的;

(五)由他人冒名代替参加考试的;

(六)故意销毁试卷、答卷或者考试材料的;

(七)在答卷上填写与本人身份不符的姓名、考号等信息的;

(八)传、接物品或者交换试卷、答卷、草稿纸的;

(九)其他以不正当手段获得或者试图获得试题答案、考试成绩的行为。

第七条 教育考试机构、考试工作人员在考试过程中或者在考试结束后发现下列行为之一的,应当认定相关的考生实施了考试作弊行为:

(一)通过伪造证件、证明、档案及其他材料获得考试资格、加分资格和考试成绩的;

(二)评卷过程中被认定为答案雷同的;

(三)考场纪律混乱、考试秩序失控,出现大面积考试作弊现象的;

(四)考试工作人员协助实施作弊行为,事后查实的;

（五）其他应认定为作弊的行为。

第八条　考生及其他人员应当自觉维护考试秩序，服从考试工作人员的管理，不得有下列扰乱考试秩序的行为：

（一）故意扰乱考点、考场、评卷场所等考试工作场所秩序；

（二）拒绝、妨碍考试工作人员履行管理职责；

（三）威胁、侮辱、诽谤、诬陷或者以其他方式侵害考试工作人员、其他考生合法权益的行为；

（四）故意损坏考场设施设备；

（五）其他扰乱考试管理秩序的行为。

第九条　考生有第五条所列考试违纪行为之一的，取消该科目的考试成绩。

考生有第六条、第七条所列考试作弊行为之一的，其所报名参加考试的各阶段、各科成绩无效；参加高等教育自学考试的，当次考试各科成绩无效。

有下列情形之一的，可以视情节轻重，同时给予暂停参加该项考试1至3年的处理；情节特别严重的，可以同时给予暂停参加各种国家教育考试1至3年的处理：

（一）组织团伙作弊的；

（二）向考场外发送、传递试题信息的；

（三）使用相关设备接收信息实施作弊的；

（四）伪造、变造身份证、准考证及其他证明材料，由他人代替或者代替考生参加考试的。

参加高等教育自学考试的考生有前款严重作弊行为的，也可以给予延迟毕业时间1至3年的处理，延迟期间考试成绩无效。

第十条　考生有第八条所列行为之一的，应当终止其继续参加本科目考试，其当次报名参加考试的各科成绩无效；考生及其他人员的行为违反《中华人民共和国治安管理处罚法》的,由公安机关进行处理;构成犯罪的,由司法机关依法追究刑事责任。

第十一条 考生以作弊行为获得的考试成绩并由此取得相应的学位证书、学历证书及其他学业证书、资格资质证书或者入学资格的,由证书颁发机关宣布证书无效,责令收回证书或者予以没收;已经被录取或者入学的,由录取学校取消录取资格或者其学籍。

第十二条 在校学生、在职教师有下列情形之一的,教育考试机构应当通报其所在学校,由学校根据有关规定严肃处理,直至开除学籍或者予以解聘:

(一)代替考生或者由他人代替参加考试的;

(二)组织团伙作弊的;

(三)为作弊组织者提供试题信息、答案及相应设备等参与团伙作弊行为的。

第十三条 考试工作人员应当认真履行工作职责,在考试管理、组织及评卷等工作过程中,有下列行为之一的,应当停止其参加当年及下一年度的国家教育考试工作,并由教育考试机构或者建议其所在单位视情节轻重分别给予相应的行政处分:

(一)应回避考试工作却隐瞒不报的;

(二)擅自变更考试时间、地点或者考试安排的;

(三)提示或暗示考生答题的;

(四)擅自将试题、答卷或者有关内容带出考场或者传递给他人的;

(五)未认真履行职责,造成所负责考场出现秩序混乱、作弊严重或者视频录像资料损毁、视频系统不能正常工作的;

(六)在评卷、统分中严重失职,造成明显的错评、漏评或者积分差错的;

（七）在评卷中擅自更改评分细则或者不按评分细则进行评卷的；

（八）因未认真履行职责，造成所负责考场出现雷同卷的；

（九）擅自泄露评卷、统分等应予保密的情况的；

（十）其他违反监考、评卷等管理规定的行为。

第十四条　考试工作人员有下列作弊行为之一的，应当停止其参加国家教育考试工作，由教育考试机构或者其所在单位视情节轻重分别给予相应的行政处分，并调离考试工作岗位；情节严重，构成犯罪的，由司法机关依法追究刑事责任：

（一）为不具备参加国家教育考试条件的人员提供假证明、证件、档案，使其取得考试资格或者考试工作人员资格的；

（二）因玩忽职守，致使考生未能如期参加考试的或者使考试工作遭受重大损失的；

（三）利用监考或者从事考试工作之便，为考生作弊提供条件的；

（四）伪造、变造考生档案（含电子档案）的；

（五）在场外组织答卷、为考生提供答案的；

（六）指使、纵容或者伙同他人作弊的；

（七）偷换、涂改考生答卷、考试成绩或者考场原始记录材料的；

（八）擅自更改或者编造、虚报考试数据、信息的；

（九）利用考试工作便利，索贿、受贿、以权徇私的；

（十）诬陷、打击报复考生的。

第十五条　因教育考试机构管理混乱、考试工作人员玩忽职守，造成考点或者考场纪律混乱，作弊现象严重；或者同一考点同一时间的考试有1/5以上考场存在雷同卷的，由教育行政部门取消该考点当年及下一年度承办国家教育考试的资格；高等教育自学考试考区内一个或者一个以上专业考试纪律混乱，作弊现象严重，由高等教育自学考试管理机构给予该考区警告或者停考该考区相应专业1至3年的处理。

对出现大规模作弊情况的考场、考点的相关责任人、负责人及所属考区的负责人，有关部门应当分别给予相应的行政处分；情节严重，构成犯罪的，由司法机关依法追究刑事责任。

第十六条 违反保密规定，造成国家教育考试的试题、答案及评分参考（包括副题及其答案及评分参考，下同）丢失、损毁、泄密，或者使考生答卷在保密期限内发生重大事故的，由有关部门视情节轻重，分别给予责任人和有关负责人行政处分；构成犯罪的，由司法机关依法追究刑事责任。

盗窃、损毁、传播在保密期限内的国家教育考试试题、答案及评分参考、考生答卷、考试成绩的，由有关部门依法追究有关人员的责任；构成犯罪的，由司法机关依法追究刑事责任。

第十七条 有下列行为之一的，由教育考试机构建议行为人所在单位给予行政处分；违反《中华人民共和国治安管理处罚法》的，由公安机关依法处理；构成犯罪的，由司法机关依法追究刑事责任：

（一）指使、纵容、授意考试工作人员放松考试纪律，致使考场秩序混乱、作弊严重的；

（二）代替考生或者由他人代替参加国家教育考试的；

（三）组织或者参与团伙作弊的；

（四）利用职权，包庇、掩盖作弊行为或者胁迫他人作弊的；

（五）以打击、报复、诬陷、威胁等手段侵犯考试工作人员、考生人身权利的；

（六）向考试工作人员行贿的；

（七）故意损坏考试设施的；

（八）扰乱、妨害考场、评卷点及有关考试工作场所秩序后果严重的。

国家工作人员有前款行为的，教育考试机构应当建议有关纪检、监察部门，根据有关规定从重处理。

第三章　违规行为认定与处理程序

第十八条　考试工作人员在考试过程中发现考生实施本办法第五条、第六条所列考试违纪、作弊行为的，应当及时予以纠正并如实记录；对考生用于作弊的材料、工具等，应予暂扣。

考生违规记录作为认定考生违规事实的依据，应当由 2 名以上监考员或者考场巡视员、督考员签字确认。

考试工作人员应当向违纪考生告知违规记录的内容，对暂扣的考生物品应填写收据。

第十九条　教育考试机构发现本办法第七条、第八条所列行为的，应当由 2 名以上工作人员进行事实调查，收集、保存相应的证据材料，并在调查事实和证据的基础上，对所涉及考生的违规行为进行认定。

考试工作人员通过视频发现考生有违纪、作弊行为的，应当立即通知在现场的考试工作人员，并应当将视频录像作为证据保存。教育考试机构可以通过视频录像回放，对所涉及考生违规行为进行认定。

第二十条　考点汇总考生违规记录，汇总情况经考点主考签字认定后，报送上级教育考试机构依据本办法的规定进行处理。

第二十一条　考生在普通和成人高等学校招生考试、高等教育自学考试中，出现第五条所列考试违纪行为的，由省级教育考试机构或者市级教育考试机构做出处理决定，由市级教育考试机构做出的处理决定应报省级教育考试机构备案；出现第六条、第七条所列考试作弊行为的，由市级教育考试机构签署意见，报省级教育考试机构处理，省级教育考试机构也可以要求市级教育考试机构报送材料及证据，直接进行处理；出现本办法第八条所列扰乱考试秩序行为的，由市级教育考试机构签署意见，报省级教育考试机构按照前款规定处理，对考生及其他人员违反治安管理法律法规的行为，由当地公安部门处理；评卷过程中发现考生有本办法第七条所列考试作弊行为的，由省级教育考试机构做出处理决定，并通知市级教育考试机构。

考生在参加全国硕士研究生招生考试中的违规行为，由组织考试的机构认定，由相关省级教育考试机构或者受其委托的组织考试的机构做出处理决定。

在国家教育考试考场视频录像回放审查中认定的违规行为，由省级教育考试机构认定并做出处理决定。

参加其他国家教育考试考生违规行为的处理由承办有关国家教育考试的考试机构参照前款规定具体确定。

第二十二条 教育行政部门和其他有关部门在考点、考场出现大面积作弊情况或者需要对教育考试机构实施监督的情况下，应当直接介入调查和处理。

发生第十四、十五、十六条所列案件，情节严重的，由省级教育行政部门会同有关部门共同处理，并及时报告国务院教育行政部门；必要时，国务院教育行政部门参与或者直接进行处理。

第二十三条 考试工作人员在考场、考点及评卷过程中有违反本办法的行为的，考点主考、评卷点负责人应当暂停其工作，并报相应的教育考试机构处理。

第二十四条 在其他与考试相关的场所违反有关规定的考生，

由市级教育考试机构或者省级教育考试机构做出处理决定;市级教育考试机构做出的处理决定应报省级教育考试机构备案。

在其他与考试相关的场所违反有关规定的考试工作人员,由所在单位根据市级教育考试机构或者省级教育考试机构提出的处理意见,进行处理,处理结果应当向提出处理的教育考试机构通报。

第二十五条　教育考试机构在对考试违规的个人或者单位做出处理决定前,应当复核违规事实和相关证据,告知被处理人或者单位做出处理决定的理由和依据;被处理人或者单位对所认定的违规事实认定存在异议的,应当给予其陈述和申辩的机会。

给予考生停考处理的,经考生申请,省级教育考试机构应当举行听证,对作弊的事实、情节等进行审查、核实。

第二十六条　教育考试机构做出处理决定应当制作考试违规处理决定书,载明被处理人的姓名或者单位名称、处理事实根据和法律依据、处理决定的内容、救济途径以及做出处理决定的机构名称和做出处理决定的时间。

考试违规处理决定书应当及时送达被处理人。

第二十七条　考生或者考试工作人员对教育考试机构做出的违规处理决定不服的,可以在收到处理决定之日起15日内,向其上一级教育考试机构提出复核申请;对省级教育考试机构或者承办国家教育考试的机构做出的处理决定不服的,也可以向省级教育行政部门或者授权承担国家教育考试的主管部门提出复核申请。

第二十八条　受理复核申请的教育考试机构、教育行政部门应对处理决定所认定的违规事实和适用的依据等进行审查,并在受理后30日内,按照下列规定作出复核决定:

(一)处理决定认定事实清楚、证据确凿,适用依据正确,程序合法,内容适当的,决定维持。

(二)处理决定有下列情况之一的,决定撤销或者变更:

1. 违规事实认定不清、证据不足的;

2. 适用依据错误的;

3. 违反本办法规定的处理程序的。

做出决定的教育考试机构对因错误的处理决定给考生造成的损失,应当予以补救。

第二十九条 申请人对复核决定或者处理决定不服的,可以依法申请行政复议或者提起行政诉讼。

第三十条 教育考试机构应当建立国家教育考试考生诚信档案,记录、保留在国家教育考试中作弊人员的相关信息。国家教育考试考生诚信档案中记录的信息未经法定程序,任何组织、个人不得删除、变更。

国家教育考试考生诚信档案可以依申请接受社会有关方面的查询,并应当及时向招生学校或单位提供相关信息,作为招生参考条件。

第三十一条 省级教育考试机构应当及时汇总本地区违反规定的考生及考试工作人员的处理情况,并向国家教育考试机构报告。

第四章 附　　则

第三十二条 本办法所称考场是指实施考试的封闭空间;所称考点是指设置若干考场独立进行考务活动的特定场所;所称考区是指由省级教育考试机构设置,由若干考点组成,进行国家教育考试实施工作的特定地区。

第三十三条 非全日制攻读硕士学位全国考试、中国人民解放军高等教育自学考试及其他各级各类教育考试的违规处理可以参照本办法执行。

第三十四条 本办法自发布之日起施行。此前教育部颁布的各有关国家教育考试的违规处理规定同时废止。

学位论文作假行为处理办法①

（教育部令第 34 号）

第一条 为规范学位论文管理，推进建立良好学风，提高人才培养质量，严肃处理学位论文作假行为，根据《中华人民共和国学位条例》、《中华人民共和国高等教育法》，制定本办法。

第二条 向学位授予单位申请博士、硕士、学士学位所提交的博士学位论文、硕士学位论文和本科学生毕业论文（毕业设计或其他毕业实践环节）（统称为学位论文），出现本办法所列作假情形的，依照本办法的规定处理。

第三条 本办法所称学位论文作假行为包括下列情形：

（一）购买、出售学位论文或者组织学位论文买卖的；

（二）由他人代写、为他人代写学位论文或者组织学位论文代写的；

（三）剽窃他人作品和学术成果的；

（四）伪造数据的；

（五）有其他严重学位论文作假行为的。

第四条 学位申请人员应当恪守学术道德和学术规范，在指导

① 经 2012 年 6 月 12 日教育部第 22 次部长办公会议审议通过，并经国务院学位委员会同意，于 2012 年 11 月 13 日发布，自 2013 年 1 月 1 日起施行。

教师指导下独立完成学位论文。

第五条 指导教师应当对学位申请人员进行学术道德、学术规范教育,对其学位论文研究和撰写过程予以指导,对学位论文是否由其独立完成进行审查。

第六条 学位授予单位应当加强学术诚信建设,健全学位论文审查制度,明确责任、规范程序,审核学位论文的真实性、原创性。

第七条 学位申请人员的学位论文出现购买、由他人代写、剽窃或者伪造数据等作假情形的,学位授予单位可以取消其学位申请资格;已经获得学位的,学位授予单位可以依法撤销其学位,并注销学位证书。取消学位申请资格或者撤销学位的处理决定应当向社会公布。从做出处理决定之日起至少 3 年内,各学位授予单位不得再接受其学位申请。

前款规定的学位申请人员为在读学生的,其所在学校或者学位授予单位可以给予开除学籍处分;为在职人员的,学位授予单位除给予纪律处分外,还应当通报其所在单位。

第八条 为他人代写学位论文、出售学位论文或者组织学位论文买卖、代写的人员,属于在读学生的,其所在学校或者学位授予单位可以给予开除学籍处分;属于学校或者学位授予单位的教师和其他工作人员的,其所在学校或者学位授予单位可以给予开除处分或者解除聘任合同。

第九条 指导教师未履行学术道德和学术规范教育、论文指导和审查把关等职责,其指导的学位论文存在作假情形的,学位授予单位可以给予警告、记过处分;情节严重的,可以降低岗位等级直至给予开除处分或者解除聘任合同。

第十条 学位授予单位应当将学位论文审查情况纳入对学院(系)等学生培养部门的年度考核内容。多次出现学位论文作假或者学位论文作假行为影响恶劣的，学位授予单位应当对该学院（系）等学生培养部门予以通报批评，并可以给予该学院（系）负责人相应的处分。

第十一条　学位授予单位制度不健全、管理混乱，多次出现学位论文作假或者学位论文作假行为影响恶劣的，国务院学位委员会或者省、自治区、直辖市人民政府学位委员会可以暂停或者撤销其相应学科、专业授予学位的资格；国务院教育行政部门或者省、自治区、直辖市人民政府教育行政部门可以核减其招生计划；并由有关主管部门按照国家有关规定对负有直接管理责任的学位授予单位负责人进行问责。

第十二条　发现学位论文有作假嫌疑的，学位授予单位应当确定学术委员会或者其他负有相应职责的机构，必要时可以委托专家组成的专门机构，对其进行调查认定。

第十三条　对学位申请人员、指导教师及其他有关人员做出处理决定前，应当告知并听取当事人的陈述和申辩。

当事人对处理决定不服的，可以依法提出申诉、申请行政复议或者提起行政诉讼。

第十四条　社会中介组织、互联网站和个人，组织或者参与学位论文买卖、代写的，由有关主管机关依法查处。

学位论文作假行为违反有关法律法规规定的，依照有关法律法规的规定追究法律责任。

第十五条　学位授予单位应当依据本办法，制定、完善本单位的相关管理规定。

第十六条　本办法自 2013 年 1 月 1 日起施行。

高等学校预防与处理学术不端行为办法[①]

（教育部令第40号）

第一章　总　　则

第一条　为有效预防和严肃查处高等学校发生的学术不端行为，维护学术诚信，促进学术创新和发展，根据《中华人民共和国高等教育法》《中华人民共和国科学技术进步法》《中华人民共和国学位条例》等法律法规，制定本办法。

第二条　本办法所称学术不端行为是指高等学校及其教学科研人员、管理人员和学生，在科学研究及相关活动中发生的违反公认的学术准则、违背学术诚信的行为。

第三条　高等学校预防与处理学术不端行为应坚持预防为主、教育与惩戒结合的原则。

第四条　教育部、国务院有关部门和省级教育部门负责制定高等学校学风建设的宏观政策，指导和监督高等学校学风建设工作，建立健全对所主管高等学校重大学术不端行为的处理机制，建立高校学术不端行为的通报与相关信息公开制度。

第五条　高等学校是学术不端行为预防与处理的主体。高等学校应当建设集教育、预防、监督、惩治于一体的学术诚信体系，建立由主要负责人领导的学风建设工作机制，明确职责分工；依据本

① 经2016年4月5日教育部2016年第14次部长办公会议审议通过，于2016年6月16日发布，自2016年9月1日起施行。

办法完善本校学术不端行为预防与处理的规则与程序。

高等学校应当充分发挥学术委员会在学风建设方面的作用，支持和保障学术委员会依法履行职责，调查、认定学术不端行为。

第二章　教育与预防

第六条　高等学校应当完善学术治理体系，建立科学公正的学术评价和学术发展制度，营造鼓励创新、宽容失败、不骄不躁、风清气正的学术环境。

高等学校教学科研人员、管理人员、学生在科研活动中应当遵循实事求是的科学精神和严谨认真的治学态度，恪守学术诚信，遵循学术准则，尊重和保护他人知识产权等合法权益。

第七条　高等学校应当将学术规范和学术诚信教育，作为教师培训和学生教育的必要内容，以多种形式开展教育、培训。

教师对其指导的学生应当进行学术规范、学术诚信教育和指导，对学生公开发表论文、研究和撰写学位论文是否符合学术规范、学术诚信要求，进行必要的检查与审核。

第八条　高等学校应当利用信息技术等手段，建立对学术成果、学位论文所涉及内容的知识产权查询制度，健全学术规范监督机制。

第九条　高等学校应当建立健全科研管理制度，在合理期限内保存研究的原始数据和资料，保证科研档案和数据的真实性、完整性。

高等学校应当完善科研项目评审、学术成果鉴定程序，结合学科特点，对非涉密的科研项目申报材料、学术成果的基本信息以适当方式进行公开。

第十条　高等学校应当遵循学术研究规律，建立科学的学术水平考核评价标准、办法,引导教学科研人员和学生潜心研究,形成具有创新性、独创性的研究成果。

第十一条 高等学校应当建立教学科研人员学术诚信记录,在年度考核、职称评定、岗位聘用、课题立项、人才计划、评优奖励中强化学术诚信考核。

第三章 受理与调查

第十二条 高等学校应当明确具体部门,负责受理社会组织、个人对本校教学科研人员、管理人员及学生学术不端行为的举报;有条件的,可以设立专门岗位或者指定专人,负责学术诚信和不端行为举报相关事宜的咨询、受理、调查等工作。

第十三条 对学术不端行为的举报,一般应当以书面方式实名提出,并符合下列条件:

(一)有明确的举报对象;

(二)有实施学术不端行为的事实;

(三)有客观的证据材料或者查证线索。

以匿名方式举报,但事实清楚、证据充分或者线索明确的,高等学校应当视情况予以受理。

第十四条 高等学校对媒体公开报道、其他学术机构或者社会组织主动披露的涉及本校人员的学术不端行为,应当依据职权,主动进行调查处理。

第十五条 高等学校受理机构认为举报材料符合条件的,应当及时作出受理决定,并通知举报人。不予受理的,应当书面说明理由。

第十六条 学术不端行为举报受理后,应当交由学校学术委员会按照相关程序组织开展调查。

学术委员会可委托有关专家就举报内容的合理性、调查的可能性等进行初步审查,并作出是否进入正式调查的决定。

决定不进入正式调查的,应当告知举报人。举报人如有新的证据,可以提出异议。异议成立的,应当进入正式调查。

第十七条　高等学校学术委员会决定进入正式调查的,应当通知被举报人。

被调查行为涉及资助项目的,可以同时通知项目资助方。

第十八条　高等学校学术委员会应当组成调查组,负责对被举报行为进行调查;但对事实清楚、证据确凿、情节简单的被举报行为,也可以采用简易调查程序,具体办法由学术委员会确定。

调查组应当不少于3人,必要时应当包括学校纪检、监察机构指派的工作人员,可以邀请同行专家参与调查或者以咨询等方式提供学术判断。

被调查行为涉及资助项目的,可以邀请项目资助方委派相关专业人员参与调查组。

第十九条　调查组的组成人员与举报人或者被举报人有合作研究、亲属或者导师学生等直接利害关系的,应当回避。

第二十条　调查可通过查询资料、现场查看、实验检验、询问证人、询问举报人和被举报人等方式进行。调查组认为有必要的,可以委托无利害关系的专家或者第三方专业机构就有关事项进行独立调查或者验证。

第二十一条　调查组在调查过程中,应当认真听取被举报人的陈述、申辩,对有关事实、理由和证据进行核实;认为必要的,可以采取听证方式。

第二十二条　有关单位和个人应当为调查组开展工作提供必要的便利和协助。

举报人、被举报人、证人及其他有关人员应当如实回答询问，配合调查，提供相关证据材料，不得隐瞒或者提供虚假信息。

第二十三条 调查过程中，出现知识产权等争议引发的法律纠纷的，且该争议可能影响行为定性的，应当中止调查，待争议解决后重启调查。

第二十四条 调查组应当在查清事实的基础上形成调查报告。调查报告应当包括学术不端行为责任人的确认、调查过程、事实认定及理由、调查结论等。

学术不端行为由多人集体做出的，调查报告中应当区别各责任人在行为中所发挥的作用。

第二十五条 接触举报材料和参与调查处理的人员，不得向无关人员透露举报人、被举报人个人信息及调查情况。

第四章 认 定

第二十六条 高等学校学术委员会应当对调查组提交的调查报告进行审查；必要的，应当听取调查组的汇报。

学术委员会可以召开全体会议或者授权专门委员会对被调查行为是否构成学术不端行为以及行为的性质、情节等作出认定结论，并依职权作出处理或建议学校作出相应处理。

第二十七条 经调查，确认被举报人在科学研究及相关活动中有下列行为之一的，应当认定为构成学术不端行为：

（一）剽窃、抄袭、侵占他人学术成果；

（二）篡改他人研究成果；

（三）伪造科研数据、资料、文献、注释，或者捏造事实、编造虚假研究成果；

（四）未参加研究或创作而在研究成果、学术论文上署名，未经

他人许可而不当使用他人署名,虚构合作者共同署名,或者多人共同完成研究而在成果中未注明他人工作、贡献;

(五)在申报课题、成果、奖励和职务评审评定、申请学位等过程中提供虚假学术信息;

(六)买卖论文、由他人代写或者为他人代写论文;

(七)其他根据高等学校或者有关学术组织、相关科研管理机构制定的规则,属于学术不端的行为。

第二十八条　有学术不端行为且有下列情形之一的,应当认定为情节严重:

(一)造成恶劣影响的;

(二)存在利益输送或者利益交换的;

(三)对举报人进行打击报复的;

(四)有组织实施学术不端行为的;

(五)多次实施学术不端行为的;

(六)其他造成严重后果或者恶劣影响的。

第五章　处　　理

第二十九条　高等学校应当根据学术委员会的认定结论和处理建议,结合行为性质和情节轻重,依职权和规定程序对学术不端行为责任人作出如下处理:

(一)通报批评;

(二)终止或者撤销相关的科研项目,并在一定期限内取消申请资格;

(三)撤销学术奖励或者荣誉称号;

(四)辞退或解聘;

(五)法律、法规及规章规定的其他处理措施。

同时,可以依照有关规定,给予警告、记过、降低岗位等级或者撤职、开除等处分。

学术不端行为责任人获得有关部门、机构设立的科研项目、学术奖励或者荣誉称号等利益的,学校应当同时向有关主管部门提出处理建议。

学生有学术不端行为的,还应当按照学生管理的相关规定,给予相应的学籍处分。

学术不端行为与获得学位有直接关联的,由学位授予单位作暂缓授予学位、不授予学位或者依法撤销学位等处理。

第三十条 高等学校对学术不端行为作出处理决定,应当制作处理决定书,载明以下内容:

(一)责任人的基本情况;

(二)经查证的学术不端行为事实;

(三)处理意见和依据;

(四)救济途径和期限;

(五)其他必要内容。

第三十一条 经调查认定,不构成学术不端行为的,根据被举报人申请,高等学校应当通过一定方式为其消除影响、恢复名誉等。

调查处理过程中,发现举报人存在捏造事实、诬告陷害等行为的,应当认定为举报不实或者虚假举报,举报人应当承担相应责任。属于本单位人员的,高等学校应当按照有关规定给予处理;不属于本单位人员的,应通报其所在单位,并提出处理建议。

第三十二条 参与举报受理、调查和处理的人员违反保密等规定,造成不良影响的,按照有关规定给予处分或其他处理。

第六章　复　　核

第三十三条　举报人或者学术不端行为责任人对处理决定不服的,可以在收到处理决定之日起30日内,以书面形式向高等学校提出异议或者复核申请。

异议和复核不影响处理决定的执行。

第三十四条　高等学校收到异议或者复核申请后,应当交由学术委员会组织讨论,并于15日内作出是否受理的决定。

决定受理的,学校或者学术委员会可以另行组织调查组或者委托第三方机构进行调查;决定不予受理的,应当书面通知当事人。

第三十五条　当事人对复核决定不服,仍以同一事实和理由提出异议或者申请复核的,不予受理;向有关主管部门提出申诉的,按照相关规定执行。

第七章　监　　督

第三十六条　高等学校应当按年度发布学风建设工作报告,并向社会公开,接受社会监督。

第三十七条　高等学校处理学术不端行为推诿塞责、隐瞒包庇、查处不力的,主管部门可以直接组织或者委托相关机构查处。

第三十八条　高等学校对本校发生的学术不端行为,未能及时查处并做出公正结论,造成恶劣影响的,主管部门应当追究相关领导的责任,并进行通报。

高等学校为获得相关利益,有组织实施学术不端行为的,主管部门调查确认后,应当撤销高等学校由此获得的相关权利、项目以及其他利益,并追究学校主要负责人、直接负责人的责任。

第八章　附　　则

第三十九条　高等学校应当根据本办法,结合学校实际和学科特点,制定本校学术不端行为查处规则及处理办法,明确各类学术不端行为的惩处标准。有关规则应当经学校学术委员会和教职工代表大会讨论通过。

第四十条　高等学校主管部门对直接受理的学术不端案件,可自行组织调查组或者指定、委托高等学校、有关机构组织调查、认定。对学术不端行为责任人的处理,根据本办法及国家有关规定执行。

教育系统所属科研机构及其他单位有关人员学术不端行为的调查与处理,可参照本办法执行。

第四十一条　本办法自2016年9月1日起施行。

教育部此前发布的有关规章、文件中的相关规定与本办法不一致的,以本办法为准。